职业教育·道路运输类专业教材

Qiaoliang Weihu yu Jiagu Jishu
桥梁维护与加固技术

田建辉 主　编

张松雷 副主编

薛安顺 主　审

人民交通出版社股份有限公司

北　京

内 容 提 要

本书为职业教育·道路运输类专业教材,主要内容包括桥梁维护与加固技术认知、桥梁缺陷与病害认知、桥梁检查与评定、桥梁缺陷修补、桥梁上部结构加固和桥梁下部结构加固。

本书可作为职业院校道路养护与管理、道路与桥梁工程技术等交通土建类专业教材,也可作为交通行业培训教材,亦可作为桥梁工程技术人员参考资料。

本教材配有丰富的视频资源,读者可通过扫二维码免费观看和学习;本教材配教学课件,教师可通过加入"职教路桥教学研讨群"(QQ:561416324)获取课件。

图书在版编目(CIP)数据

桥梁维护与加固技术/田建辉主编. — 北京:人民交通出版社股份有限公司,2022.8
职业教育·道路运输类专业教材
ISBN 978-7-114-18039-2

Ⅰ.①桥… Ⅱ.①田… Ⅲ.①桥—维修—高等职业教育—教材②桥—加固—高等职业教育—教材 Ⅳ.①U445.7

中国版本图书馆 CIP 数据核字(2022)第 106372 号

职业教育·道路运输类专业教材

书　　名:	桥梁维护与加固技术
著 作 者:	田建辉
责任编辑:	岑　瑜
责任校对:	赵媛媛　宋佳时
责任印制:	刘高彤
出版发行:	人民交通出版社股份有限公司
地　　址:	(100011)北京市朝阳区安定门外外馆斜街 3 号
网　　址:	http://www.ccpcl.com.cn
销售电话:	(010)59757973
总 经 销:	人民交通出版社股份有限公司发行部
经　　销:	各地新华书店
印　　刷:	北京建宏印刷有限公司
开　　本:	787×1092　1/16
印　　张:	13.25
字　　数:	332 千
版　　次:	2022 年 8 月　第 1 版
印　　次:	2024 年 6 月　第 2 次印刷
书　　号:	ISBN 978-7-114-18039-2
定　　价:	40.00 元

(有印刷、装订质量问题的图书,由本公司负责调换)

编审委员会

主　　　任：杨云峰

副 主 任：王天哲　薛安顺

委　　　员：张　鹏　魏　锋　王愉龙　田建辉
　　　　　　邹艳琴　焦　莉　殷青英　周庆华
　　　　　　王少宏　王学礼　张　建　米国兴
　　　　　　尚同羊　石雄伟　李芳霞　赵仙茹
　　　　　　赵国刚　李彩霞　赵亚兰　柴彩萍
　　　　　　王亚利　李青芳　黄　娟　李　艳
　　　　　　张军艳　李婷婷　张丽萍　王万平
　　　　　　张松雷　李晶晶

序
PREFACE

建设教育强国是中华民族伟大复兴的基础工程。交通运输是国民经济基础性、先导性、战略性产业。交通高等职业教育鼎力支持交通运输事业,弘扬劳模精神和工匠精神,营造"劳动光荣、技能宝贵、创造伟大"的社会风尚和精益求精的敬业风气,建设知识型、技能型、创新型劳动者大军,培养德智体美全面发展的社会主义建设者和接班人。

习近平总书记明确指出,"十三五"是交通运输基础设施发展、服务水平提高和转型发展的黄金时期,要抓住这一时期,加快发展,不辱使命,为实现中华民族伟大复兴的中国梦发挥更大的作用。当前,在我国经济发展进入新常态后,交通运输作为国民经济重要的基础性、先导性、服务性行业的基础地位没有改变,在经济社会发展中先行官的职责和使命没有改变,在稳增长、促投资、促消费中重要作用没有改变,由基本适应向适度超前发展的阶段性特征和态势没有改变。我国正由"交通大国"向"交通强国"迈进。交通高等职业教育肩负着交通运输人才培养、科学研究、社会服务、文化传承创新的神圣使命,在实现"两个一百年"奋斗目标的伟大进程中必须有担当、有作为。

陕西交通职业技术学院是国家优质高职院校立项建设单位、陕西省优秀示范性高职院校,被誉为中国西部"交通建设管理人才的摇篮"。学校以全国交通运输示范专业——道路桥梁工程技术专业为核心,构建公路工程专业集群,弘扬"吃苦实干,爱岗敬业,默默奉献,图强创新"的"铺路石"精神,秉持"立足交通,服务交通,引领交通"的发展理念,坚持"校企合作实践育人,提升能力内涵发展"的建设思想,锻造"公在心中,路在脚下,铁肩担当,道存目击"的精神文化,开展"大专业小方向"的专业改革,实施"岗位导向,学训交替,能力递进,分组顶岗"的人才培养模式,紧密对接交通运输行业转型升级,紧紧围绕交通基础设施建设与管理的产业需求,培养热爱交通、扎根基层、吃苦实干的公路交通技术技能人才。

近年来,陕西交通职业技术学院不忘初心、拼搏奋斗,深化教育教学改革,优化专业体系结构,加强师资队伍建设,完善质量保证体系,始终致力于提升内涵建设品质,提高人才培养质量,增强社会服务能力。公路工程专业集群以道路桥梁工程技术专业为引领,先后获得国家级教学团队、全国职业院校交通运输类示范专业、高等职业教育创新发展行动计划骨干专业、陕西高职院校"一流专业"、陕西省重点专业、陕西省示范院校建设重点专业、陕西高职院校综合改革试点专业等重大荣誉和政策支持。"十三五"是交通运输基础设施加速成网的黄金时期,也是我国交通运输基础设施集中建设、扩大规模的重要时期,更是交通运输优化结构、提升服务水平的关键时期。在这样的背景下,陕西交通职业技术学院成立"新时期交通土建类高职高专规划教材"编审委员会,以长期教育教学改革实践为基础,系统总结教学内涵建设经验,编写系列教材,期望以此形式固化、展示、应用、分享改革建设的成果,培养符合新时期交通运输发展需求的高质量技术技能人才。

  本系列教材以提高人才培养质量为根本目标,贯彻高等职业教育教学改革发展新理念,对接交通运输行业最新颁布标准、规范、规程,努力从内容到形式上都有所创新。教材丛书依据专业集群的核心课程而规划,体现产教融合特色。教材突出工匠精神、职业道德、职业技能和就业创业能力教育的完美融合,注重学生全面培养。教材功能基于服务课程教学的基本载体和直观媒介而定位,凸显学生主体地位;教材内容按照职业岗位知识和能力需求而取舍,突出实践能力培养;教学方法遵循高职学生学习特点和认知规律而设计,强调理实一体教学。我们期待这套教材能在新时期交通土建类高职人才培养中起到积极的作用。

  向支持交通高职教育教材建设的人民交通出版社表示衷心感谢。向关心、支持、帮助教材编审的合作企业、专家学者、校友致以崇高敬意和诚挚谢意。

2017 年 12 月

前 言
FOREWORD

"桥梁维护与加固技术"是道路养护与管理专业的一门专业核心课。本课程旨在使学生在掌握桥梁基本概念、构造、结构特性的基础上，培养学生运用《公路桥涵养护规范》(JTG 5120—2021)、《公路桥梁技术状况评定标准》(JTG/T H21—2011)、《公路桥梁加固施工技术规范》(JTG/T J23—2008)、《公路桥梁加固设计规范》(JTG/T J22—2008)等行业规范、标准，对桥梁进行检查评定、修复、加固改造的能力。

本教材在编写过程中，遵从桥梁养护工作程序和学生认知规律，采用模块化教学，每个模块下设不同学习单元，按照"桥梁病害认知→桥梁检查→桥梁技术状况评定→病害修复及加固改造"的工作流程进行教学内容安排。具体内容包括：桥梁维护与加固技术认知、桥梁缺陷与病害认知、桥梁检查与评定、桥梁缺陷修补、桥梁上部结构加固和桥梁下部结构加固。

本教材通过二维码的方式提供了大量桥梁维护与加固的动画、视频及教学微课，便于教师借助数字化方式进行立体化教学。

本书由陕西交通职业技术学院田建辉主编，陕西交通职业技术学院张松雷担任副主编，陕西交通职业技术学院薛安顺担任主审，具体编写分工如下：模块一由田建辉编写；模块二由陕西交通职业技术学院张伟康编写；模块三由张松雷编写，其中，单元四中工程案例由中交二公局工程检测技术有限公司曹峰编写，单元五中工程案例由陕西交建公路工程试验检测有限公司丁晗编写；模块四由陕西交通职业技术学院张夏编写；模块五由陕西交通职业技术学院白蓉蓉、李凡编写，其中单元一、二由李凡编写，单元三、四、五、六、七由白蓉蓉编写；模块六由李凡编写。

本书编写过程中参考了大量文献资料，在此向所有文献作者致以诚挚的谢意！

由于编者水平有限，书中难免存在错误与遗漏，请读者指正。

编 者
2022 年 4 月

本教材配套资源索引

资源编号	资源名称	对应本书页码
1	模块一-单元一　桥梁事故认知	P1
2	模块一-单元一　无锡高架桥事故分析	P4
3	模块一-单元一　广东九江大桥事故分析	P4
4	模块一-单元一　塔科马大桥事故分析	P4
5	模块一-单元二　桥梁维护与加固基本工作认知	P4
6	模块一-单元三　桥梁加固改造技术途径与要求	P6
7	模块二-单元一　裂缝病害	P9
8	模块二-单元二　钢筋锈蚀	P13
9	模块二-单元二　钢筋锈蚀机理	P13
10	模块二-单元二　碱-集料反应	P14
11	模块二-单元二　冻融破坏	P15
12	模块二-单元二　混凝土T梁桥病害	P17
13	模块二-单元二　基础沉降	P19
14	模块二-单元二　混凝土空心板梁病害	P19
15	模块二-单元二　双曲拱桥病害	P19
16	模块二-单元二　混凝土连续箱梁病害	P19
17	模块二-单元三　支座病害	P19
18	模块二-单元四　伸缩缝病害1	P22
19	模块二-单元四　伸缩缝病害2	P22
20	模块二-单元四　桥检报告桥面系病害	P27
21	模块二-单元四　桥检报告上部结构病害(上)	P27
22	模块二-单元四　桥检报告上部结构病害(中)	P27
23	模块二-单元四　桥检报告上部结构病害(下)	P27
24	模块二-单元四　桥检报告下部结构病害	P27
25	模块三-单元一　桥梁检测概述	P29

续上表

资源编号	资源名称		对应本书页码
26	模块三-单元一	桥梁经常检查	P31
27	模块三-单元二	梁式桥构件划分	P36
28	模块三-单元二	拱式上部结构构件划分	P36
29	模块三-单元三	桥梁特殊检查	P43
30	模块三-单元四	桥梁构件技术状况评定	P69
31	模块三-单元四	桥梁构件技术状况评定案例	P69
32	模块三-单元四	桥梁部件技术状况评定	P70
33	模块三-单元四	桥梁总体技术状况评定	P71
34	模块三-单元四	桥梁技术状况评定计算工程案例1	P72
35	模块三-单元四	桥梁技术状况评定计算工程案例2	P72
36	模块三-单元四	桥梁技术状况评定计算工程案例3	P72
37	模块三-单元四	桥梁技术状况评定计算工程案例4	P72
38	模块三-单元五	桥梁静载试验	P98
39	模块三-单元五	变截面连续梁加载工况	P100
40	模块三-单元五	应变片的粘贴	P104
41	模块三-单元五	变截面连续梁静载试验现场实施	P112
42	模块三-单元五	桥梁静载试验报告编制1	P116
43	模块三-单元五	桥梁静载试验报告编制2	P116
44	模块三-单元五	桥梁静载试验报告编制3	P116
45	模块三-单元五	桥梁静载试验报告编制4	P116
46	模块三-单元五	桥梁静载试验报告编制5	P116
47	模块四-单元一	混凝土桥梁表层缺陷修补1	P123
48	模块四-单元一	混凝土桥梁表层缺陷修补2	P123
49	模块四-单元一	圬工桥梁表层缺陷维修	P129
50	模块四-单元一	混凝土桥梁内部缺陷维修	P131
51	模块四-单元二	公路桥梁结构裂缝修补	P133
52	模块四-单元二	裂缝修补	P133
53	模块四-单元二	化学灌浆修补法	P136
54	模块四-单元二	箱梁裂缝缺陷修补方案1	P137
55	模块四-单元二	箱梁裂缝缺陷修补方案2	P137

续上表

资源编号	资源名称		对应本书页码
56	模块四-单元二	箱梁裂缝缺陷修补方案3	P137
57	模块四-单元三	公路桥梁附属设施维修1	P138
58	模块四-单元三	公路桥梁桥面铺装层的维修	P139
59	模块四-单元三	桥面铺装修补	P140
60	模块四-单元三	公路桥梁附属设施维修2	P143
61	模块四-单元三	伸缩装置维修	P144
62	模块四-单元三	支座维修	P145
63	模块四-单元三	排水设施维修	P146
64	模块五-单元一	桥面补强层加固1	P148
65	模块五-单元一	桥面补强层加固2	P148
66	模块五-单元一	桥面补强	P148
67	模块五-单元一	桥面补强层加固工程概况	P148
68	模块五-单元二	增大截面加固法	P151
69	模块五-单元二	增大截面加固法	P151
70	模块五-单元二	套拱增大截面加固	P154
71	模块五-单元二	案例1 增大截面加固	P154
72	模块五-单元二	案例2 增大截面加固	P154
73	模块五-单元三	粘贴钢板加固法	P156
74	模块五-单元三	粘贴钢板加固工程案例	P159
75	模块五-单元四	粘贴碳纤维加固法	P161
76	模块五-单元四	悍马碳纤维布施工视频(中文版)	P163
77	模块五-单元四	碳纤维布加固施工工艺介绍	P163
78	模块五-单元四	碳纤维板加固施工工艺介绍	P163
79	模块五-单元五	体外预应力加固法	P167
80	模块五-单元六	改变结构体系加固法	P172
81	模块五-单元七	增设辅助构件加固法	P175
82	模块五-单元七	增设辅助构件法加固动画	P175
83	模块六-单元一	下部结构加固方法综述	P178
84	模块六-单元一	下部结构加固概述	P178
85	模块六-单元二	桥墩加固	P180

续上表

资源编号	资源名称	对应本书页码
86	模块六-单元二　桥墩加固（录屏）	P180
87	模块六-单元二　桥墩加固案例	P184
88	模块六-单元三　桥台加固	P184
89	模块六-单元三　桥台加固（录屏）	P184
90	模块六-单元三　桥台台后土压力过大造成桥台开裂	P186
91	模块六-单元四　桥梁基础加固	P187
92	模块六-单元四　桩基加固案例	P188
93	模块六-单元五　地基加固	P190
94	模块六-单元五　地基加固（录屏）	P190
95	模块六-单元五　砂桩加固	P191
96	模块六-单元五　砂桩加固（录屏）	P191
97	模块六-单元五　高压旋喷桩施工工艺	P194

资源使用方法

1. 扫描封面上的二维码（注意此码只可激活一次）；
2. 关注"交通教育"微信公众号；
3. 公众号弹出"购买成功"通知，点击"查看详情"，进入后即可查看资源；
4. 也可进入"交通教育"微信公众号，点击下方菜单"用户服务-开始学习"，选择已绑定的教材进行观看和学习。

目 录
CONTENTS

模块一　桥梁维护与加固技术认知 1
　单元一　桥梁事故认知 1
　单元二　桥梁维护与加固基本工作认知 4
　单元三　桥梁加固改造技术途径与要求 6
　思考与练习 8

模块二　桥梁缺陷与病害认知 9
　单元一　混凝土桥梁裂缝 9
　单元二　混凝土桥梁缺陷与病害 13
　单元三　支座病害 19
　单元四　伸缩装置病害 22
　思考与练习 27

模块三　桥梁检查与评定 29
　单元一　桥梁经常检查 29
　单元二　桥梁定期检查 33
　单元三　桥梁特殊检查 42
　单元四　桥梁技术状况评定 65
　单元五　桥梁承载能力评定 79

模块四　桥梁缺陷修补 123
　单元一　桥梁表层及内部缺陷修补 123
　单元二　桥梁结构裂缝修补 133
　单元三　桥梁构件和附属设施维修 138
　思考与练习 146

模块五　桥梁上部结构加固 148
　单元一　桥面补强层加固 148
　单元二　增大截面加固 151
　单元三　粘贴钢板加固法 156
　单元四　粘贴碳纤维加固法 160
　单元五　体外预应力加固法 167
　单元六　改变结构体系加固法 172
　单元七　增设辅助构件加固法 175

  思考与练习……………………………………………………………………… 176
模块六　桥梁下部结构加固 …………………………………………………… 178
  单元一　下部结构加固方法综述 …………………………………………… 178
  单元二　桥墩加固 …………………………………………………………… 180
  单元三　桥台加固 …………………………………………………………… 184
  单元四　基础加固 …………………………………………………………… 187
  单元五　地基加固 …………………………………………………………… 190
  思考与练习……………………………………………………………………… 197
参考文献 ………………………………………………………………………… 198

模块一　桥梁维护与加固技术认知

桥梁作为路网的"瓶颈",在路网交通中具有举足轻重的作用。随着我国公路建设的高速发展,桥梁建设数量和规模与日俱增,而随之带来的是大量桥梁养护工作任务。当前,早期修建的桥梁已全面进入维修加固期,带有安全隐患的桥梁数量持续增加,桥梁事故时有发生,一线专业桥梁养护技术人员比对桥梁加固与检测技术人员市场需求仍有不小缺口,桥梁维护与加固工作任务依然繁重。通过本模块的学习,学生应了解我国公路桥梁的发展现状,认识桥梁维护与加固的意义和重要性,明确桥梁维护与加固工作的基本目标,熟悉桥梁维护与加固的基本工作内容。

单元一　桥梁事故认知

在役运营桥梁安全事故的发生,存在诸多影响因素。在各种因素影响下,桥梁的技术状况逐渐发生变化,要保证桥梁安全运营,做好桥梁维护管理与加固工作,对桥梁的安全使用起着至关重要的作用。本单元要求学习者能通过了解国内外典型桥梁事故,充分认识桥梁维护与加固工作的重要性。

学习目标

1. 能分析桥梁事故案例产生的原因;
2. 能通过桥梁事故案例分析总结桥梁维护与加固的工作目标。

桥梁事故认知教学微课请扫描封面的二维码,查看资源1。

2020年末我国公路桥梁91.28万座、6628.55万延米,其中特大桥梁6444座、1162.97万延米,大桥119935座、3277.77万延米。目前,我国已经成为名副其实的世界桥梁大国,在桥型、跨度、材料、数量等方面都居于世界前列。随着我国桥梁建设的不断发展,我国也将逐步迈入桥梁强国之列。

经过三十多年的大规模基础设施建设,我国公路建设必将由新建与养护并重的阶段逐渐进入以养护为主的阶段。桥梁作为公路线路的咽喉,在自然因素、荷载因素、人为因素等的长期作用下,结构的适用性、耐久性、安全性逐渐降低,工程使用寿命缩短。据不完全统计,在我国路网中,各类危桥数量约占桥梁总数的10%,在役桥梁安全事故时有发生,直接影响公路网的安全运行。随着社会经济的发展,交通运输量大幅度增长,行车密度及车辆载重越来越大,保障桥梁的安全性、耐久性和使用功能,确保桥梁正常运营,已成为桥梁维护与加固改造工作的基本目标和任务。

桥梁处在自然环境中,经受着先天因素和后天因素的综合影响,例如先天的设计不足和施工缺陷,以及后天运营过程中荷载作用、灾害破坏、车辆超载、养护不当、人为破坏、混凝土收缩徐变、自然因素作用下的老化等。在众多因素复合作用下,桥梁出现裂缝、蜂窝麻面、空洞、混

凝土劣化、结构变形过大、冲刷、沉降、支座破坏、伸缩缝破坏等病害,影响结构的使用性能和结构寿命,严重的将导致结构垮塌,造成人民生命和财产损失。国内外桥梁倒塌事故案例屡见不鲜,现以典型的几起事故为例进行介绍。

案例一:2018 年 9 月 4 日,印度加尔各答市某高架桥发生坍塌(图 1-1),该地区人流及车流密集。事故造成 6 人受伤,许多车辆和人员被困。这座桥梁有约 40 年的历史,在当年 8 月原定为期一个月的维修,实际只用了三天即完工。**事故原因:养护监管不力**。

图 1-1 印度加尔各答市某高架桥坍塌

案例二:当地时间 2018 年 8 月 14 日中午,意大利北部热那亚地区某大桥一段突然垮塌(图 1-2)。倒塌的桥梁部分长约 80m,高出地面 50m。事发时,该地区正在经历暴雨天气,起初当地政府认为,事发当地正值风暴,恶劣天气可能是事故发生的主因,但政府同时调查了大桥结构。**调查结构显示,事故原因:疑似结构设计缺陷,养护监管不力**。

图 1-2 意大利某大桥垮塌

案例三:当地时间 2007 年 8 月 1 日 18:01,正值交通高峰时段,美国 35 号州际公路大桥突然垮塌(图 1-3),造成至少 8 人死亡,79 人受伤。据估计,事故发生时桥上有 50~100 辆机动车辆。该事故是美国自 1983 年以来最严重的非天灾或外力因素所造成的桥梁垮塌事件。该桥于 1967 年建成,1990 年该桥被美国政府评定为有"结构缺陷"。2001 年,明尼苏达大学土木系的一份报告指出大桥纵梁已扭曲变形,还发现该桥桁架疲劳的证据;该报告同时指出:一旦桁架承受不了庞大车流带来的巨大荷载,大桥恐将崩塌。但桥梁养护不足这一问题并未被政府所重视。**事故原因:安防监管养护不足**。

图 1-3 美国 35 号州际公路大桥垮塌

案例四：2018 年 7 月 27 日 21:45，四川省眉山市彭山区某大桥发生部分垮塌（图 1-4）。该大桥主桥长 493m、宽 12.5m，桥型为 16×30m 预应力钢筋混凝土简支 T 梁 + 13m 钢筋混凝土简支 T 梁。该桥 1994 年 5 月建成通车。

图 1-4 眉山市彭山区某大桥部分垮塌

2014 年 10 月，根据当时桥梁检测报告（技术状况评定为四类），彭山区按程序及时启动了大桥的维修加固工程。2017 年 3 月，彭山区交通局委托专业机构对大桥进行了安全性鉴定，鉴定结论为观察通行。2018 年 3 月，彭山区交通局再次委托专业机构，对桥梁进行了安全性鉴定，鉴定结论为建议加固。但由于汛期提早来临，上游降雨过大，无法在江中心打围、筑坝，施工条件、施工安全均难以保障。5 月 2 日起，当地对桥梁实施交通管制，只允许小型车辆、非机动车和行人通行，并由专业机构安装了桥面监测传感器，设专人 24h 巡查监测。

该桥发生垮塌前，当地监测人员发现大桥出现位移，并立即上报。当地立即启动应急预案，对大桥实施双向封闭，禁止通行。半小时后，桥面发生部分垮塌，事故没有造成人员伤亡。
事故原因：桥梁结构老化、洪水冲击。

案例五：2019 年 10 月 10 日 18:10，无锡市 312 国道某上跨桥发生桥面侧翻事故（图 1-5）。事故共造成 3 人死亡，2 人受伤。事故发生后，江苏省、无锡市相关部门第一时间启动了应急响应机制，全力开展事故救援处置工作。该桥于 2005 年 5 月开工建设，2007 年 11 月通过竣工验收，垮塌部分为一联三跨预应力连续箱梁，长 85m（25m + 35m + 25m）。经无锡市事故调研组技术组专家与交通运输部专家组现场会商，该桥梁体完整，未见折断，未见跨中和墩顶严重横向开裂现象,设计符合设计期相关规范要求。

图1-5　无锡市312国道某上跨桥发生桥面侧翻

事故认定主要责任为车辆超载所致,间接原因为监管不力。超载车辆为无锡籍重型普通货车(自重14t),载有6扎钢卷(约143t)货车由50km外的江阴港,沿普通公路行驶至312国道无锡段跨锡港路桥时,因超载致使桥梁侧倾。经现场了解,除了事发货车外,前方一辆载有7卷钢材(约200t)已通过此桥,沿途无治超站。

桥梁事故分析教学微课请扫描封面的二维码,查看资源2～资源4。

随着经济的发展,交通量、车辆载重不断发展演变,类似超载、自然灾害、结构老化、承载力不足、养护监管不到位等因素造成的桥梁垮塌事故频发。同时,公路桥梁相关设计标准规范不断更新完善,早期修建的一些桥梁已不符合现行规范标准的要求。随着时间的推移,四、五类桥梁[根据《公路桥梁技术状况评定标准》(JTG/T H21—2011)分类]数量不断增大,桥梁维护与加固工作量逐渐加大,重要程度不断凸显。

单元二　桥梁维护与加固基本工作认知

桥梁从交工验收进入运营阶段,在整个生命周期内,受诸多因素影响,桥梁健康状况需要通过采取合理措施才能得以保障。通过本单元的学习,要求学生能掌握桥梁养护工作的基本内容。

 学习目标

1. 了解桥梁养护所依据的基本规范、标准、规程;
2. 掌握桥梁养护工作的基本内容;
3. 掌握桥梁养护维修工程的分类与界定;
4. 了解桥梁技术状况的分类。

桥梁维护与加固基本工作认知教学视频请扫描封面的二维码,查看资源5。

桥梁处在自然环境中,在各类荷载作用下,就像人一样会"生病",桥梁工作者要"对症下药,去除病灶",保证桥梁处于正常、健康的在役状态,就需要对桥梁进行病害识别、检查、检测、评定,并做出处置措施,例如正常保养、小修、中修、大修、技术改造、拆除重建等。

为保证桥梁处于正常的使用状态,保证行车畅通、安全,延长桥梁的使用年限,必须依据《公路桥涵养护规范》(JTG 5120—2021)、《公路桥梁技术状况评定标准》(JTG/T H21—2011)、《公路桥梁加固设计规范》(JTG/T J22—2008)、《公路桥梁加固施工技术规范》(JTG/T J23—2008)等行业相关标准、规范对桥梁结构进行维护与加固。桥梁维护与加固的工作内容主要有以下几方面:

(1)桥梁技术状况检查与评定;
(2)建立和健全完善的桥梁技术档案和数据库;
(3)桥梁构造物的经常保养、维修和安全防护;
(4)桥梁构造物加固和技术改造;
(5)环境保护、防治灾害。

公路桥梁养护工作按"预防为主,防治结合"的原则,以桥面养护为中心,以承重部件为重点,加强全面养护,倡导预防性养护。当桥梁结构物无法满足承载能力,通行能力(如荷载标准提高、原结构严重损伤,从而使承载能力降低、桥面过窄妨碍车辆畅通等),防洪等要求时,则需对桥梁结构进行必要的加固、技术改造等。

一、桥梁的养护维修

桥梁的养护维修是指为保持桥梁及其附属构造物的正常使用而进行的经常性保养及维修作业;预防和修复桥梁灾害性损坏及为提高桥涵使用质量和服务水平而进行的改造。桥梁养护工程按其工程性质、规模大小、技术难易程度可划分为日常养护、预防养护、修复养护、专项养护和应急养护五类,各类养护工程分别包括下列内容。

(1)日常养护:对桥涵及其附属设施进行的维护保养和修补轻微缺损的工作。
(2)预防养护:桥涵有轻微病害但整体性能良好,为延缓其性能衰减、延长使用寿命而采取的防护工程。
(3)修复养护:为恢复桥涵技术状况而实施的功能性、结构性修复或更换的工程措施。
(4)专项养护:为恢复、完善或提升桥涵使用功能而集中实施的增设、加固、改造、拆除重建等工程措施。
(5)应急养护:突发情况造成公路桥涵损毁、交通中断、产生安全隐患时,实施的应急抢修、保通等工程措施。

小修保养工程、中修工程,主要是对危害桥梁正常运营的部分进行修缮。例如桥面照明系统、桥面铺装层、桥面伸缩缝装置、桥面防水设施、桥梁主体结构(如钢筋混凝土桥梁等的裂缝等)、桥梁支座、桥梁墩台身及基础、桥梁防护构造等的缺陷,都会影响桥梁的正常运营,并缩短其使用年限,严重的甚至会导致桥梁承载能力的降低。因此,在桥梁使用过程中对其进行日常维修养护是一项非常重要的工作,而这项工作具有普遍性,涵盖了一~五类所有的桥梁,不仅是针对技术状况较好的一~二类桥梁,也针对技术状况较差的三~五类桥梁。

大修工程主要针对病害严重、技术状况较差的桥梁,比如三、四类桥梁,所以部分大修工程可归类为加固改造工程。桥梁的加固改造工作重点,往往是针对桥梁的承重结构,但同时也必须对上述影响桥梁正常使用的部分进行维修整治。

二、桥梁的加固与技术改造

桥梁加固的含义为对有缺陷的桥梁主要承重构件进行补强,改善结构性能,恢复和提高桥梁结构的安全度,提高其承载能力和通过能力,以延长桥梁的使用寿命,使整个桥梁结构可满足规定的承载力要求,并满足规定的使用功能需求。桥梁加固一般是针对三~五类桥梁,个别的是针对提高荷载等级的桥梁或者是临时需要通过超重车的桥梁。有时,加固补强和桥梁拓宽、桥梁抬高等技术改造工程是同时进行的,以满足并适应交通运输的发展要求。

桥梁结构的安全性包括结构的承载力、刚度、稳定性及耐久性等指标,即桥梁结构必须满足承载能力要求及正常使用功能要求:桥梁结构应具有足够的强度,以承受作用于其上的荷载,使桥梁结构的构件或其连接不致破坏;结构各部分应具有足够的刚度,以使其在荷载作用下不产生影响正常使用的变形;构件的截面必须有适当的尺寸,以使其在受压时不致因发生屈曲而丧失稳定性。对桥梁结构不仅要保证结构具有整体强度、刚度及稳定性,而且必须保证结构各组成部分具有足够的强度、刚度及稳定性,同时结构物必须具备良好的使用性能与耐久性。

桥梁的技术改造是一个综合性的概念,包括桥梁的加固补强、桥梁拓宽、桥梁抬高、桥梁平面线形改善等多项工作,凡是利用原有桥梁结构,通过特定的技术措施,使原桥梁结构荷载等级提高、通行能力增强、使用性能得到改善的,统称为桥梁技术改造。

单元三 桥梁加固改造技术途径与要求

桥梁加固改造工作犹如对桥梁开展"手术治疗",是一项十分重要而又极具专业性的工作,需要充分掌握桥梁原有结构"带病"下的技术状况,确定新旧结构的结合性能是否能达到加固改造目标,需要考虑的因素众多,从某种意义上讲,其难度往往比新建桥梁更大。

 学习目标

1. 掌握桥梁加固改造技术途径;
2. 掌握桥梁加固改造的基本要求。

桥梁加固改造技术途径与要求教学微课请扫描封面的二维码,查看资源6。

一、桥梁加固改造中的技术途径

桥梁加固改造的根本目的是恢复和提高其承载能力,改善其使用性能,预防桥梁结构的安全隐患,提高其通行能力。加固改造的技术途径大致分以下几种:

1. 加固补强薄弱构件

对于承载力不能满足要求的薄弱构件,采用增大构件的截面尺寸、增设外部预应力钢筋、粘贴钢板、碳纤维材料等补强措施进行加固补强,提高或恢复原构件的承载能力。

2. 增设辅助构件

在原结构基础上增加新的受力构件,如增设预制装配式梁桥的横隔板(梁),从而提高结构整体性,增强荷载横向分布能力;增加主梁数量,减小单梁承担的荷载;又如增设扁担桩、扩大承台等,来提升基础承载力。

3. 改变结构体系

结构体系不同其受力性能亦不同,可通过结构体系的转换来改变原有结构的受力状况,人为改善原结构的整体受力性能,以达到改善和提高桥梁承受荷载能力的目的。例如,将有推力体系的拱桥改变成无推力体系的拱桥,以改善拱圈、拱脚及拱顶截面的受力状态;又如将原有的多孔简支梁桥通过一定的构造措施改变为连续梁桥,利用连续体系来减小原有简支梁跨中部分的弯矩等。

4. 更换构件

桥梁局部构件有严重缺陷而不易修复时,也可采用新的构件替换原有构件。如斜拉桥的拉索锈蚀损坏时,可用新的拉索来替换;当桥梁支座失去功效而不能满足主梁变形受力要求时,可将主梁顶起更换支座;更换破损伸缩装置等。

5. 桥梁拓宽

当桥梁宽度不足,影响到桥梁通行能力时,就需要对桥梁进行加宽。一般情况下,桥梁加宽与提高荷载等级、改善桥面线形等同时进行。根据实际情况,可进行双侧或单侧加宽。

6. 桥梁结构同步顶升

桥梁所处线路进行改扩建时,纵断面线形发生变化,需提升梁体高程,利用千斤顶同步顶升梁体,加高墩台顶面。桥梁更换支座也可采用桥梁结构同步顶升技术。

7. 墩台基础加固

进行上部结构加固时,由于新增部分自重影响,对桥梁下部结构及基础是否采取补强措施,需通过计算确定。如果原桥下部结构及基础具有足够的承载力,足以满足上部结构加固所增加的桥梁自重时,则可不再采取补强措施。如果墩台基础的承载能力不足,或者上部结构缺陷、承载能力的降低等是墩台与基础的位移或缺陷等引起的,则应对原桥墩台基础进行必要的补强加固。

墩台基础加固常用的方法较多,如基础灌浆,加钢筋混凝土桩,扩大承台,基础及台后打粉喷桩,基础周围抛掷片石、石笼等。

8. 桥台加固

当桥台本身强度和刚度不足时,可能发生较大的位移,可采用的方法很多,如对桥台进行顶推、改变桥台结构形式、对桥台身进行局部补强等。

9. 桥墩加固

桥墩的加固补强技术,一般通过对桥墩结构的补强、限制或减小墩顶的位移、增加墩身承载能力(如改变墩身结构形式、增加墩身截面面积)等途径进行。

二、加固改造的基本要求

加固改造应满足安全、适用、经济、美观、环保的基本要求,具体实施要求如下。

1. 技术要求

(1)技术改造方案及实施应尽量减少对原有结构的扰动和损伤,特别是对主要承重结构,并充分利用原有结构构件的承载能力,且保证原有结构的安全性与耐久性。

(2)改造后的桥梁在使用荷载作用下,原有结构及新增加结构各部分的强度、刚度及裂缝限值等均应符合规范要求,且保证新旧结构的整体一致性。

(3)要求施工工艺简单、施工速度快、工期短;机具设备尽量简单易操作,且应重量轻、体积小。

(4)加固改造应尽可能地采用高强、轻质、耐久性好的新材料。

2. 经济要求

结构加固所产生的费用应总体大幅低于新建结构的费用。一般情况下,拱桥的加固费用为新建桥梁的20%~30%,梁桥的加固费用为新建桥梁的30%~40%。加固改造的桥梁,可显著节约资金,具有重大的社会价值和技术经济价值。

3. 交通要求

桥梁的加固改造工程通常要求在不中断交通、尽量少中断交通或者在有交通干扰的条件下进行安全施工。

4. 环境保护要求

桥梁加固改造中要注重保护环境,保持河道的稳定,不使河势恶化;做到新旧部分外观协调一致;所使用材料不得污染环境,并注重拆除材料的回收利用。

思考与练习

1. 查找某在役桥梁安全事故案例,描述事故具体情况,并分析事故原因。
2. 桥梁维护与加固的目的和意义是什么?
3. 桥梁维护与加固所依据的规范、标准、规程有哪些?
4. 桥梁养护的基本工作有哪些方面?
5. 桥梁加固改造的技术途径有哪些?具体有什么方法?
6. 桥梁加固改造有什么基本要求?

模块二　桥梁缺陷与病害认知

在役的桥梁结构,随着使用时间的推移,在使用条件变化、环境侵蚀等因素的影响下,加之当时设计指标与现状交通运营的不适配,材料不断老化,缺陷与病害不断加剧,逐步导致结构性能劣化、承载力下降和耐久性降低,这是一个不可逆的过程。桥梁缺陷与病害的产生对于桥梁来说是不可避免的,犹如人会生病一样,只有诊断清楚才能"对症下药",因此,桥梁缺陷与病害分析是对桥梁进行维护与加固的基础。

单元一　混凝土桥梁裂缝

学习目标

1. 认识各种类型裂缝病害,了解裂缝产生机理;
2. 掌握各类型裂缝病害分析方法。

混凝土裂缝病害视频请扫描封面的二维码,查看资源 7。

一、混凝土桥梁常见裂缝

从外观看,桥梁混凝土结构的任何损伤与破坏,首先表现为混凝土出现裂缝。可以说,裂缝是反映混凝土结构病害的晴雨表。因此,对桥梁病害的诊断,首先应从对混凝土结构裂缝调查、检测与分析入手。

混凝土结构产生裂缝的原因有很多,大致可归纳为以下三大类。

(1) 由外荷载引起的裂缝,称为结构性裂缝,又称为荷载裂缝。其裂缝的分布特征及宽度与外荷载大小有关。

(2) 由变形引起的裂缝,称为非结构性裂缝,又称非荷载裂缝。如温度变化、混凝土收缩等因素引起的结构变形受到限制时,在结构内部产生自应力;当自应力达到混凝土抗拉强度极限值时,混凝土结构就会产生裂缝。裂缝一旦出现,其变形就得到了释放,自应力随即消失。

(3) 由环境及施工过程中产生的裂缝。由于外界环境因素对桥梁混凝土结构侵蚀,以及施工过程中施工方法不当和施工质量不佳,使混凝土结构发生物理、化学变化,从而引起裂缝的产生。

在上述三种裂缝中,由变形和环境引起的裂缝约占 80%,由外荷载引起的裂缝约占 20%。有时裂缝的出现是由上述原因中的两种或三种共同作用导致。裂缝产生原因不同、性质不同,危害程度也不同。对桥梁裂缝成因的分析,是对其危险程度评定和采取修补与加固措施的依据;若不经过分析研究,就盲目进行处理,不仅达不到预期的效果,还可能对其他隐患的产生埋下"伏笔"。

1. 结构性裂缝——荷载裂缝

结构性裂缝是由于结构在外荷载作用下,混凝土内部产生的拉应力达到混凝土极限抗拉强度时产生的裂缝。桥梁工程大量采用的受弯构件中,其结构性裂缝主要为弯曲裂缝和剪切裂缝。

1) 弯曲裂缝

混凝土梁上施加荷载,其将发生弯曲变形而产生弯曲裂缝,弯曲裂缝也称为垂直裂缝。对受弯构件和压弯构件来说,弯曲裂缝首先出现在弯矩最大截面的混凝土受拉区。梁板结构下缘的正弯矩裂缝多发生在梁跨中部,自下缘向上发展,一般至上翼缘与梁肋相接处停止;上缘的负弯矩裂缝则位于连续梁或悬臂梁板的支座附近,自上而下发展。随着荷载的增大,裂缝宽度增大,长度延伸,裂缝增多,裂缝区域逐渐向两侧发展。裂缝间距为 0.1~0.2m,宽度为 0.03~0.1mm。梁的跨度越大,裂缝越多,对跨度小于 10m 的梁,其裂缝少而细小,宽度多在 0.03mm 以下。图 2-1 所示为底板横向弯曲裂缝,图 2-2 所示为跨中弯曲裂缝。

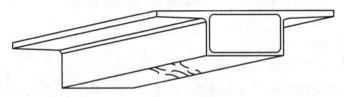

图 2-1 底板横向弯曲裂缝

图 2-2 跨中弯曲裂缝

2) 剪切裂缝

剪切裂缝是指在剪力或剪力与弯矩共同作用下,因主拉应力过大在腹板(梁肋)两侧产生的斜裂缝,一般出现在承受较大剪力支点的附近截面及同时承受剪力和弯矩均较大的梁段。另外,梁的抗剪配筋薄弱处也可能出现剪切斜裂缝。剪切斜裂缝的特征是在腹板(梁肋)两侧基本上对称布置,倾斜角度为 30°~50°,倾斜方向与主压应力迹线方向一致(即与斜筋布置方向相垂直),大致在梁高一半处裂缝宽度最大。靠近支点附近截面的斜裂缝向下延伸长度不大,一般不与底面贯通。跨径内梁段受弯矩的影响较大,斜裂缝向下延伸长度较大,有可能与底面贯通,形成弯剪斜裂缝。T 形梁桥主梁斜向剪切裂缝和一般板梁斜向裂缝分别如图 2-3、图 2-4 所示。

图 2-3 T 形梁桥主梁斜向剪切裂缝

图 2-4 一般板梁斜向裂缝

2. 非结构性裂缝

混凝土的非结构性裂缝,根据其形成的时间可分为混凝土硬化前裂缝、硬化过程裂缝和完全硬化后裂缝。非结构性裂缝的产生,多是受混凝土材料组成、浇筑方法、养护条件和使用环境等多种因素影响所致。

1) 收缩裂缝

在混凝土凝固过程中,混凝土中多余水分蒸发,引起的体积缩小称为干燥收缩或干缩。在水泥和水发生水化作用逐渐硬化而形成的水泥骨架不断紧密、体积缩小,称为塑性收缩(凝缩)。混凝土的收缩以干缩为主,约占总收缩量的 80%~90%。如图 2-5 所示为桥墩墩身网状收缩裂缝。

图 2-5 桥墩墩身网状收缩裂缝

2) 温度裂缝

混凝土受水泥水化放热、阳光照射、大气及周围温度、电弧焊接等因素影响而出现冷热变化时,将发生热胀冷缩变形,当变形受到约束时,便产生温度应力,温度应力超过混凝土强度时,即产生裂缝,称为温度裂缝。大体积混凝土(厚度超过 2m)灌注之后,水化热使内部产生很高的温度,由于内外温差太大,很容易形成温度裂缝。蒸汽养护及冬季施工时,混凝土骤冷骤热,内部温度不均,也易发生温度裂缝。图 2-6 所示为温度裂缝形成机理。

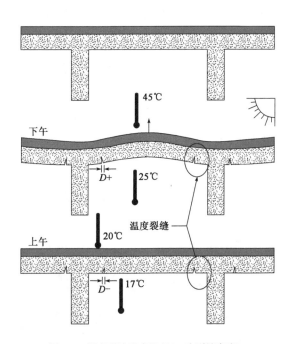

图 2-6 温度裂缝形成机理（D 为裂缝宽度）

3. 由环境及施工过程产生的裂缝

1) 不均匀沉降裂缝

因基础类型或地质不同,桥梁各墩台基础产生不均匀沉降,若混凝土梁体不能适应这种不均匀沉降,就形成不均匀沉降裂缝。沉降引起的墩柱斜向裂缝如图 2-7 所示。

2）施工不良引起的开裂

由于施工质量不良，或由于施工单位不适当地加快施工进度而造成桥梁工程提前竣工，出现混凝土强度不足造成的开裂。这种开裂将对混凝土结构的耐久性造成严重损害。

3）钢筋腐蚀引起的开裂

由于水或者其他外界侵蚀介质渗入混凝土中，或电流磁场等对钢筋的作用，造成结构中的钢筋产生腐蚀，体积膨胀，引起混凝土结构开裂（图2-8）。

图2-7 沉降引起的墩柱斜向裂缝

图2-8 桥墩钢筋腐蚀引起的开裂

对于预应力混凝土梁，如果是允许开裂的部分预应力混凝土 B 类构件，通常也会出现与普通混凝土梁相同的病害，只是程度不同。如果是全预应力构件，则正常使用条件下不允许出现裂缝，如果出现，则必须找到原因并进行处理。此外，预应力混凝土梁还有不同于普通混凝土梁的其他病害：

（1）预应力腐蚀。

（2）张拉锚具锚下混凝土的纵向裂缝，长度一般不超过梁高，主要是由锚下局部应力集中产生的劈裂拉力所致。

（3）沿预应力钢束的纵向裂缝。主要因预应力钢束保护层过薄，钢束处局部应力过大产生劈裂，或是混凝土保护层碳化后预应力钢筋生锈所致。底板纵向裂缝如图2-9、图2-10所示。

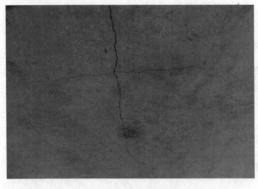
图2-9 底板纵向裂缝（1）

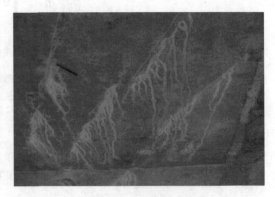
图2-10 底板纵向裂缝（2）

二、裂缝对混凝土结构的影响

不论何种原因产生的裂缝，都会对混凝土结构的耐久性造成影响。钢筋腐蚀与混凝土的碳化、氯离子侵蚀,以及水分、氧气的存在条件是分不开的,而提供这种条件的通道一个是毛细孔道,另一个就是裂缝,其中裂缝对钢筋腐蚀的影响更大。混凝土开裂后,钢筋的腐蚀速度将大大加快,钢筋腐蚀后,生成的腐蚀物体积膨胀,产生顺筋裂缝,由于裂缝的进一步扩展,提供了使侵蚀破坏作用逐步升级、混凝土耐久性不断下降的渠道。裂缝与钢筋腐蚀相互作用,最终导致混凝土结构耐久性进一步退化,如此恶性循环下去,必然导致结构破坏。

混凝土裂缝的存在,降低表层混凝土的保护作用。混凝土结构的表面,即水泥基复合材料与外界环境的接触区域,是混凝土结构耐久性的第一道防线。由于裂缝的存在,混凝土表层甚至基体内部,可能容纳或通过的水分增加。裂缝越深,水分穿透距离越长,各种侵蚀性化学成分都会借助于水的搬运作用,深入到混凝土基体内部。混凝土表层的微细裂缝一旦灌入水分,也会由于表面张力的作用而将水分保留在其中。混凝土受冻时,水结冰,体积膨胀,使得原有的裂缝进一步扩张,待温度回升后,结冰融化,扩张后的裂缝可以容纳更多的水。如此反复循环,将导致混凝土的损伤破坏,耐久性降低。因此,控制混凝土表面裂缝,对提高混凝土结构的耐久性是十分重要的。

单元二　混凝土桥梁缺陷与病害

学习目标

1. 理解常见混凝土桥梁缺陷与病害的形成机理;
2. 具备现场辨识混凝土缺陷与病害的能力。

一、混凝土内部缺陷与病害形成机理

1. 混凝土碳化

钢筋锈蚀视频及动画请扫描封面的二维码,查看资源8、资源9。

混凝土碳化是指混凝土中的氢氧化钙[$Ca(OH)_2$]与空气中的二氧化碳(CO_2)或其他酸性气体发生化学反应的过程。

混凝土碳化的实质是混凝土的中性化,其相应机理如图2-11所示。当有CO_2和水汽侵入混凝土内部时,将与混凝土中的碱性物质中和,导致混凝土的pH值降低,造成全部或部分钢筋表面钝化膜的破坏。失去钝化膜保护的钢筋,在氧气和水的作用下会发生电化学反应,使钢筋表面的铁不断失去电子而溶于水,钢筋逐渐被腐蚀,反应生成的氢氧化铁[$Fe(OH)_3$],进一步氧化形成铁锈[$Fe(OH)_3 \cdot 3H_2O$]。铁锈体积膨胀,将引起混凝土开裂。

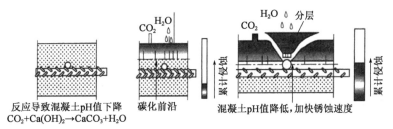

图2-11　混凝土碳化机理

2. 氯离子侵蚀

混凝土是一种耐久性较好的建筑材料,但是在化学介质的侵蚀下,它保持自身的能力却是较差的。对于桥梁及港口工程结构,最危险的化学侵蚀是氯离子的侵蚀。

氯离子是极强的去钝化剂,它一旦进入混凝土内,到达钢筋表面,并吸附于局部钝化膜处时,可使该处的pH值迅速降低,破坏钢筋表面的钝化膜,引起钢筋腐蚀。氯离子(Cl^-)和氢氧根离子(OH^-)争夺腐蚀产生的Fe^{2+},形成绿锈($FeCl_2 \cdot 4H_2O$)。绿锈从钢筋的阳极向含氧量较高的混凝土孔隙迁移,分解为$Fe(OH)_2$(褐锈)。褐锈沉积于阳极周围,同时放出氢离子(H^+)和氯离子,它们又回到阳极区,使阳极区附近的孔隙液局部酸化,氯离子再带出更多的Fe^{2+}。氯离子虽然不构成腐蚀产物,在腐蚀反应中也不消耗,但是其引起腐蚀的中间产物对腐蚀反应起催化作用,影响极大。

1)氯离子存在的广泛性

硅酸盐水泥本身只含有少量的氯化物。若在混凝土拌制时加入了含氯化物的减水剂,掺入用海水淬冷的高炉矿渣等,均可能会使混凝土含有相当多的氯化物。就大多数情况而言,氯化物对混凝土结构的侵蚀,主要为氯离子从外界环境侵入已硬化的混凝土。

海水是氯离子的主要来源,海水中通常含有3%的盐,其中主要是氯离子。海风、海雾中也含有氯离子,海砂中更含有一定量的氯离子。大规模基本建设多集中在沿海地区,海水、海风和海雾中的氯离子和不合理地使用海砂是影响混凝土结构耐久性的重要原因之一。此外,冬季降雪季节,使用氯化钠、氯化钙融雪除冰,使得氯离子渗透到混凝土之中,引起钢筋腐蚀破坏的工程实例是很普遍的。

2)氯离子对混凝土结构的危害

氯离子对混凝土结构的危害是多方面的,但是最终表现为钢筋的腐蚀。我国早期修建的港工和桥梁结构,混凝土强度等级低、抗渗性能差,氯化物造成的钢筋腐蚀破坏的情况时有发生。混凝土遭受氯化物的侵蚀,形成大量可溶性盐类,并在混凝土的孔隙和毛细孔中反复积聚,引起膨胀性反应,使混凝土的孔隙加大,导致裂缝发生;而裂缝的发生又开通了氯化物渗入混凝土内部的通道,进一步加快了对钢筋的腐蚀。久而久之,随着钢筋的腐蚀出现锈胀裂缝,又会进一步加大氯离子侵入混凝土内部的通道,加剧氯化物对钢筋腐蚀,如此恶性循环,最终造成钢筋的严重腐蚀破坏。

3. 混凝土碱-集料反应

混凝土碱-集料反应视频请扫描封面的二维码,查看资源10。

碱-集料反应是指混凝土中某些活性矿物集料与混凝土孔隙中的碱性溶液之间发生的反应。碱-集料反应的类型与集料活性成分有关,最常见的是碱-硅酸反应。

碱-硅酸反应是:SiO_2在集料颗粒表面溶解,逐渐形成硅酸盐凝胶。生成的硅酸盐凝胶具有黏性,吸水后体积膨胀3~4倍,从而引起混凝土开裂破坏。图2-12给出了混凝土的碱-集料反应作用机理。

混凝土表面开裂破坏,是碱-集料反应的重要特征之一。其产生的裂缝形态,与结构物中钢筋约束状态有关,钢筋约束力强的混凝土,形成顺筋裂缝,反之为网状或地图状裂缝。另外,碱-集料反应引起混凝土开裂的同时,出现局部膨胀,致使裂缝边缘出现不平的错台状态,这是碱-集料反应裂缝所特有的现象。碱-集料反应如图2-13所示。

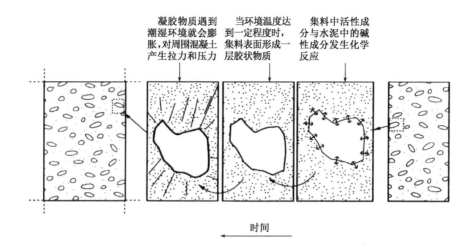

图 2-12 混凝土的碱-集料反应作用机理示意图

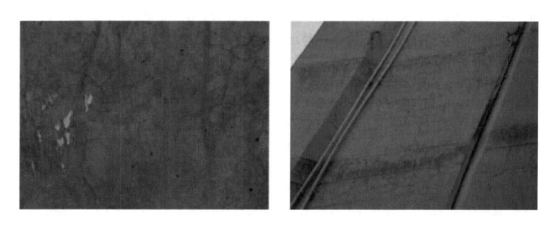

图 2-13 碱-集料反应

在对工程病害进行诊断时,应特别注意碱-集料反应裂缝与混凝土收缩裂缝的区别。混凝土收缩也会出现网状裂缝,但是出现的时间较早,而碱-集料反应裂缝出现较晚,多出现在施工后数年甚至十几年后。碱-集料反应裂缝与混凝土收缩裂缝出现均与环境湿度有关,环境越干燥,混凝土收缩裂缝就越大;碱-集料反应裂缝首先出现在潮湿部位,并随着环境湿度的增大而发展,这是碱-集料反应裂缝与其他原因产生的裂缝最明显区别之一。

碱-集料反应引起混凝土结构破坏的速度和破坏程度,比其他形式的破坏更快、更严重,混凝土一旦发生碱-集料反应,一般不到两年就会出现明显开裂。碱-集料反应是导致混凝土耐久性能丧失的一项重要因素,它与其他破坏因素,如冻融、干湿交替、钢筋腐蚀等形成的危害往往同时发生。碱-集料反应一旦发生,就很难控制,所以也称碱-集料破坏为混凝土结构的"癌症"。

4. 混凝土冻害

冻融破坏视频请扫描封面的二维码,查看资源11。

混凝土早期受到冻害时,混凝土表面会发生爆裂,强度严重损失,其对结构的承载力和耐久性影响甚大。处于寒冷潮湿环境的混凝土,在冻融循环的反复作用下,将引起混凝土表层剥落和开裂,其对结构的耐久性危害很大。北方地区公路撒盐除冰,由于盐类化合物与冻融循环共同作用引起的盐冻破坏是一种最严重的冻融破坏,其破坏程度和发展速度比普通冻融破坏要大得多。

关于混凝土冻融破坏的机理,由于混凝土冻害问题的复杂性,目前对其破坏机理的认识还不够统一。多数认为,水泥浆体中的孔隙水结冰膨胀,这是引起混凝土冻害破坏的根本原因。水结冰时产生9%的体积膨胀,如果混凝土中的孔隙完全充满水,一旦结冰,这么大的膨胀率足以使其开裂、破坏。混凝土受冻时,粗孔中的水先结冰,在水结冰膨胀力的推动下,孔中未结冰的水将向周围迁移、形成静水压力,其压力达到混凝土抗拉强度时,就会造成混凝土的破坏。混凝土饱水度越高,结冻速度越快,混凝土中的静水压力和破坏力就越大。再加上冻和融的反复循环作用,使混凝土承受疲劳作用,从而加速破坏。

盐溶液与冻融的协同作用,要比单纯的冻融严重得多,一般把盐冻破坏看作冻融破坏的一种特殊形式,即最严重的冻融破坏。盐溶液能降低冰点,理应减轻冻害,却加剧了冻害。一般认为,当混凝土浸水时,主要靠毛细孔张力吸水;当混凝土中含有盐溶液时,除毛细孔张力外,还存在盐浓度差产生的渗透压;在毛细孔张力和渗透压共同作用下,吸水率和吸水速率都大大增加,使混凝土内部的饱水度也明显提高。此外,孔中盐溶液在干湿和冷热循环作用下,盐会过饱和而结晶,产生结晶压。盐冻破坏是静水压及盐溶液的渗透压与结晶压共同作用的结果,因此盐冻破坏要比单纯的冻融破坏严重得多。

混凝土冻融破坏的特征是混凝土剥离,在混凝土表面出现尺寸2~3mm的小片剥离。随着使用年限的增加,剥离量及剥离粒径增大,混凝土剥离由表及里。混凝土剥离一经开始,发展的速度是很快的。冻融破坏通常发生在经常与水接触的结构表面,当温度下降,结构孔隙中的水转化成冰时,体积逐渐膨胀。这种膨胀会产生一种局部张力,使其周围的水泥基质断裂,造成结构破损。这种破损是由外向里一小片、一小片地破碎。

盐冻破坏主要出现在采用除冰盐化除积雪的道路和桥梁。根据大量的现场调查和室内试验结果,盐冻破坏区别于其他破坏形式的主要特征是:表面分层剥落,集料暴露,但剥落层下面的混凝土完好,传统的混凝土钻芯取样检测的混凝土强度与未受盐冻时变化不大;破坏速率快,对未采用防盐冻措施而使用除冰盐的桥梁混凝土构件,少则一个冬天,多则几个冬天,即可产生混凝土严重盐冻破坏;在没有被干扰的混凝土构件剥蚀表面或裂缝中可见到白色盐结晶体(以氯盐为主)。

混凝土冻融破坏会使混凝土的某些性能随时间劣化,造成混凝土结构的耐久性和安全性随服务时间推移不断劣化和降低,严重影响结构的使用寿命。

二、混凝土缺陷病害形式

1. 混凝土麻面

混凝土麻面是混凝土局部表面出现缺浆和许多小凹坑、麻点,形成粗糙面,但无钢筋外露现象,如图2-14所示。其产生的原因是:模板表面粗糙或黏附水泥浆渣等杂物未清理干净,拆模时混凝土表面被粘连破坏;模板未浇水湿润或湿润不够,构件表面混凝土的水分被吸去,使混凝土失水过多出现麻面;模板接缝不严,局部漏浆;模板隔离层涂刷不均匀,或局部漏刷失效;混凝土表面与模板黏结造成麻面;混凝土振捣不实,气泡未排出,停在模板表面形成麻点。

2. 混凝土蜂窝

混凝土蜂窝为混凝土结构局部出现酥散、无强度状态,如图 2-15 所示。其产生的原因是:混凝土配合比不当或砂、石子、水泥、加水量计量不准,造成砂浆少、石子多;混凝土搅拌时间不够,未拌和均匀,和易性差,振捣不密实;混凝土未分层下料,振捣不实,或漏振,或振捣时间不够;模板缝隙封堵不严,水泥浆流失;钢筋较密,使用的石子粒径过大或坍落度过小。

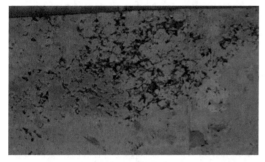

图 2-14 混凝土麻面

图 2-15 混凝土蜂窝

3. 混凝土剥落、露筋,空洞

混凝土剥落、露筋、空洞原因有多种。图 2-16 所示的梁底混凝土剥落、露筋,由于该梁在跨中几个局部区域普遍存在该病害,其产生的主要原因通常为桥下净高不足,梁底受到车辆或船只的撞击。图 2-17、图 2-18 所示的混凝土露筋及空洞,其主要原因为混凝土施工质量不良。

图 2-16 混凝土剥落、露筋

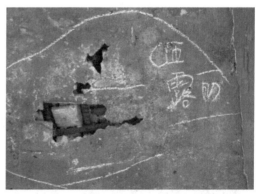

图 2-17 混凝土露筋

4. 横隔板损坏开裂(图 2-19)

混凝土 T 梁桥病害资源请扫描封面的二维码,查看资源 12。

产生原因:后拼装施工构件,自身连接不牢靠;焊接钢板焊缝脱落或开裂;车辆荷载反复作用;桥梁横向连接薄弱。

5. 渗水、泛白(图 2-20)

产生原因:桥面铺装损坏,铰缝遭到破坏,长期渗水作用出现钙化吸附。

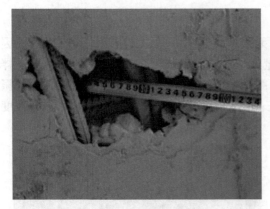
图 2-18　混凝土空洞

图 2-19　横隔板损坏开裂

图 2-20　渗水、泛白

6. 侧墙鼓胀、外倾（图 2-21）

以拱桥为例，主要原因为：侧墙过高、填料进水、体积膨胀、土压力增大，造成侧墙鼓胀、外倾及砌筑施工问题等。

7. 混凝土流水侵蚀

产生原因：伸缩缝漏水、排水不善及水泥石变质或者微生物分泌物腐蚀等。表面的颜色变化可能是由附着微生物或者水中化学物质的影响而造成。如图 2-22 所示为桥台混凝土流水侵蚀。

图 2-21　侧墙外倾

图 2-22　桥台混凝土流水侵蚀

8. 桩基础破坏

桩基础是桥梁广泛应用的一种基础形式。桥梁上部结构对桩基沉降非常敏感,桩基变位、倾斜、不均匀沉降等,都会导致桥梁上部结构因附加内力而出现严重病害,更严重时会发生桥梁垮塌等灾难性事故。处于水中的桩基础会经常受到流水冲刷及船只碰撞等,而导致桩基础破损,集料、钢筋外露,当桩头完全暴露或暴露较多时桩基承载能力也会受到一定影响。桩基不均匀沉降,基础冲刷导致集料、钢筋外露分别如图2-23、图2-24所示。

图2-23 桩基不均匀沉降　　　　　　　图2-24 桩基冲刷导致集料、钢筋外露

相关视频请扫描封面的二维码,查看资源13～资源16。

单元三　支座病害

 学习目标

1. 了解桥梁常见支座作用及特点;
2. 能够识别和分析常见支座病害。

支座病害视频请扫描封面的二维码,查看资源17。

一、板式橡胶支座病害

板式橡胶支座由几层橡胶和薄钢片叠合而成,如图2-25所示。其构造非常简单,是30m以下中、小跨径桥梁常用的支座形式之一,主要用于混凝土梁。

板式橡胶支座的变位机理:利用橡胶的不均匀压缩实现转角变位,利用橡胶的剪切变形实现水平位移。因此橡胶支座一般无固定支座和活动支座之分,所有纵向水平力和纵向位移由各支座分担。通过选用不同大小和不同厚度的橡胶板来适应各支座的承载力和变形要求。

结合板式橡胶支座的特点,现实中其病害大致分为6种,分别如下。

(1)表面开裂:板式橡胶支座表面出现的

图2-25 板式橡胶支座

龟裂裂纹和水平裂缝(图2-26、图2-27)。当板式橡胶支座表面有龟裂裂纹且裂纹宽度小于0.5mm,没有水平裂缝,则属于轻微程度;而当裂缝(纹)宽度大于2mm,水平裂缝长度大于相应边长(支座边长)的50%或25%,则分别属于极严重或严重程度,即支座功能严重老化,将危及行车安全。当局部外露钢板时,支座就处于严重损坏,而当钢板外露长度大于100mm,则支座处于极严重损坏状态。

图2-26　支座龟裂　　　　　　　　　　图2-27　支座水平裂缝

(2)钢板外露:可以由支座表面的龟裂裂纹中目测到板式橡胶支座本体内部的薄钢板裸露。板式橡胶支座工作的机理是钢板的拉力是通过橡胶与钢板之间的黏结力来传递的,钢板外露表明拉力强度已超过局部黏结区域的黏结强度。因此,只要出现钢板外露,就表明板式橡胶支座病害问题严重。

(3)不均匀鼓凸与脱胶:板式橡胶支座两侧面或一个侧面上下之间不均匀鼓凸现象,如图2-28所示。当沿支座一侧外鼓长度占相应边长25%时,属于严重状态;占相应边长10%~25%时,属于较重状态;而当小于相应边长10%时,属于中等状态。

(4)脱空:板式橡胶支座与梁底面或支承垫石顶面出现的缝隙大于相应边长的25%时,称为局部脱空;当缝隙等于边长时称为全脱空。支座脱空如图2-29所示。

图2-28　支座鼓凸　　　　　　　　　　图2-29　支座脱空

板式橡胶支座顶面、底面应分别与梁底面、支承垫石顶面全面积接触。局部脱空一方面造成支座局部压应力增加;另一方面支座脱空部位即顶面与外界空气接触,容易进一步使橡胶老化。空心板梁下板式橡胶支座的全脱空将改变板梁受力图式,因此,有板式橡胶支座脱空现象的支座处于严重损伤状态。

(5)支座剪切超限(图2-30):板式橡胶支座在最高或最低温度条件下,承受上部结构恒载作用时,其 $\tan\alpha > 0.50$(α 为剪切角)。该状态下,板式橡胶支座剪切变形过大,属于极严重损坏。

(6)支座滑移(图2-31):通常由于支座受挤压、或安装原因,导致支座偏离原有位置,影响了原有的支撑条件,应及时采取纠偏措施。

图2-30 支座剪切超限

图2-31 支座滑移

二、盆式橡胶支座病害

盆式橡胶支座由不锈钢滑板、聚四氟乙烯板、盆环、氯丁橡胶块、钢密封圈、钢盆塞及橡胶防水圈等组成,变形原理综合了板式橡胶支座和四氟板支座的优点,即利用设置在钢盆中的橡胶达到承压和转动的功能,利用聚四氟乙烯板和不锈钢板之间的平面滑动来适应桥梁的纵向位移。板式橡胶支座处于无侧压向受压状态,承载力不高,而盆式橡胶支座的橡胶板安放在钢盆中,受压时处于三向受压状态,其承载力大幅提高,且变位量大,是一种新型高吨位支座。

盆式橡胶支座由于适用面较宽,使用较广泛,所以表现出来的问题也较多,大致为7项,分列如下。

(1)钢件裂纹和变形:钢件裂纹是指盆式橡胶支座的钢件表面出现肉眼可见的裂纹,主要是钢盆(下支座板)的表面裂纹。钢件变形是指支座盆底钢板四角在支座反力作用下出现表面翘起的现象。盆式橡胶支座钢件裂纹和变形现象往往相互伴随。

盆式橡胶支座是用来承受支座反力的承压橡胶板被密封在钢制凹盒(下支座板)内,处于三向压应力受力状态,从而承载力大幅提高,而侧向压应力的来源是橡胶板的橡胶变形受到支座钢板的约束,而支座钢盆的盆环受到较大的拉应力。钢盆盆环破坏使橡胶板失去了侧向约束进而造成盆式橡胶支座丧失承载力。钢盆盆环也是盆式橡胶支座钢件最易出现裂纹的部件,因此钢盆盆环出现裂纹是很严重的问题。

(2)钢件脱焊:盆式橡胶支座按钢盆制作方法分为两种,一种是钢盆的盆杯和盆底是整体铸钢制成,简称整体式;另一种是钢盆的盆环钢板和盆底是焊接制成。盆式橡胶支座钢件脱焊主要是指钢板与盆底之间的焊缝脱开的现象。

在支座力作用下,盆式橡胶支座内的橡胶板受压变形受到盆杯钢板约束。这时圆环形盆杯钢板受到水平径向力作用,在盆杯和盆底之间截面上将产生剪应力,而盆杯和盆底之间焊缝承受剪应力作用。出现钢件脱焊,支座达不到设计承载力计算的要求,将会产生较严重后果。

(3)聚四氟乙烯板磨损:聚四氟乙烯板磨损是指盆式橡胶支座中由于聚四氟乙烯板和不

锈钢之间平面滑动所产生的磨损。

聚四氟乙烯板磨耗直接影响盆式橡胶支座的使用寿命,尤其是大吨位和大位移盆式橡胶支座,正确掌握聚四氟乙烯板的磨耗性能是确保支座使用安全的主要因素。

(4)支座位移超限:盆式橡胶支座的聚四氟乙烯板滑出不锈钢板面范围。当位移超限小于10mm时,属于较严重,而位移超限大于或等于10mm,则属于严重。如图2-32所示。

(5)支座转角超限:盆式支座转角超过相应荷载作用下最大的预期设计转角。实际支座转角是由盆式橡胶支座顶、底板之间的最大和最小间隙来求得。

(6)橡胶由钢盆中挤出:盆式橡胶支座的橡胶体一侧由钢盆中挤出,常见于曲线连续箱梁发生侧向位移病害的情况。

图2-32 支座位移超限

(7)钢盆锈蚀:钢盆的外表保护漆脱落,钢件锈蚀的现象。当钢盆有较微锈蚀时,属于轻微;有锈蚀时,属于中等;而有锈蚀且伴有锈皮剥落,则属于较严重。

单元四 伸缩装置病害

 学习目标

1. 掌握常见伸缩装置的结构形式与构造;
2. 能够认知并分析伸缩装置常见病害。

伸缩装置病害视频请扫描封面的二维码,查看资源18、资源19。

一、伸缩缝

伸缩缝是指桥梁上部结构桥跨之间或在上部结构桥跨与桥台背墙之间设置的间隙,从而满足在温度、荷载等因素作用下梁体的变位与变形要求。在桥面伸缩缝处设置的各种装置均称为伸缩装置,如图2-33所示。

图2-33 伸缩装置

伸缩装置应满足以下功能要求：

(1) 伸缩装置应保证桥面连续和平顺；

(2) 在保证车辆安全行驶的条件下，满足温度变化、混凝土收缩、徐变及荷载等产生的变形，而不会在接缝或结构的其他部位引起超出设计限度的应力；

(3) 不会造成溜滑等交通危害，不会引起大的交通噪声或振动；

(4) 在日常运营时保持密闭，能防止水分或泥浆侵入装置内，或者采取有利于排除、清扫侵入物的措施。

二、伸缩装置病害

桥梁伸缩装置是桥梁缺陷与病害的高发部位。伸缩装置缺陷及病害对桥梁使用性能影响较大，这里可归类为以下 4 种：

(1) 降低桥面行车舒适性，造成汽车驾驶员及乘客不适；

(2) 引起桥上交通事故；

(3) 伸缩装置缺陷和病害引起桥梁主体结构劣化；

(4) 城市桥梁伸缩装置缺陷和病害造成的行车噪声、桥下漏水形成环境污染。

伸缩装置病害如图 2-34 所示。

 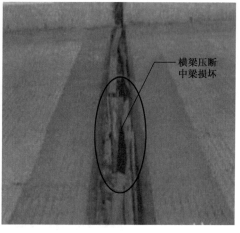

图 2-34 伸缩装置病害

目前，在调查了我国公路桥梁之后，常用伸缩装置主要有以下 4 种，分别是橡胶条伸缩装置、橡胶组合剪切式(板式橡胶型)伸缩装置、钢制支承式伸缩装置和模数支承式伸缩装置。

1. 橡胶条伸缩装置

橡胶条伸缩装置属于对接式伸缩装置，如图 2-35 所示。其一般适用于伸缩量在 80mm 以下的桥梁上部结构。桥梁上使用的橡胶条伸缩装置有两种：一种是矩形橡胶条伸缩装置，为填塞对接类型，在任何技术状态下都处于压缩受力状态；另一种是不同形状的橡胶条被嵌固在伸缩装置的钢构件上，为嵌固对接类型，以橡胶条的拉压变形来适应桥梁上部结构的变位。

橡胶条伸缩装置结构形式，在设计上不考虑以橡胶条来支承车辆车轮荷载。

矩形橡胶条伸缩装置是在当桥梁上部结构施工完毕后，在伸缩缝部位固定好角钢，涂上专用胶，再将矩形橡胶条在压缩状态下强行嵌入最终形成的伸缩装置。

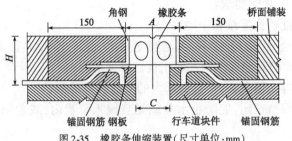

图 2-35　橡胶条伸缩装置(尺寸单位:mm)

嵌固橡胶条伸缩装置,其构造原理是将不同形状的橡胶制品用不同形状的钢构件嵌固起来,然后通过锚固系统将它们与接缝处的梁体或桥台背墙锚固成整体,由异型钢提供对车轮的支承,以橡胶条、橡胶带的拉压来吸收梁端的变形,其伸缩体可以处于受压状态,也可以处于受拉状态。

针对橡胶条伸缩装置的使用,其相关典型病害主要有以下四种。

(1)橡胶条脱落

橡胶条由伸缩装置的锚固型钢件中脱落,如图 2-36 所示。

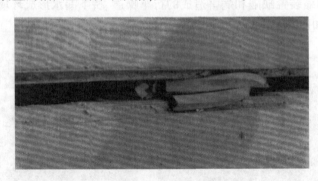

图 2-36　橡胶条脱落

(2)伸缩装置两侧混凝土破碎

橡胶条伸缩装置部位的后铺混凝土破碎,甚至伸缩装置的锚固钢筋露出,如图 2-37 所示。

图 2-37　两侧混凝土破碎

(3)锚固件破坏

橡胶条伸缩装置的锚固钢板件破坏。

(4)铺装层与伸缩装置部位后铺料剥离

病害现象是指沥青铺装层与伸缩装置部位后混凝土(后铺料)的交界附近,出现铺装层的剥离或混凝土剥离的情况。

2. 橡胶组合剪切式(板式橡胶型)伸缩装置

板式橡胶伸缩装置是充分利用橡胶材料剪切模量低的特性,在橡胶体内设置承重钢板与锚固钢板,并设置螺栓孔,通过螺栓与梁端连接成整体,如图2-38所示。这种结构依靠上下凹槽之间的橡胶体剪切变形来吸收梁的伸缩变位,橡胶体内埋设钢板,跨越梁端间隙,承受车轮荷载。

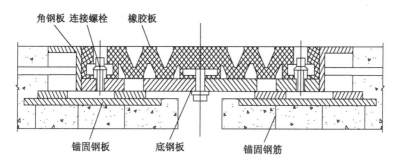

图2-38 板式橡胶伸缩装置

针对板式橡胶伸缩装置,主要有以下两种典型病害。

(1)板式橡胶体破坏

板式橡胶型伸缩装置的橡胶体破坏,如图2-39所示。

(2)伸缩装置下陷和高出桥面

板式橡胶型伸缩装置局部下陷或高出桥面会造成桥上行车舒适性与平顺性降低,甚至跳车。当伸缩装置下陷深度过大或高出桥面的高度超限时,则应紧急抢修。

图2-39 板式橡胶体破坏

3. 钢制支承式伸缩装置

钢制支承式伸缩装置是用钢材装配而成,能直接承受车轮荷载的一种构造,如图2-40所示。当前应用比较广泛的主要是钢梳齿型。钢梳齿型桥梁伸缩装置的构造是由梳型板、连接件及锚固系统组成。

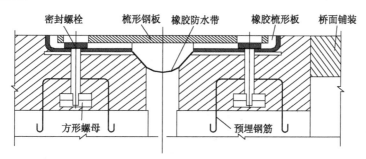

图2-40 钢制支承式伸缩装置

钢制支承式伸缩装置主要有以下几种典型病害：

（1）钢制支承式伸缩装置活动异常

钢梳齿板型伸缩装置活动异常是指其出现在夏天高温季节齿间抵死，或在冬季齿间间距过大的现象，如图2-41所示。

图2-41 伸缩装置活动异常

钢制支承式伸缩装置活动异常，出现齿间抵死现象，可能会危及与之相连的桥台背墙，造成混凝土开裂；而齿间间距过大则会影响行车舒适性。

（2）连接螺栓缺损

锚固钢板的连接螺栓松动，紧固螺母缺失，极易造成整块钢板脱落（图2-42），严重影响行车安全。

图2-42 钢板破损、脱落

（3）锚固混凝土开裂、破损

伸缩缝两边锚固混凝土在车辆等作用下发生开裂、破损。

4. 模数支承式伸缩装置

由纵梁（异型钢）、横梁、位移控制箱、橡胶密封带等构件组成的伸缩装置，如图2-43所示。由V形截面或其他截面形状的橡胶密封条（带），嵌接于异型钢边梁和中梁内，构成可伸缩的密封体，由异型钢直接承受车轮荷载，并将荷载传递至横梁，由横梁传递至梁体和桥台。

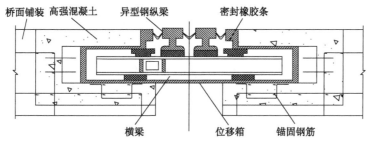

图 2-43 模数支承式伸缩装置

考虑模数支承式伸缩装置的使用,其主要病害有以下几种:

(1)钢纵梁连接焊缝脱开

模数支承式伸缩装置在桥上行车通过时出现晃动,发出噪声,伸缩装置表面出现局部断裂和下凹的现象,伸缩装置本身已破坏,如图 2-44 所示。

(2)密封橡胶条脱落或跳出

伸缩装置密封橡胶条由压条上脱落出来或翻跳在装置之外的现象,引起桥面伸缩缝处跳车。

(3)密封橡胶条破漏

伸缩装置密封橡胶条被刺破,同时会出现伸缩装置处的桥面垃圾积压、漏水现象。图 2-45 所示为密封橡胶条破漏。伸缩装置密封橡胶条破漏影响伸缩装置功能,甚至会使伸缩装置的变形受阻;桥面水及污物由伸缩装置的破漏橡胶条处漏出,会对桥梁上部主体结构构件及桥墩台帽混凝土的耐久性产生较大影响。

图 2-44 钢纵梁断裂

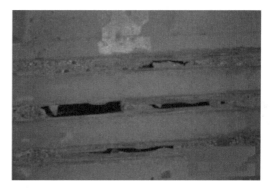

图 2-45 密封橡胶条破漏

一般桥梁报告对于病害的相关描述视频请扫描封面的二维码,查看资源 20～资源 24。

思考与练习

1. 简述裂缝病害的产生原因。
2. 简述结构性裂缝与非结构性裂缝的区别。
3. 简述混凝土内部缺陷病害的形成机理。
4. 简述板式橡胶支座的病害类型。
5. 简述盆式橡胶支座的病害类型。
6. 简述橡胶条伸缩装置及板式橡胶型伸缩装置的特点,以及其相关病害形式。

7. 简述钢制支承式伸缩装置和模数支承式伸缩装置的特点,以及其相关病害形式。

8. 名词解释:

(1)结构性裂缝;(2)混凝土碳化;(3)氯离子侵蚀;(4)混凝土蜂窝;(5)混凝土流水侵蚀;(6)板式橡胶支座;(7)板式橡胶支座剪切超限;(8)模数支承式伸缩装置;(9)伸缩装置密封橡胶条破漏。

模块三　桥梁检查与评定

桥梁检查是一项通过对桥梁缺陷和损伤的检查,并根据其性质、部位,严重程度及发展趋势,找出产生缺陷和损伤的主要原因,分析和评价其对桥梁技术状况和承载能力的影响,从而了解桥梁在役期间技术状况的工作。《公路桥涵养护规范》(JTG 5120—2021)(以下简称《养护规范》)规定公路桥梁养护检查等级应分为Ⅰ、Ⅱ、Ⅲ级:单孔跨径大于150m的特大桥、特别重要桥梁的养护检查等级为Ⅰ级;单孔跨径小于或等于150m的特大桥、大桥,以及高速公路或一、二级公路上的中桥、小桥的养护检查等级为Ⅱ级;三、四级公路上的中桥、小桥的养护检查等级为Ⅲ级。

公路桥梁按检查的范围、深度、方式和检查目的,分为初始检查、日常巡查、经常检查、定期检查和特殊检查。初始检查指新建或改建桥梁交付使用后,对桥梁结构及其附属构件的技术状况进行的首次全面检测,其成果是后期桥梁检查和评定工作的基准;日常巡查指对桥面及其以上部分的桥梁构件、结构异常变位和桥梁安全保护区的日常巡视和目测检查;经常检查主要由桥梁管养单位的桥梁养护工程师进行;定期检查通常由具有一定检查经验并受过专门桥梁检查培训,熟悉桥梁设计、施工等方面的桥梁养护工程师负责组织实施;特殊检查应由相应资质和能力的单位承担。

《养护规范》中,将桥梁评定分为桥梁技术状况评定和适应性评定。桥梁技术状况评定应依据桥梁初始检查、定期检查资料,通过对桥梁各部件技术状况的综合评定,确定桥梁的技术状况等级,提出养护措施。评定应按现行《公路桥梁技术状况评定标准》(JTG/T H21)执行。适应性评定主要包括以下内容:依据桥梁定期检查和特殊检查资料,结合试验与结构分析,评定桥梁的实际承载能力、通行能力、抗洪能力,提出桥梁养护、改造方案。

《公路桥梁承载能力检测评定规程》(JTG/T J21—2011)中要求,通过对桥梁缺损状况检查、材质状况与状态参数检测和结构检算,必要时再进行荷载试验的方式评定桥梁承载能力。结构检算主要依据现行相关规范,根据桥梁检查与检测结果,采用引入分项检算系数,修正极限状态设计表达式的方法进行桥梁承载能力评定。

桥梁检查概述资源请扫描封面的二维码,查看资源25。

单元一　桥梁经常检查

1. 掌握桥梁经常检查的含义;
2. 掌握桥梁经常检查的内容和要求。

一、经常检查

《养护规范》规定:养护检查等级为Ⅰ级的桥梁,经常检查每月不应少于1次;养护检查等级为Ⅱ级的桥梁,经常检查每两月不应少于1次;养护检查等级为Ⅲ级的桥梁,经常检查每季度不应少于1次;在汛期、台风、冰冻等自然灾害频发期,应提高经常检查频率;养护检查等级为Ⅱ、Ⅲ级的桥梁,在定期检查中发现存在4类构件时,加固处治前应提高经常检查频率;对支座的经常检查每季度不应少于1次。经常检查宜抵近桥梁结构,以直接目测为主,配合简单工具量测。经常检查由相关公路管理机构专职桥梁养护工程师(或技术员)负责,主要对桥面设施、上部结构、下部结构和附属构造物的技术状况进行日常巡视检查,及时发现缺损并进行小修保养工作。旨在确保结构功能正常,使结构能得到及时的养护和保养或紧急处理,对需要检修和一些重大问题做出报告。

路段检查人员或桥工班或护桥人员进行检查时,需当场填写桥梁经常检查记录表(表3-1)。

桥梁经常检查记录表　　　　　　　　　　　　　表3-1

公路管理机构名称:			
1 路线编号	2 路线名称		3 桥位桩号
4 桥梁编号	5 桥梁名称		6 养护单位
7 检查项目	缺损类型	缺损范围	处治建议
8 主梁			
9 主拱圈			
10 拱上建筑			
11 桥(索)塔(含索鞍)			
12 主缆			
13 斜拉索			
14 吊杆			
15 系杆			
16 桥面铺装			
17 伸缩缝			
18 人行道、路缘			
19 栏杆、护栏			
20 标志、标线			
21 排水系统			
22 照明系统			
23 桥台及基础(含冲刷)			
24 桥墩及基础(含冲刷)			
25 锚碇(含散索鞍、锚杆)			

续上表

公路管理机构名称：					
26 支座					
27 翼墙（耳墙、侧墙）					
28 锥坡、护坡					
29 桥路连接处（桥头搭板）					
30 航标、防撞设施					
31 调治构造物					
32 减振装置					
33 其他					
34 负责人		35 记录人		36 检查日期	

二、检查内容

桥梁经常检查资源请扫描封面的二维码，查看资源26。

经常检查中应包括以下内容：

(1) 桥梁结构有无异常的变形和振动及其他异常状况。

(2) 外观是否整洁，构件表面是否完好，有无损坏、开裂、剥落、起皮、锈迹等。

(3) 混凝土主梁裂缝是否有发展，箱梁内是否有积水。钢结构主梁抽查焊缝有无开裂，螺栓有无松动或缺失。

(4) 斜拉索、吊杆（索）、系杆等索结构锚固区的密封设施是否完好，有无积水或渗水痕迹，密封材料等有无老化和开裂；主缆最低点是否渗水；索鞍是否有异常的位移、卡死、辊轴歪斜及构件锈蚀、破损；鞍座混凝土是否开裂；鞍室是否渗水、积水。

(5) 支座是否有明显缺陷，使用功能是否正常。

(6) 桥面铺装是否存在病害。

(7) 伸缩缝是否堵塞、卡死，连接部件有无松动、脱落、局部破损。

(8) 人行道、缘石有无破损、剥落、裂缝、缺损和松动。

(9) 栏杆、护栏有无破损、缺失、锈蚀、移动或错位。

(10) 排水设施有无堵塞和破损。

(11) 墩台有无明显的倾斜、损伤、开裂及是否受到车、船或漂流物撞击而受损；基础有无冲刷、损坏、悬空；墩台与基础是否受到生物腐蚀。

(12) 翼墙（侧墙、耳墙）、锥坡、护坡、调治构造物有无缺损、开裂、沉降和塌陷。

(13) 悬索桥锚碇是否存在渗水、积水。

(14) 交通信号、标志、标线、照明设施及桥梁其他附属设施是否完好、正常工作。

(15) 永久观测点及标志点是否完好。

三、工程案例

某国道上1×20m钢筋混凝土简支T梁桥，经常检查记录表见表3-2。

桥梁经常检查记录表　　　　表 3-2

公路管理机构名称：×××					
1 路线编号	×××	2 路线名称	×××	3 桥位桩号	K2297+060
4 桥梁编号	G×××	5 桥梁名称	×××	6 养护单位	×××
7 检查项目	缺损类型	缺损范围		处治建议	
8 主梁	开裂	T梁有轻微程度的裂痕，缝宽为0.2mm，长20~30cm		继续观察	
9 主拱圈	无	—		—	
10 拱上建筑	无	—		—	
11 桥(索)塔(含索鞍)	无	—		—	
12 主缆	无	—		—	
13 斜拉索	无	—		—	
14 吊杆	无	—		—	
15 系杆	无	—		—	
16 桥面铺装	完好	—		—	
17 伸缩缝	橡胶老化断裂	两端桥头		建议更换	
18 人行道、路缘	无	—		—	
19 栏杆、护栏	开裂	右侧混凝土防撞栏有长约0.8m、宽1cm裂缝		继续观察	
20 标志、标线	变形	K81+110示警桩严重变形		建议维修	
21 排水系统	完好	—		—	
22 照明系统	无	—		—	
23 桥台及基础（含冲刷）	表层脱落；冲刷	右边1号桥台局部片石脱落；1号桥台两侧翼墙地基被河水冲刷侵蚀		继续观察	
24 桥墩及基础（含冲刷）	无	—		—	
25 锚碇（含散索鞍、锚杆）	无	—		—	
26 支座	完好	—		—	
27 翼墙(耳墙、侧墙)	开裂	0号桥台右侧翼墙开裂		继续观察	
28 锥坡、护坡	灰缝脱落	锥坡砌体局部灰缝脱落		继续观察	
29 桥路连接处（桥头搭板）	跳车	两端桥头		继续观察	
30 航标、防撞设施					
31 调治构造物	完好	—		—	
32 减振装置	无	—		—	
33 其他	无	—		—	
34 负责人	×××	35 记录人	×××	36 检查日期	×××

单元二　桥梁定期检查

学习目标

1. 掌握桥梁定期检查的含义和要求；
2. 掌握桥梁定期检查的任务和流程；
3. 掌握桥梁定期检查的内容；
4. 掌握桥梁定期检查报告的编制。

桥梁的定期检查是指为评定桥梁的使用功能，制订管理养护计划提供基础数据，按规定周期，对桥梁主体结构及其附属构造物的技术状况进行定期跟踪和全面检查。主要检查桥梁各部件的功能是否完善有效，构造是否合理耐用，发现需要大、中修、改善或限制交通的桥梁缺损状况；同时检查小修保养状况。定期检查还为桥梁养护管理系统提供动态数据。《养护规范》规定：养护检查等级为Ⅰ级的桥梁，定期检查周期不得超过1年；养护检查等级为Ⅱ、Ⅲ级的桥梁，定期检查周期不得超过3年。

一、定期检查目的和基本要求

（1）定期检查的目的：通过对结构物进行彻底的、视觉的和系统的检查，建立结构管理和养护档案，为桥梁养护管理系统采集结构技术状况动态数据。通过定期检查可以对结构的损坏做出评估，评定结构构件和整体结构的技术状况，从而可以确定特别检查的需求与结构维修、加固或更换的优先排序。

（2）定期检查由地（市）级公路管理机构的专职桥梁养护工程师负责，制订桥梁年度定期检查计划，组织实施辖区内桥梁定期检查工作。县级公路管理机构的桥梁养护技术人员协同实施。负责定期检查的工程师应根据管辖区内登记的桥梁基本数据表（桥梁卡片），制订出年度桥梁检查实施计划。

（3）定期检查人员必须事先准备和携带下列文件：桥梁检查清单（表3-3）、桥梁基本数据表（如桥梁基本状况卡片，见工程案例中的表3-6）。新建桥梁应根据技术档案事前登记好基本数据表，最近经过专门检验或维修（大、中修）、加固改善的桥梁，其内容必须事先登记在基本数据表内。桥梁定期检查记录表包括本次用的和上次（最近的）记录的检查数据表。本次用表应事先将表头的基本数据填好。

桥梁检查清单　　　　　　　　　　　　　　　表3-3

桥梁名称	路线编号	桥梁编号	桥梁里程	下穿通道名称	养护单位编号	上次□ 本次□			
						定期检查日期	状况评定	补充检验日期	维修日期

（4）定期检查以目视观察为主，必要辅以测量设备及仪器（表3-4）。市级检查组应配备专用的小型检查车（车顶装载伸缩人梯）。

桥梁定期检查用设备和器材　　　　表 3-4

安全、保护用品	检测仪具	工具、器材	附加设备
警告标志 警告信号灯 反光背心 安全帽 安全带 工作服 防滑鞋 雨靴 水裤 救生衣 救生索 防护眼镜 其他劳保用品	照相机 长焦镜头 广角镜头 闪光灯 望远镜 刻度放大镜 地质罗盘 100m钢卷尺 2～3m钢卷尺 1～2m木折尺 30～50m水尺 垂球测绳 测量花杆 水准仪及塔尺 不平尺 量角器（大号） 测量记录本 记录文件夹	电筒（强光） 扁刮刀 地质锤 地铲 铁锹 钢丝刷 油漆刷 特种铅笔 喷雾筒漆 彩色粉笔 器具箱 工具袋 文件包 其他文具	软梯 伸缩梯 充气皮艇 工作船 拼装式悬挂作业架 桥梁专用检查作业架 专用检查作业车

二、定期检查主要任务及工作流程

1. 定期检查需完成的工作

定期检查必须接近或进入各部件仔细检查其功能及材料的缺损状况，并在现场完成下列工作：

（1）现场校核桥梁基本数据，填写或补充完善"桥梁基本状况卡片"（表 3-6）。

（2）当场填写桥梁定期检查记录表（表 3-5），记录各部件缺损状况并绘制主要病害分布图。

（3）对桥梁永久观测点进行复核，对桥面高程及线形、变位等检测指标进行量测。

（4）判断病害原因及影响范围。

（5）进行技术状况评定，提出养护建议。

2. 定期检查工作流程

公路桥梁定期检查工作流程如图 3-1 所示。

3. 定期检查的顺序与缺损位置描述规则

1）定期检查顺序

按路线里程增长方向和从右至左的顺序检查（注意防止漏检），见图 3-2。

按从下往上顺序检查：首先检查下部结构和基础冲刷，同时检查上部结构的底面和侧面；然后顺序检查支座、箱梁内部；最后检查桥面系统。

桥梁主体结构检查完成后，检查调治构造物的状况。

在检查结构缺损状状过程中，同时校对桥梁结构的基本数据是否与实际相符。

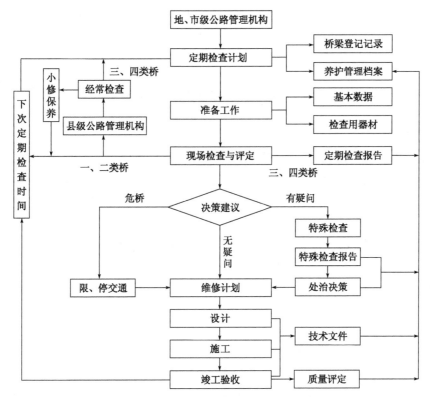

图 3-1 公路桥梁定期检查工作流程图

图 3-2 旧桥定期检查顺序示意简图

2) 缺损位置描述规则

先描述发生缺损构件所在的桥跨号和墩台号,如图 3-3 所示。然后再在同一墩台或桥跨中按里程增长方向,从右至左对相同类型构件顺序编号,起始号一般定为1。

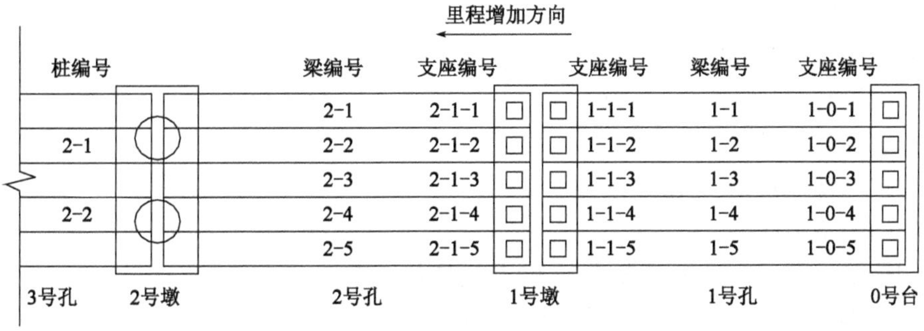

图 3-3 旧桥定期检查构件编号示意简图

给定构件的缺损位置,可以用右侧面(R)、左侧面(L)、高桩号侧面(HX)、低桩侧面(S)、上面(UP)、底面(UD)等来描述出现损坏的构件在哪一个面上。

对于构件任一面上的损坏位置,可以用跨中、支点处、中部、端部、顶部、底部等来详细描述。

桥梁结构划分动画请扫描封面的二维码,查看资源27、资源28。

三、定期检查主要内容

桥跨结构应首先观察有否异常变形、声音、振动、摆动。如上部结构竖向曲线是否平顺,拱轴线变位状况,桥跨有无异常的竖向振动或横向摆动等;其次再检查各部件的技术状况,并查找异常原因。

1. 桥面系检查

(1)桥面铺装层纵、横坡是否顺适,有无严重的龟裂、纵横裂缝,有无坑槽、拥包、拱起、剥落、错台、磨光、泛油、变形、脱皮、露骨、接缝料损坏、桥头跳车等现象。

(2)伸缩装置是否有异常变形、破损、脱落、漏水、失效,锚固区有无缺陷,是否存在明显的跳车。

(3)人行道有无缺失、破损等。

(4)栏杆、护栏有无缺失、破损等。

(5)防排水系统是否顺畅,泄水管、引水槽有无明显缺陷,桥头排水沟功能是否完好。

(6)桥上交通信号、标志、标线、照明设施是否损坏、失效。

2. 混凝土梁桥上部结构检查

(1)混凝土构件有无开裂及裂缝是否超限,有无渗水、蜂窝、麻面、剥落、掉角、空洞、孔洞、露筋及钢筋锈蚀。

(2)主梁跨中、支点及变截面处,悬臂端牛腿或中间铰部位,刚构的固结处和桁架的节点部位,混凝土是否开裂、缺损,钢筋有无锈蚀。

(3)预应力钢束锚固区段混凝土有无开裂,沿预应力筋的混凝土表面有无纵向裂缝。

(4)桥面线形及结构变位情况。

(5)混凝土碳化深度、钢筋锈蚀检测。

(6)主梁有无积水、渗水,箱梁通风是否良好。

(7)组合梁的桥面板与梁的结合部位及预制桥面板之间的接头处混凝土有无开裂、渗水。

(8)装配式梁桥的横向连接构件是否开裂,连接钢板的焊缝有无锈蚀、断裂。

3. 钢桥上部结构检查

(1)构件涂层劣化情况。

(2)构件锈蚀、裂缝、变形、局部损伤。

(3)焊缝开裂或脱开。

(4)铆钉和螺栓松动、脱落或断裂。

(5)结构的跨中挠度、结构变位情况。

(6)钢箱梁内部湿度是否符合要求,除湿设施是否工作正常。

(7)钢-混凝土组合梁桥和混合梁桥的检测,除应符合前述2.和3.的相关要求外,尚应包括下列内容:

①桥面板与梁的结合部位有无纵向滑移、开裂。
②预制桥面板之间的接头处混凝土有无开裂、压溃、渗水、错位。
③混凝土梁段与钢梁段结合处构造功能是否正常,接合面有无脱开、渗漏、错位、承压钢板变形等。

4. 拱桥上部结构检查

(1)主拱圈是否变形、开裂、渗水,拱脚是否发生位移。

(2)圬工拱桥拱圈的灰缝有无松散、剥离或脱落,砌块有无风化、断裂、压碎、局部掉块、脱落;钢筋混凝土拱桥的拱圈(片)表观及材质状况检测应按上述2.执行;钢-混凝土组合拱桥及钢拱桥的钢结构检测应按上述3.执行。

(3)行车道板、横梁、纵梁及拱上立柱(墙)、盖梁、垫梁的混凝土有无开裂、剥落、露筋和锈蚀。空腹拱的腹拱圈有无较大的变形、开裂、错位,立墙或立柱有无倾斜、开裂。

(4)拱的侧墙与主拱圈间有无脱落,侧墙有无鼓凸变形、开裂,实腹拱拱上填料有无沉陷,排水是否正常。

(5)拱桥的横向联结有无变位、开裂、松动、脱落、断裂、钢筋外露、锈蚀等,连接部钢板有无锈蚀、断裂。

(6)双曲拱桥拱波与拱肋结合处是否开裂、脱开,拱波之间砂浆有无松散、脱落,拱波是否开裂、渗水等。

(7)劲性骨架的拱桥,混凝土是否沿骨架出现纵向或横向裂缝。

(8)吊杆索力有无异常变化。吊杆防护套有无开裂、鼓包、破损,必要时可打开防护套,检查吊杆钢丝涂膜有无劣化,钢丝有无锈蚀、断丝。钢套管有无锈蚀、损坏,内部有无积水;吊杆导管端密封减振设施和其他减振装置有无病害及异常等。

(9)逐个检查吊杆锚头及周围锚固区的情况,锚具是否渗水、锈蚀,是否有锈水流出的痕迹,锚固区是否开裂。必要时可打开锚具后盖抽查锚杯内是否积水、潮湿,防锈油是否结块、乳化失效,锚杯是否锈蚀。锚头是否锈蚀,镦头或夹片是否异常,锚头螺母位置有无异常。

(10)拱桥系杆外部涂层是否劣化,系杆有无松动,锚头、防护罩、钢箱有无锈蚀、损坏。预应力混凝土系杆的检测应按上述3.执行。

(11)进行钢管混凝土拱桥钢管内混凝土密实度检测,检查频率宜为3~6年1次。

5. 斜拉桥上部结构及索塔检查

(1)桥塔有无异常变位,锚固区是否有开裂、水渍,有无渗水现象。混凝土结构有无缺损、裂缝、剥落、露筋、钢筋锈蚀。钢结构涂装是否粉化、脱落、起泡、开裂,钢结构是否锈蚀、变形、裂缝;螺栓是否缺失、损坏、松动;钢与混凝土连接是否完好。

(2)拉索索力有无异常变化,观测斜拉索线形有无异常。

(3)斜拉索防护套有无开裂、鼓包、破损、老化变质,必要时可以打开防护套,检查斜拉索的钢丝涂层劣化、破损、锈蚀及断丝情况。

(4)逐个检查锚具及周围锚固区的情况,锚具是否渗水、锈蚀,是否有锈水流出的痕迹,锚固区是否开裂。必要时可打开锚具后盖抽查锚杯内是否积水、潮湿,防锈油是否结块、乳化失效,锚杯是否锈蚀。锚头是否锈蚀、开裂,镦头或夹片是否异常,锚头螺母位置有无异常。

(5)主梁的检测,除应按上述2.和3.执行外,还应检查梁体拉索锚固区域的混凝土结构是否开裂、渗水,钢结构是否有裂纹、锈蚀、渗水。

(6)钢护筒是否脱漆、锈蚀,钢护筒内有无积水,钢护筒与斜拉索密封是否可靠,橡胶圈是否老化或严重磨损,橡胶圈固定装置有无损坏,阻尼器有无异常变形、松动、漏油、螺栓缺失、结构脱漆、锈蚀、裂缝。

(7)桥梁构件气动外形是否发生改变,气动措施和风障是否完好,钢主梁检修车轨道、桥面风障、护栏、栏杆的形状及位置是否发生改变。

6. 悬索桥主要构件检查

(1)桥塔有无异常变位,混凝土结构有无缺损、裂缝、剥落、露筋、钢筋锈蚀。钢结构涂装是否粉化、脱落、起泡、开裂,钢结构是否锈蚀、变形、裂缝;螺栓是否缺失、损坏、松动;钢与混凝土连接是否完好。

(2)主缆线形是否有变化。主缆防护有无老化、开裂、脱落、刮伤、磨损;主缆是否渗水,缠丝有无损伤、锈蚀,必要时可以打开涂层和缠丝,检查索股钢丝涂膜有无劣化,钢丝有无锈蚀、断丝。锚头防锈漆是否粉化、脱落、开裂,抽查锚头防锈油是否干硬、失效,锚头是否锈蚀、开裂,镦头或夹片是否异常,锚头螺母位置有无异常。

(3)吊索索力有无异常变化;吊索防护套有无裂缝、鼓包、破损,必要时可以打开防护套,检查吊索钢丝涂膜有无劣化,钢丝有无锈蚀、断丝。钢套管有无锈蚀、损坏,内部有无积水;吊索导管端密封减振设施和其他减振装置有无病害及异常等。

(4)逐个检查吊索锚头及周围锚固区的情况,锚具是否渗水、锈蚀,是否有锈水流出的痕迹,锚固区是否开裂。必要时可打开锚具后盖抽查锚杯内是否积水、潮湿,防锈油是否结块、乳化失效,锚杯是否锈蚀。锚头是否锈蚀、开裂,镦头或夹片是否异常,锚头螺母位置有无异常。

(5)索夹螺栓有无缺失、损伤、松动;索夹有无错位、滑移;索夹面漆有无起皮脱落,密封填料有无老化、开裂;索夹外观有无裂缝及锈蚀;测试索夹螺栓紧固力。

(6)加劲梁的检测,应按上述 2. 和 3. 执行。

(7)主索鞍、散索鞍上座板与下座板有无相对位移、卡死、辊轴歪斜,鞍座螺杆、锚栓有无松动现象。鞍座内密封状况是否良好。索鞍有无锈蚀、裂缝,索鞍涂装有无粉化、起泡、脱落,主缆和索鞍有无相对滑移。

(8)锚碇外观有无明显病害,如裂缝、空洞等;锚碇有无沉降、扭转及水平位移。锚室顶板、侧墙表面状况是否完好。锚室内有无渗漏水,是否积水,温湿度是否符合要求;除湿设备运行是否正常。

(9)索股锚杆涂层是否完好,有无锈蚀、裂纹病害。

(10)桥梁构件气动外形是否发生改变;气动措施和风障是否完好;钢主梁检修车轨道、桥面风障、护栏、栏杆的形状及位置是否发生改变。

7. 支座检查

(1)支座是否缺失。组件是否完整、清洁,有无断裂、错位、脱空。

(2)活动支座实际位移量、转角量是否正常,固定支座的锚销是否完好。

(3)橡胶支座是否老化、开裂,有无位置串动、脱空,有无过大的剪切变形或压缩变形,各夹层钢板之间的橡胶层外凸是否均匀。

(4)四氟滑板支座是否脏污、老化,聚四氟乙烯板是否磨损、是否与支座脱离、是否倒置。

(5)盆式橡胶支座的固定螺栓是否剪断,螺母是否松动,钢盆外露部分是否锈蚀,防尘罩是否完好,抗震装置是否完好。

(6)组合式钢支座是否干涩、锈蚀,固定支座的锚栓是否紧固,销板或销钉是否完好。钢支座部件是否出现磨损、开裂。

(7)摆柱支座各组件相对位置是否准确。混凝土摆柱的柱体有无破损、开裂、露筋。钢筋及钢板有无锈蚀。活动支座滑动面是否平整。

(8)辊轴支座的辊轴是否出现爬动、歪斜。摇轴支座是否倾斜。轴承是否有裂纹、切口或偏移。

(9)球型支座地脚螺栓有无剪断、螺纹有无锈死,支座防尘密封裙有无破损,支座相对位移是否均匀,支座钢组件有无锈蚀。

(10)支承垫石是否开裂、破损。

(11)简易支座的油毡是否老化、破裂或失效。

(12)支座螺纹、螺帽是否松动,锚螺杆有无剪切变形,上下座板(盆)的锈蚀状况。

(13)支座封闭材料是否老化、开裂、脱落。

(14)斜拉桥、悬索桥的纵向和横向限位支座的检测,应按本条执行。

8. 桥梁墩台及基础检查

(1)墩身、台身及基础变位情况。

(2)混凝土墩身、台身、盖梁、台帽及系梁有无开裂、蜂窝、麻面、剥落、露筋、空洞、孔洞、钢筋锈蚀等。

(3)墩台顶面是否清洁,有无杂物堆积,伸缩缝处是否漏水。

(4)圬工砌体墩身、台身有无砌块破损、剥落、松动、变形、灰缝脱落,砌体泄水孔是否堵塞。

(5)桥台翼墙、侧墙、耳墙有无破损、裂缝、位移、鼓肚、砌体松动。台背填土有无沉降或挤压隆起,排水是否畅通。

(6)基础是否发生冲刷或淘空现象,地基有无侵蚀。水位涨落、干湿交替变化处基础有无冲刷磨损、颈缩、露筋,有无开裂,是否受到腐蚀。

(7)锥坡、护坡有无缺陷、冲刷。

9. 附属设施

检查应包括下列内容:

(1)养护检修设施是否完好。

(2)减振、阻尼装置是否完好。

(3)墩台防撞设施是否完备。

(4)桥上避雷装置是否完好。

(5)桥上航空灯、航道灯是否完好,能否保证正常照明。桥面照明及结构物内供养护检修的照明系统是否完好。

(6)防抛网、声屏障是否完好。

(7)结构监测系统仪器设备工作是否正常。

(8)除湿设备工作是否正常。

10. 河床及调治构造物检查

(1)桥位段河床有无明显冲淤或漂流物堵塞现象,有无冲刷及变迁状况。河底铺砌是否完好。

(2)调治构造物是否完好,功能是否适用。

11. 定期检查记录

表 3-5 为梁式桥定期检查记录表格式,其余桥型见《养护规范》。

桥梁定期检查记录表(梁式桥) 表 3-5

公路管理机构名称:

1 路线编码		2 路线名称				3 桥位桩号		
4 桥梁编码		5 桥梁名称				6 被跨越道路名称		
7 桥梁全长(m)		8 主跨结构				9 最大跨径(m)		
10 管养单位		11 建成时间				12 上次修复养护时间		
13 上次检查时间		14 本次检查时间				15 本次检查时气候及环境温度		

序号	16 部位	17 部件名称	18 评分	19 缺损				20 养护建议(维修范围、方式、时间)	21 是否需特殊检查
				类型	位置	范围	照片最不利构件		
1	桥面系	桥面铺装							
2		伸缩装置							
3		排水系统							
4		人行道							
5		栏杆、护栏							
6		照明、标志							
7		桥路连接处							
8	上部结构	主要承重构件							
9		一般构件							
10	下部结构	桥墩及基础							
11		桥台及基础							
12		翼墙、耳墙							
13		锥坡、护坡							
14		支座							
15	附属设施	防撞设施							
16		防雷设施							
17		防抛网、声屏障							
18		检修设施							
19		监测系统、永久观测点							
20		调治构造物							
21		其他							

22 桥梁技术状况评定等级		23 全桥清洁状况		24 预防及修复养护状况		
25 记录人		26 负责人		27 下次检查时间		

12.定期检查提交内容

桥梁定期检查后应提出下列文件：

(1)桥梁基本状况卡片(表3-6)、桥梁定期检查记录表(表3-5)、桥梁技术状况评定表。

桥梁基本状况卡片(示例)　　　　　　　　　　　　　　　　　　表3-6

	A.行政识别数据
1	路线编号	S303		2	路线名称	××线		3	路线等级	二级
4	桥梁编号	S303×××		5	桥梁名称	×××桥		6	桥位桩号	K287+700
7	功能类型	公路桥		8	下穿通道名			9	下穿通道号	
10	设计荷载	公路—Ⅰ级		11	通行载重			12	弯斜坡度	
13	桥面铺装	沥青混凝土		14	管养单位	×××道班		15	建成年限	2012
	B.结构技术数据
16	桥长(m)	81.5		17	桥面总宽(m)	10.0		18	行车道宽(m)	9.0
19	桥面高程(m)	1248.12		20	桥下净高(m)	17.8		21	桥上净高(m)	
22	引道总宽(m)	10.0		23	引道路面宽(m)	8.5		24	引道线型	
上部结构	25	孔号	1-3			下部结构	29	墩台	0、3	1-2
	26	形式	箱梁				30	形式	墩台	双柱墩
	27	跨径(m)	25.0				31	材料	混凝土	混凝土
	28	材料	钢筋混凝土				32	基础形式	桩基础	桩基础
33	伸缩缝类型	D80		34	支座形式	板式橡胶支座		35	地震动峰值加速度系数	0.05g
36	桥台护坡			37	护墩体			38	调治构造物	
39	常水位			40	设计水位			41	历史洪水位	
	C.档案资料(全、不全或无)
42	设计图纸	全		43	设计文件			44	施工文件	
45	竣工图纸			46	验收文件			47	行政文件	
48	定期检查报告			49	特殊检查报告			50	历次维修资料	
51	档案号			52	存档案			53	建档年/月	

	D.最近技术状况评定
54	55	56	57	58	59	60	61	62	63	64
检查年月	定期或特殊检查	全桥评定等级	桥台与基础	桥墩与基础	地基冲刷	上部结构	支座	经常保养小修	处治对策	下次检查年份
2015.4	定期检查	二类	一类	一类		三类	一类	优	小修保养	2018.4

续上表

E. 修建工程记录
65	施工日期	66	修建类别	67	修建原因	68	工程范围	69	工程费用（万元）	70	经费来源	71	质量评定	72	建设单位	73	设计单位	74	施工单位	75	监理单位
	开工	竣工														
76 F	桥梁照片	77	立面照片					78	正面照片							
79	主管领导			80	填卡人			81	填卡日期	2015.4.10						

（2）典型缺损和病害的照片及说明。说明应对缺损的部位、类型、性质、范围、数量和程度等加以阐述。

（3）三张总体照片。包括桥面正面照片一张，桥梁两侧立面照片各一张。

（4）判断病害原因及影响范围，并与历次检查报告进行对比分析，说明病害发展情况。

（5）桥梁的技术状况评定等级。

（6）提出养护建议及下次检查时间。

单元三　桥梁特殊检查

学习目标

1. 了解桥梁特殊检查的含义；
2. 掌握特殊检查内容；
3. 掌握特殊检查中无损检测技术。

一、特殊检查概述

特殊检查根据桥梁的破损状况和性质，采用仪器设备进行现场测试、荷载试验及其他辅助试验，针对桥梁现状进行检算分析，形成鉴定结论；是查清桥梁病害原因、破损程度、承载能力、抗灾能力,确定桥梁技术状况的工作。

桥梁特殊检查资源请扫描封面的二维码,查看资源29。

下列情况应作特殊检查:

(1)定期检查中难以判明损坏原因及程度的桥梁;

(2)拟通过加固手段提高荷载等级的桥梁;

(3)拟需要判明水中基础技术状况的桥梁;

(4)遭受洪水、流冰、滑坡、地震、风灾、火灾、撞击,因超重车辆通过或其他异常情况影响造成损伤的桥梁。

桥梁特殊检查主要内容见表3-7。

桥梁特殊检查主要内容　　　　　　　　　　　　　　表3-7

需特殊检查的情况		检查项目及内容				
		洪水	滑坡	地震	超重车辆行驶（改造前）	撞击
1. 在地震、洪水、滑坡、重车辆行驶、行船或重大漂浮物撞击后	上部	栏杆损坏、桥体位移和损坏落梁、排水设施失效	因桥台推出而压曲	落梁、支座损坏、错位	梁、拱、桥面板裂缝、支座损坏、承载能力测定	被撞构件及连接部位破坏、支座破坏
2. 决定对单一的桥梁进行改造、加固之前	下部	因冲刷而产生的沉陷和倾斜	桥台推出、墙体破坏	沉陷、倾斜、位移、圬工破坏、抗震墩破坏	墩台裂缝沉陷	墩台位移
3. 桥梁定期检查难以判明损坏原因、程度及整座桥梁的技术状况时。 4. 桥梁技术状况在四类者		1. 结构验算、水文验算。 2. 静载、动载试验。 3. 用精密仪器对病害进行现场调查和实验分析: (1)混凝土裂缝外观及显微调查、混凝土碳化试验、氯化试验、混凝土电阻率测试、强度测试、结构分析等; (2)钢筋位置、锈蚀状态调查; (3)预应力钢筋现状及灌浆管道状况、空隙情况调查; (4)结构几何形态调查、恒载变异状况调查; (5)墩台与桩基础检测; (6)桥面铺装层调查、桥面防水层调查				

二、桥梁特殊检查目的

桥梁特殊检查应根据需要,对以下三个方面问题做出鉴定:

(1)桥梁结构材料缺损状况。包括对材料物理、化学性能退化程序及原因的测试鉴定,结构或构件开裂状态的检测与评定。可根据鉴定要求和缺损的类型、位置,选择表面测量、无破损检测和局部取样等有效可靠的方法。试样应在有代表性的构件的次要部位获取。

(2)桥梁结构承载能力。包括对结构强度、稳定性和刚度的检算、试验和鉴定。桥梁结构验算及承载力试验应按国家及行业有关标准和技术规范进行。

(3)桥梁防灾能力。包括桥梁抵抗洪水、流冰、风、地震及其他地质灾害等能力的检测鉴定。一般采用现场测试与检算的方法。

三、桥梁特殊检查报告

(1)桥梁基本状况信息。

(2)特殊检查的总体情况概述。包括桥梁的基本情况、检测的组织、时间、背景、目的和工作过程等。

(3)现场调查、检测与试验项目及方法的说明。

(4)详细描述检测部位的损坏程度并分析原因。

(5)桥梁结构特殊检查评定结果。

(6)填写"桥梁特殊检查记录表"。

(7)提出结构部件和总体的维修、加固或改建的建议。

四、桥梁无损检测技术

无损检测技术是指在不影响结构或构件性能的前提下,通过测定某些适当的物理量来判断结构或构件某些性能的检测方法。

混凝土无损检测技术主要用于推定既有构件的强度、均匀性、连续性、耐久性等。随着对混凝土制作全过程质量控制要求的不断提高,对既有结构物维修养护的日益重视,无损检测技术在工程建设中发挥着越来越重要的作用。

根据无损检测技术应用于检测的目的,通常将无损检测方法分为三类:一是检测结构构件混凝土强度值;二是检测结构构件混凝土内部缺陷,如裂缝、不密实区、孔洞、混凝土结合面质量、损伤层等;三是检测混凝土其他性能。桥梁无损检测方法的分类见表3-8。

桥梁无损检测常见方法　　　　表3-8

混凝土无损检测	混凝土强度测定	回弹法	
		超声回弹综合法	
		探针贯入法	
		拉拔、拉脱试验法	
		钻芯法	
	构件材料缺损的检验	冲击回波检测	
		超声波探伤法	
		声发射检测	
		射线照相技术	
		红外线-热检测技术	
		雷达检测	
		其他新方法	涡流检测
			漏磁检测
	钢筋锈蚀检测	直接评定法	预埋探测元件
			线性极化电流测量
			半电池电位测量
			局部破损质量损失测量

续上表

			保护层测量
混凝土无损检测	钢筋锈蚀检测	间接评定法	混凝土电阻率测量
			氯离子含量测量
			碳化深度测量
			透气性测量
钢结构无损检测	钢筋、预应力管道位置检测	雷达检测	
		电磁检测	
钢结构无损检测	钢材焊缝无损探伤	超声波探伤	
		射线探伤	
		磁粉检测法	
		渗透检测法	
	漆膜厚度现场监测		
索结构无损检测	索力测试		
	索的锈蚀与断丝检测		

注:参考《桥梁应急检测与评估技术手册》。

当检测、评定没有或缺乏技术资料的桥梁时,必须直接测定桥梁结构材料的机械力学性能。即使技术资料较为完整,为了检验结构材料的实际情况是否与资料相符,也须测定桥梁材料的机械力学性能,因此,混凝土强度的现场检测很重要。目前混凝土强度的现场检测方法主要有非破损检测法和半(微)破损检测法。非破损检测法主要有回弹法、超声波法、超声回弹综合法等;半(微)破损检测法主要有拔出法、钻芯法、拔脱法、射击法等。其中最常用的方法有回弹法、超声回弹综合法、拔出法、钻芯法等。

1. 回弹法现场检测混凝土强度

本方法适用于在现场对水泥混凝土路面及其他构筑物的普通混凝土抗压强度的快速评定,所试验的水泥混凝土厚度不得小于100mm,温度应处于 -4~40℃,当对混凝土强度有检测要求时,除表层与内部有明显差异或内部存在缺陷的混凝土结构或构件的检测不适用此方法外,其他均可按此法进行检测,检测结果可作为处理混凝土质量问题的一个依据。

主要检测仪器:回弹仪、钢砧、磨石、粉笔、碳化深度仪、酚酞、冲击钻、吸耳球。

1)检测准备

(1)收集资料:

①工程名称及设计、施工、监理(或监督)和建设单位名称;

②结构或构件名称、外形尺寸、数量及混凝土强度等级;

③强度等级、安定性;

④施工浇筑、养护情况及成形日期等;

⑤必要的设计图纸和施工记录。

(2)确定抽样类型。

①单个检测:适用于单个结构或构件的检测。

②批量检测:主要用于在相同的生产工艺条件下,强度等级相同、原材料和配合比基本一致且龄期相近的混凝土构件;被检测的试样应随机抽取不少于同类构件总数的30%,测区总

数不少于 10 个。

2）测区和测点布置

（1）当为水泥混凝土路面时，将一块混凝土板作为一个试样，试样选择通过随机取样方法决定。每个试样的测区数不宜少于 10 个，相邻两测区的间距不宜大于 2m；测区宜在试样的可测表面上均匀分布，并宜避开板边板角。

（2）对其他混凝土构造物，测区应避开位于混凝土内保护层附近设置的钢筋，测区宜在试样的两相对表面上有两个基本对称的测试面；如不能满足这一要求时，一个测区允许只有一个测面。

（3）测区表面应清洁、干燥、平整，不应有接缝、饰面层、粉刷层、浮浆、油垢及蜂窝、麻面等，必要时可用砂轮清除表面的杂物和不平整处，磨光的表面不应有残留粉尘或碎屑。

（4）一个测区的面积宜不大于 200mm×200mm，每一测区宜测定 16 个测点，相邻两测点的间距不宜小于 3cm。测点距路面边缘或接缝的距离应不大于 5cm。

（5）对龄期超过 3 个月的硬化混凝土，应测定混凝土表层的碳化深度，并进行回弹值修正，也可用砂轮将碳化层打磨后进行测定，但经打磨的试块不得混在一起计算或与未打磨试块强度进行比较。

3）测量回弹值

（1）检测时，回弹仪的轴线应始终垂直于结构或构件的混凝土检测面，缓慢施压，准确读数，快速复位。

（2）测点宜在测区范围内均匀分布，相邻两测点的净距不宜小于 20mm，测点距外露钢筋预埋件的距离不宜小于 30mm。

（3）测点不应在气孔或外露石子上，同一测点只应弹击一次，每一测区应记取 16 个回弹值，每一测点的回弹值读数估读至 1 个单位。

4）碳化深度值测量

（1）对龄期超过 3 个月的混凝土，回弹值测量完毕后，可在每个测区上选择一处测量混凝土的碳化深度值。当相邻测区的混凝土土质或回弹值与它基本相同时，则该测区测得的碳化深度值也可代表相邻测区的碳化深度值。

（2）测量碳化深度值时，可用合适的工具在测区表面形成直径约为 15mm 的孔洞（其深度略大于混凝土的碳化深度），然后用毛刷扫去孔洞中的粉末和碎屑（不得用液体洗），并立即用浓度为 1% 酚酞酒精溶液洒在孔洞内壁的边缘处，再用钢尺测量自混凝土表面至深部不变色（未碳化部分变成紫红色）、有代表性交界处的垂直距离 1~2 次，该距离即为混凝土的碳化深度值，每次测读至 0.5mm。

2. 超声回弹法现场检测混凝土强度

1）超声回弹综合法的优势

超声回弹综合法即超声法和回弹法结合进行的综合测试，与单一的超声法或回弹非破损检验方法相比，其优势具体有以下几点：

（1）可减少混凝土龄期和含水率的影响。混凝土的龄期和含水率对超声波波速和回弹值的影响有着本质的不同：混凝土的含水率越大，超声声速偏高而回弹值偏低；混凝土龄期长，超声声速的增长率下降，而回弹值则因混凝土碳化程度增大而提高。因此，将两者结合起来的超声回弹综合法测定混凝土的强度，可以部分减少混凝土龄期和含水率的影响。

(2) 互相弥补。一般来说,一个物理参数只能从一个方面、在一定范围内反映混凝土的力学性能,超过一定范围,它可能不敏感或不起作用。如回弹值 R 主要是以表层混凝土的弹性性能来反映混凝土强度,当构件截面尺寸较大或内外质量有较大差异时,就很难反映混凝土的实际强度;又如超声声速主要反映材料的弹性性质,由于超声波穿过材料,也反映材料内部的信息,但对于强度较高的混凝土(一般认为大于35MPa),其"声速-抗压强度"的相关性则较差。因此,利用超声回弹综合法测定混凝土的强度,既可以内外结合,又能在较高或较低的强度区间互相弥补各自的不足,能够较准确地反映混凝土强度。

(3) 提高测试精度。因为超声回弹综合法能够减少一些因素的影响程度,较全面地反映整体混凝土的质量,所以对提高无损检测混凝土强度的精度具有明显的效果。

2) 测区回弹值及声速值测量原则

检测构件时,测区布置应符合以下规定:当按单个构件检测时,应在构件上均匀布置测区,每个构件上的测区数不应少于 10 个;对于同批构件按批抽样检测,构件抽样数应不少于同批构件的 30% 且不少于 10 件,每个构件测区数不应少于 10 个;对于长度小于或等于 2m 的构件,其测区数可适当减少,但不应少于 3 个。

当按批抽样检测时,符合下列条件的构件才可作为同批构件:混凝土强度等级相同;混凝土原材料、配合比、成形工艺、养护条件及龄期基本相同;构件种类相同;在施工阶段所处状态相同。

每一构件的测区应满足下列要求:测区布置在构件混凝土浇筑方向的侧面;测区均匀分布,相邻两测区的间距不宜大于 2m;测区避开钢筋密集区和预埋件;测区尺寸为 200mm × 200mm;测试面应清洁、平整、干燥,不应有接缝、饰面层、浮浆和油垢,并避开蜂窝、麻面部位,必要时可用砂轮片清除杂物和磨平不平整处,并擦净残留粉尘。

采用超声回弹综合法检测构件强度时,每一测区宜先进行回弹测试,再进行超声测试。对于非同一测区内的回弹值及超声声速值,在计算混凝土强度换算值时不得混用。

3) 回弹值计算

超声回弹综合法中回弹值的测试和计算,与回弹法检测混凝土强度相同,这里不再重复介绍。

4) 超声声速值测量与计算

(1) 超声测量的注意事项

超声测点应布置在回弹测试的同一测区内。测量超声声速值前,需检测换能器与混凝土耦合状况是否良好,测试的声时值应精确至 $0.1\mu s$,声速值应精确至 $0.01km/s$。超声测距的误差应不大于 ±1%。在每个测区内的相对测试面上,应各布置 3 个测点,且发射和接收换能器的轴线应在同一轴线上,如图3-4所示。

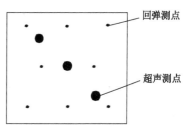

图 3-4 测点布置

(2) 声速值的计算

测区声速值应按下列公式计算:

$$v = \frac{l}{t_m} \tag{3-1}$$

$$t_m = \frac{t_1 + t_2 + t_3}{3} \tag{3-2}$$

式中：v——测区声速值(km/s)；

l——超声测距(mm)；

t_m——测区平均声时值(μs)；

t_1、t_2、t_3——分别为测区中3个测点的声时值。

当在混凝土浇灌的顶面与底面测试时，测区声速值应按下列公式修正：

$$v_a = \beta v \tag{3-3}$$

式中：v_a——修正后的测区混凝土声速代表值(km/s)；

β——超声测试面的声速修正系数，当在混凝土浇筑面的顶面及底面测试时，$\beta=1.034$；在混凝土侧面测试时，$\beta=1$。

(3)混凝土强度推定

超声回弹综合法检测混凝土强度时，构件第i个测区的混凝土强度换算值$f_{cu,i}^c$，应根据修正后的测区回弹值R_{a_i}及修正后的测区声速值v_{a_i}，优先采用专用测强曲线或地区测强曲线推定。当无专用和地区测强曲线时，可按相关规范查阅混凝土强度或按下列全国统一测区混凝土抗压强度换算公式计算。

粗集料为卵石时：

$$f_{cu,i}^c = 0.0056(v_{a_i})1.439(R_{a_i})1.769 \tag{3-4}$$

粗集料为碎石时：

$$f_{cu,i}^c = 0.00162(v_{a_i})1.656(R_{a_i})1.410 \tag{3-5}$$

式中：$f_{cu,i}^c$——第i个测区混凝土抗压强度换算值(MPa)，精确至0.1MPa。

当结构或构件所采用的材料及其龄期与制订测强曲线所采用的材料及其龄期有较大差异时，应采用同条件立方体试件或从结构或构件测区中钻取的混凝土芯样试件的抗压强度进行修正，且试件数量不应少于4个。

3. 钢筋锈蚀现场检测

在正常情况下，由于混凝土材料呈弱碱性，它可以使混凝土中钢筋表面形成一层薄的钝化膜。这层钝化膜为钢筋提供了良好的保护层而使其不被腐蚀。但是，当混凝土出现碳化后，会使得混凝土的pH值降低，当pH值小于11时，混凝土中钢筋表面的致密钝化膜就被破坏。另外，钢筋混凝土结构和构件在长期使用过程中，由于复杂交变荷载的作用和温度应力的影响，导致钢筋混凝土的保护层开裂或逐渐剥落，这使空气中的二氧化碳、二氧化硫气体和水蒸气及雨水很容易进入混凝土裂缝中，腐蚀混凝土和钢筋的钝化层，进而腐蚀钢筋，使钢筋与混凝土之间的握裹力降低，加速混凝土保护层的爆裂，导致钢筋的有效截面面积变小，直接影响钢筋混凝土结构和构件的承载能力和使用寿命。当对已建结构和构件进行安全评估时，往往需要对混凝土内的钢筋锈蚀情况进行检测。下面对钢筋锈蚀检测的半电池电位法进行介绍。

1)半电池电位法

半电池电位法是通过测量钢筋的自然腐蚀电位判断钢筋的锈蚀程度。腐蚀电位是钢筋上某区域的混合电位，反映了金属的抗腐蚀能力。混凝土中钢筋的活化区(阳极区)和钝化区(阴极区)显示出不同的腐蚀电位，钢筋在钝化时，腐蚀电位升高，电位偏正；由钝态转入活化态(锈蚀)时，腐蚀电位降低，电位偏负。将混凝土中的钢筋看作半个电池组，与合适的参比电极(铜/硫酸铜参考电极或其他参考电极)连通构成一个全电池系统,混凝土是电解质,参比电极的电位值相对恒定,而混凝土中的钢筋因锈蚀程度不同产生不同的腐蚀电位,从而引起全电池电位的变化。因此,可根据混凝土中钢筋表面各点的电位评定钢筋的锈蚀状态。

(1)试验目的及适用范围

目的:判断混凝土中钢筋锈蚀状况,为混凝土耐久性提供参考指标。

适用范围:①不适用于带涂层的钢筋;②不适用于已饱水或接近饱水的钢筋混凝土构件测试;③钢筋的实际锈蚀宜进行剔凿验证。

(2)试验步骤

①准备工作。

a. 先用保护层测定仪找到并标注出钢筋位置及走向,钢筋的交叉点即为测点,并进行编号;

b. 用纯净水(为加强润湿效果,缩短润湿时间,可在纯净水中加入少量家用液体清洁剂)将待测混凝土表面润湿。

②电位法测试。

a. 凿开一处混凝土露出钢筋,并除去钢筋锈蚀层,把连接褐色信号线的金属电极夹在钢筋上,另一端接锈蚀仪"黑色"插座;红色信号线一段连电位电极,另一端接锈蚀仪"红色"插座。

b. 开机进行测区号、测点间距、测试类型、环境温度参数设置后,进入测试界面,横向为 X 方向,纵向为 Y 方向,光标为当前测点位置。当把电位电极放在测区测点上,电位值稳定后按"确定"键完成该点测试。在测量过程中按方向键改变测试方向。测区所有点测量完成后,数据自动存储,退出界面。

③梯度测试。

梯度测试无需将混凝土凿开,用连接杆连接两个电位点极,点距采用20cm,其他同电位测试。

检测系统应符合下列要求及注意事项:

a. 在同一测点,用相同的半电池重复2次测得该点的电位差值应小于10mV。

b. 在同一点用不同的半电池重复2次测得该点的电位差值应小于20mV。

c. 当一个测区内存在相邻测点的读数超过150mV,通常应减小测点的间距。

d. 测点读数变动不超过2mV,可视为稳定。

e. 混凝土保护层电阻对测量值产生影响,除测区表面处理要符合规定外,仪器的输入阻抗要符合技术要求。

f. 电位的检测记录环境温度,测区应编号。

g. 当检测环境温度在22℃±5℃之外时,按下式进行修正:

当 $T \geq 27℃$ 时:

$$V = 0.9 \times (T - 27.0) + V_R \qquad (3-6)$$

当 $T \leq 17℃$ 时:

$$V = 0.9 \times (T - 17.0) + V_R \qquad (3-7)$$

式中:V——温度修正后电位值,精确至1mV;

V_R——温度修正前电位值,精确至1mV;

T——环境检测温度,精确至1℃;

0.9——系数(mV/℃)。

2)结构混凝土中氯离子含量测定

混凝土中氯离子可引起并加速钢筋的锈蚀;硫酸盐(SO_4^{2-})的侵入可使混凝土成为易碎松散状态,降低其强度;碱(K^+、Na^+)的侵入在集料具有碱活性时,可能引起碱-集料反应破坏。

(1)试验目的及适用范围

混凝土中氯离子可引起并加速钢筋的锈蚀,判断混凝土中氯离子对钢筋锈蚀的影响状况,为混凝土耐久性提供参考指标。适用于混凝土、砂浆。

(2)试验原理

通过测定氯离子与硝酸银反应消耗标准硝酸银溶液的数量,确定混凝土中氯离子含量(滴定法、化学分析法)。

(3)试验步骤

①电极校准标准溶液配制。

a. 用蒸馏水依次清洗配制溶液所用的烧杯、容量瓶、玻璃棒等玻璃器皿;

b. 用万分之一天平称取 0.5844g 分析纯 NaCl(或更高纯度等级),溶于盛有 100mL 蒸馏水烧杯中;

c. 将溶解的 100mL NaCl 溶液倒入 1000mL 容量瓶中,用蒸馏水清洗烧杯 3 次,并将清洗液倒入容量瓶中;

d. 将蒸馏水加至容量瓶刻度处,使水面月牙与刻度相切,盖好瓶盖颠倒数次,静置8h 以上备用,此时标准 NaCl 溶液的浓度为 1.000×10^{-2} mol/L;

e. 同样的方法配制 5.000×10^{-3} mol/L、5.000×10^{-4} mol/L、1.000×10^{-4} mol/L 等其他任意浓度的 NaCl 标注溶液。

②电极活化用标准溶液配制(分析纯)。

a. 用蒸馏水依次清洗配制溶液所用的烧杯、容量瓶、玻璃棒等玻璃器皿;

b. 用万分之一天平称取 0.0584g 分析纯 NaCl(或更高纯度等级),溶于盛有 100mL 蒸馏水烧杯中;

c. 将溶解的 100mL NaCl 溶液倒入 1000mL 容量瓶中,用蒸馏水清洗烧杯三次,并将清洗液倒入容量瓶中;

d. 将蒸馏水加至容量瓶刻度处,使水面月牙与刻度相切,盖好瓶盖颠倒数次,静置8h 以上备用,此时标准 NaCl 溶液的浓度为 1.000×10^{-3} mol/L。

③具体操作。

a. 在混凝土构件表面上布置若干测区,在锈蚀电位水平不同部位、工作环境变化部位、质量状况有明显差异部位布置测区,测区面积不宜大于 5m×5m,每一测区钻孔数量不宜少于 3个,对测区位置、测孔统一编号,绘制测区、测孔位置图。

b. 用钢筋探测仪探测钢筋位置,并在混凝土表面标识出钢筋位置。

c. 使用直径 20mm 以上的冲击钻在混凝土表面钻孔,并用附在钻头侧面的标尺杆控制深度,钻孔取粉应分层收集,一般深度间隔可取 3mm、5mm、10mm、15mm、20mm、25mm、50mm 等。若需测定指定深度处的钢筋周围氯离子含量,取粉间隔可进行调整。用一硬塑料管和塑料袋收集粉末,如图 3-5 所示,不同深度的粉末应分别收集,每次采集后,钻头、硬塑料管及钻孔内都应用毛刷将残留粉末清理干净,以免不同深度的粉末混杂;同一测区不同测孔相同深度的粉末可收集在一个塑料袋内,质量不应少于 25g,若不够可增加同一测区测孔数量。不同测区测孔相同深度的粉末不应混合在一起。

　　d. 采集粉末后,塑料袋应立即封口保存,注明测区、测孔编号及深度。

　　e. 将试样缩分至 30g,研磨至通过 0.08mm 的筛孔,用磁铁吸出试样中的金属铁屑。

　　f. 将试样置于 105～110℃烘箱中烘至恒重,取出后放入干燥器中冷却至室温。

　　g. 用天平称取 20g 试样粉末,置于 300mL 的锥形瓶中,向锥形瓶中加入 50～200mL 蒸馏水,盖上胶皮塞防止水分散失,在磁力搅拌器上断续搅拌 24h。

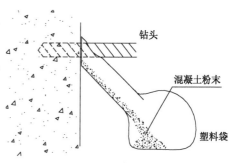

图 3-5　钻孔取混凝土粉末的方法

　　h. 将配置好的标准溶液和试样溶液密封并在同温度下保持 24h。

　　i. 氯电极活化。在 1.000×10^{-3} mol/L NaCl 溶液中浸泡 1～2h,然后用蒸馏水清洗 3 次。

　　j. 双盐桥甘汞电极:在内盐桥充注饱和 KCl(优级纯)溶液,并检查内盐桥有无气泡,外盐桥充注 $NaNO_3$ 溶液(0.1mol/L)。

　　k. 清洗电极:将活化好的电极置于清洗瓶中,用离子水清洗 3 次,用滤纸擦干电极表面。

　　l. 仪器校准:依次选取 50～150mL 两种不同浓度的 NaCl 溶液,从稀到浓校准,每种溶液测量后,电极用蒸馏水清洗 3 次,清洗在磁力搅拌机上进行;然后用滤纸擦干电极,再进行下一溶液的校准测量。持续时间大于 2h,应重新校准仪器。

　　m. 将试样溶液放在磁力搅拌机上测量,同一对象不能连续测量,要连续测量时必须将试样在磁力搅拌机上搅拌 30min 以上。

　　n. 取误差在 20% 以内的 3 个平行试样的均值作为待测试样中氯离子含量的值。

　　o. 仪器电压精度:普通测量 10mV,精确测量 2mV。

　　3)混凝土电阻率试验

　　(1)试验目的及适用范围

　　混凝土的电阻率反映其导电性。混凝土电阻率大,若钢筋发生锈蚀,则发展速度慢,扩散能力弱;混凝土电阻率小,锈蚀发展速度快,扩散能力强。因此,测量混凝土电阻率是钢筋状况检测评定的一项重要内容。

　　(2)试验原理

　　混凝土电阻率检测测区,应根据钢筋锈蚀电位测量结果确定。对钢筋锈蚀电位测试结果表明钢筋可能锈蚀活化的区域,应进行混凝土电阻率测量。

　　混凝土电阻率的测量采用四电极方法,即将四支电极等间距接触在混凝土表面,两外侧电极为电流电极,两内侧电极为电压电极,通过检测两电压电极间的混凝土电阻即可获得混凝土电阻率 ρ,按式(3-8)计算。

$$\rho = \frac{2\pi dV}{I} \quad (3-8)$$

式中:V——电压电极间所测电压;
　　　I——电流电极通过的电流;
　　　d——电极间距。

　　混凝土电阻率测试技术如图 3-6 所示,a 为电极间距。

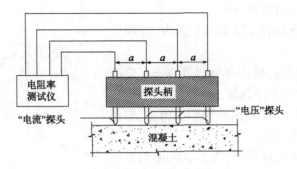

图3-6 混凝土电阻率测试技术示意图

（3）试验步骤

①仪器检查。

a. 混凝土电阻率测试仪应通过技术鉴定,必须具有产品合格证。

b. 电阻率测试仪由四电极探头与电阻率仪表组成,采用交流测量系统。

c. 探头四电极间距可调,调节范围10cm,每一电极内均装有压力弹簧,从而保证可测不同深度的电阻率及电极与混凝土表面的良好接触。

d. 电压电极间的输入阻抗 $>1MΩ$。

e. 电极端部直径尺寸不得大于5mm。

f. 电源:直流供电,连续正常工作时间不小于6h。

g. 仪器使用环境条件:环境温度 $0\sim+40℃$；相对湿度 $\leqslant 85\%$。

h. 在4个电极上分别接上3支电阻,则仪器的显示值为相应的电阻率值。例如,电阻值为 $1kΩ$,相应电阻率为: $2\pi d\times 1kΩ\cdot cm$。

②混凝土电阻率的测量。

a. 在混凝土构件表面上布置若干测区,测区面积不宜大于 $5m\times 5m$,并应按确切位置编号,每个测区应采用矩阵式布置测点,依据被测结构及构件尺寸,宜用（$100mm\times 100mm$）～（$500mm\times 500mm$）划分网格,在电阻率测量网格间进行,并做好编号。

b. 当测区混凝土有绝缘涂层介质隔离时,应清除绝缘涂层介质。

c. 测点处混凝土表面应平整、清洁,必要时应采用砂轮或钢丝刷打磨,并将粉尘清除干净。为了提高量测的准确性,必要时可去掉表面碳化层。

d. 调节好电极的间距,一般采用的间距为50mm。

e. 为了保证电极与混凝土表面有良好、连续的电接触,应在电极前端涂上耦合剂,特别是当读数不稳定时。

f. 测量时探头应垂直置于混凝土表面,并施加适当的压力。

4）混凝土中钢筋分布及保护层厚度检测

混凝土中钢筋保护层厚度的检测,针对主要承重构件或承重构件的主要受力部位,或钢筋锈蚀电位试结果表明钢筋可能锈蚀活化的部位。用于估测混凝土中钢筋的位置、深度和尺寸。

钢筋位置探测仪利用涡电流原理,检验第一层钢筋排列位置,进而检测钢筋根数或混凝土保护层厚度,但对于第二层钢筋探测的正确性则须视其排列的形式与间距而定。其原理是依据电磁感应原理,将载有交流支线圈探头置于金属材料附近,使金属导体在其交换磁场部分,感应产生无数旋涡状的涡电流,由涡电流变化产生的信号,便可测定构件的物理性质。利用涡电流检测原理除可用来检测钢筋位置外,也可用来检测电导体试样的瑕疵、结构不规则性和成分的变化。钢筋位置检测仪的工作原理,如图3-7所示。试验检测中获得的感应电流值与本套测试仪在已知钢筋深度和钢筋直径检测到的电流测试值进行比较,来确定混凝土中的钢筋深度和钢筋直径。

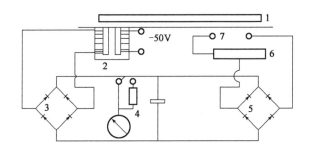

图3-7 钢筋位置检测仪工作原理图
1-钢筋混凝土结构;2-探头;3-整流器;4-电流表;5-平衡整流器;6-可变电阻;7-平衡电源

(1)仪器技术要求

①检测仪器一般包含探头、仪表和连接导线,仪表可进行模拟或数字的指示输出,较先进的仪表还具有图形显示功能。

②仪器的保护层测量范围应大于120mm。

③适用的钢筋直径范围应为6~50mm。

④仪器标定:钢筋保护层测试仪使用期间的标定校准应使用专用的标定块。标定块由1根直径16mm的普通碳素钢筋垂直浇铸在长方体无磁性的塑料块内,使钢筋距4个侧面分别为15mm、30mm、60mm、90mm,如图3-8所示。

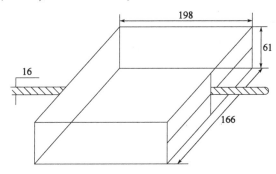

图3-8 仪器标定(尺寸单位:mm)

(2)试验步骤

①率定:取与被测构件内部相同的钢筋,其长度为500mm(如需精确测量或钢筋较密时,应采用与构件实际配筋情况相同的钢筋网进行率定),在空气中使探头与钢筋保持垂直并依次靠近钢筋,分别测记探头底面与钢筋表面的距离(即模拟保护层厚度)和读数。

②测量。

a.钢筋位置的测定:

测试前应了解有关图纸资料,以确定钢筋的种类和直径。测区内确定钢筋的位置与走向。

打开电源开关,手拿探头使其在待测混凝土表面做有规则的移动(沿要测量钢筋的垂直方向)。当探头靠近钢筋时,仪器会发出声音,这表明探头探测此处有钢筋。然后记录此位置钢筋距离初始测量位置处的距离。

b. 钢筋混凝土保护层厚度测定：

根据已知的钢筋直径，输入钢筋的参数，将探头远离钢筋，测调零点，听到"滴"声后，将探头放在钢筋混凝土表面，垂直被测钢筋方向开始移动，听到"滴"声后，说明探头正在被测钢筋轴线上方，此数值即可测出被测钢筋的保护层厚度。将传感器置于钢筋所在位置正上方，并左右稍稍移动，读取仪器显示最小值即该处保护层厚度。每一测点宜读取 2~3 次稳定读数，取其平均值，精确至 1mm。

（3）注意事项

①仪器与探头的分辨能力是有限的，当相邻钢筋水平间距 α 大于临界值 α_{min} 时，仪器能方便确定每条钢筋的位置。对于不同仪器，其 α_{min} 值有所不同，在测试前必须掌握，以确保其精度。

②为了消除仪器零点漂移的影响，使用过程中应经常注意调整零点。

③当被测混凝土保护层厚度小于 10mm 时，为保证其测读精度，可在探头和混凝土表面之间加一块厚 20mm 的不含铁磁物质的非金属垫块，再将测量结果扣除 20mm，便得到实际保护层厚度。

④按单个构件检测时，应根据尺寸大小，在构件上均匀布置测区，每个构件上的测区数不应少于 3 个。

⑤对于最大尺寸大于 5m 的构件，应适当增加测区数量。

⑥测区应均匀分布，相邻两测区的间距不宜小于 2m。

⑦对构件上每一测区应检测不少于 10 个测点。

5) 混凝土碳化深度的检测

（1）检测方法

①钢筋锈蚀电位测试结果表明可能存在钢筋锈蚀活动的区域，应进行混凝土碳化深度测量。另外，碳化深度的检测也是混凝土强度检测中需要进行的一项工作。

②混凝土碳化状况的检测通常采用在混凝土新鲜断面喷洒酸碱指示剂，通过观察酸碱指示剂颜色变化来确定混凝土的碳化深度。

（2）检测步骤

①测区位置的选择原则可参照钢筋锈蚀自然电位测试的要求，若在同一测区，应先进行保护层和锈蚀电位、电阻率的测量，再进行碳化深度及氯离子含量的测量。

②测区及测孔布置。

a. 测区应包括锈蚀电位测量有代表性结果的区域，也能反映不同条件及不同混凝土质量的部位。结构外侧面应布置测区。

b. 测区数不应小于 3 个，测区应均匀布置。

c. 每一测区应布置 3 个测孔，3 个测孔应呈"品"字形排列，孔距根据构件尺寸大小确定，但应大于 2 倍孔径。

d. 测孔距构件边角的距离应大于 2.5 倍保护层厚度。

③使用酸碱指示剂喷在混凝土的新鲜破损面，根据指示剂颜色的变化，测量混凝土的碳化深度，量测值准确至 mm。

a. 配制指示剂（酚酞试剂）：75% 的酒精溶液与白色酚酞粉末配制成酚酞浓度为 1%~2% 的酚酞溶剂，装入喷雾器备用，溶剂应为无色透明的液体。

b. 用装有 20mm 直径钻头的冲击钻在测点位置钻孔。

c. 成孔后用圆形毛刷将孔中碎屑、粉末清除,露出混凝土新茬。

d. 将酚酞指示剂喷到测孔壁上。

e. 待酚酞指示剂变色后,用测深卡尺测量混凝土表面至酚酞变色交界处的深度,准确至1mm。酚酞指示剂从无色变为紫色时,混凝土未碳化,酚酞指示剂未改变颜色处的混凝土已经碳化。

f. 将测区、测孔统一编号,并画出示意图,标上测量结果。

g. 测量值的整理:应列出最大值、最小值和平均值。

 知识拓展

混凝土缺陷的无损检测

1. 概述

混凝土结构内部缺陷是指那些在宏观材质上不连续,性能有明显差异,而且对结构或构件的承载能力和其他功能有影响的区域。混凝土是多相复合体系,在混凝土中存在许多各相之间的界面。如果把混凝土内部构造分成微观、细观、宏观三个层次,则混凝土中存在微观缺陷、细观缺陷和宏观缺陷。一般认为,微观缺陷和细观缺陷是材料形成过程中的必然产物,是混凝土的固有缺陷。而宏观缺陷是由于成形过程振捣不实,或因为受力及腐蚀性破坏所造成的缺陷。这类缺陷包括蜂窝、孔洞、裂缝、不密实区、腐蚀破坏等。当结构或构件受力或在自然灾害作用下,这些部位将首先破坏。无破损检测技术主要检测这类缺陷。混凝土缺陷检测是指对混凝土内部空洞和不密实区的位置和范围、裂缝深度、表面损伤层厚度、不同时间浇筑的混凝土结合面质量、灌注桩和钢管混凝土中的缺陷进行检测。形成这些缺陷和损伤的原因是多种多样的,一般而言,主要有以下三个方面的原因:

(1)设计方面:结构受力分析错误、布筋不当、结构不合理、计算上出现差错、图纸不完整,造成结构强度不足、稳定性不好、刚度不足等。

(2)施工不当:施工质量不好,施工中所使用材料和规格与性能不符合要求,操作违反规程,如钢筋绑扎不规范、模板支立不当、集料过密、振捣不实等。

(3)运营中外部原因:交通量增加,荷载加大,地震、洪水、泥石流等自然灾害的影响,以及海水、污水和化学物的侵蚀作用等。

这些缺陷和损伤往往会严重影响结构物的承载能力和耐久性,因此是事故处理、施工验收、陈旧建筑物安全性鉴定、灾后桥梁评估必须检测的项目。

2. 超声法检测混凝土缺陷

超声脉冲法是指采用带波形显示功能的超声波检测仪,测量超声脉冲波在混凝土中的传播速度(简称声速)、首波幅度(简称波幅)和接收信号主频率(简称主频)等声学参数,并根据这些参数及其相对变化,判定混凝土中的缺陷情况。

1)超声波检测混凝土缺陷的基本依据

(1)根据超声波在混凝土中传播时遇到缺陷的绕射现象,按声时及声程的变化来判别和计算缺陷的大小。

(2)依据超声波在缺陷界面上的反射,抵达接收探头时能量显著衰减的现象,来判断缺陷的存在及大小。

（3）依据超声脉冲各频率成分在遇到缺陷时衰减的程度不同，从而造成接收频率明显降低，或接收波频谱与反射波频谱产生差异来判别内部缺陷。

（4）根据超声波在缺陷处的波形转换和叠加，造成接收波形畸变的现象来判别缺陷。

以上四项可以单独运用，也可综合运用。

2）仪器设备

（1）数字式超声波检测仪应满足下列要求：

①具有手动游标测读和自动测读两种方式。当自动测读时，在同一测试条件下，1h 内每隔 5min 测读一次声时的差异不大于 ±2 个采样点。

②波频显示幅度分辨率应不低于 1/256，并具有可显示、存储和输出打印数字化波形的功能，波形最大存储长度不宜小于 4kBytes。

③自动测读方式下，在显示的波形上应有光标指示声时、波幅的测读位置。

④宜具有幅度谱分析功能［快速傅立叶变换（FFT）功能］。

（2）换能器技术要求：

①常用换能器具有厚度振动方式和径向振动方式两种类型，可根据不同测试需要选用。

②厚度振动式换能器的频率宜采用 20～250kHz；径向振动式换能器的频率宜采用 20～60kHz，直径不宜大于 32mm。当接收信号较弱时，宜选用带前置放大器的接收换能器。

③换能器的实测主频与标称频率相差应不大于 ±10%。对用于水中的换能器，其水密性应在 1MPa 水压下不渗漏。

3）测前准备

（1）检测前应取得下列有关资料：

①工程名称；

②检测目的与要求；

③混凝土原材料品种和规格；

④混凝土浇筑和养护情况；

⑤构件尺寸和配筋施工图或钢筋隐蔽图；

⑥构件外观质量及存在的问题。

（2）依据检测要求和测试操作条件，确定缺陷测试的部位（简称测位）。

（3）测位混凝土表面应清洁、平整，必要时可用砂轮磨平或用高强度的快凝砂浆抹平。抹平砂浆必须与混凝土黏结良好。

（4）在满足首波幅度测读精度的条件下，应选用较高频率的换能器。

（5）换能器应通过耦合剂与混凝土测试表面保持紧密结合，耦合层不得夹杂泥沙或空气。

（6）检测时应避免超声传播路径与附近钢筋轴线平行，如无法避免，应使两个换能器连线与该钢筋的最短距离不小于超声测距的 1/6。

（7）检测中出现可疑数据时应及时查找原因，必要时进行复测校核或加密测点补测。

4）声学参数的测量

（1）模拟式超声检测仪测量操作方法

①检测之前应根据测距大小将仪器的发射电压调在某一挡，并以扫描基线不产生明显噪声干扰为前提，将仪器"增益"调至较大位置并保持不动。

②声时测量。应将发射换能器（简称 T 换能器）和接收换能器（简称 R 换能器）分别耦合在测位中的对应测点上。当首波幅度过低时可用"衰减器"调节至便于测读，再调节游标脉冲

或扫描延时,使首波前沿基线弯曲的起始点对准游标脉冲前沿,读取声时值 t_i(读至 $0.1\mu s$)。

③波幅测量。应在保持换能器良好耦合状态下采用下列两种方法之一进行读取。

a. 刻度法:将衰减器固定在某一衰减位置,在仪器荧光屏上读取首波幅度的格数。

b. 衰减值法:采用衰减器将首波调至一定高度,读取衰减器上的 dB 值。

④主频测量。应先将游标脉冲调至首波前半个周期的波谷(或波峰),读取声时值 t_1 (μs),再将游标脉冲调至相邻的波谷(或波峰),读取声时值 t_2(μs),按式(3-9)计算出该点(第 i 点)第一个周期波的主频 f_i(精确至 $0.1kHz$)。

$$f_i = \frac{1000}{t_2 - t_1} \tag{3-9}$$

⑤在进行声学参数测量的同时,应注意观察接收信号的波形或包络线的形状,必要时进行描绘或拍照。

(2)数字式超声检测仪测量操作方法

①检测之前根据测距大小和混凝土外观质量情况,将仪器的发射电压、采样频率等参数设置在某一挡并保持不变。换能器与混凝土测试表面应始终保持良好的耦合状态。

②声学参数自动测读:停止采样后即可自动读取声时、波幅、主频值。当声时自动测读光标所对应的位置与首波前沿基线弯曲的起始点有差异,或者波幅自动测读光标所对应的位置与首波峰顶(或谷底)有差异时,应重新采样或改为手动游标读数。

③声学参数手动测量:先将仪器设置为手动判读状态,停止采样后调节手动声时游标至首波前沿基线弯曲的起始位置,同时调节幅度游标,使其与首波峰顶(或谷底)相切,读取声时和波幅值;再将声时光标分别调至首波及其相邻波的波谷(或波峰),读取声时差值 Δt(μs),取 $1000/\Delta t$ 即为首波的主频(kHz)。

④波形记录:对于有分析价值的波形,应予以存储。

(3)声时值计算

混凝土声时值按式式(3-10)计算:

$$t_{ci} = t_i - t_0 \text{ 或 } t_{c_i} = t_i - t_{00} \tag{3-10}$$

式中:t_{ci}——第 i 点混凝土声时值(μs);

t_i——第 i 点测读声时值(μs);

t_0、t_{00}——声时初读数(μs)。

当采用厚度振动式换能器时,t_0 应参照仪器使用说明书的方法测得;当采用径向振动式换能器时,t_{00} 应按规定的"时-距"法测得。

(4)超声传播距离(简称测距)测量

①当采用厚度振动式换能器对测时,宜用钢卷尺测量 T、R 换能器辐射面之间的距离;

②当采用厚度振动式换能器平测时,宜用钢卷尺测量 T、R 换能器内边缘之间的距离;

③当采用径向振动式换能器在钻孔或预埋管中检测时,宜用钢卷尺测量放置 T、R 换能器的钻孔或预埋管内边缘之间的距离;

④测距的测量误差应不大于 $\pm 1\%$。

5)换能器的布置方法

接收换能器检测出最早到达的脉冲分量,这一分量通常是纵向振动的前缘。尽管所传播的最大能量的方向垂直发射换能器的表面,但在其他方向也可能检测到通过混凝土传播的脉冲。因此,可以按下面三个方式(图3-9)之一来布置两个换能器以测量脉冲速度。

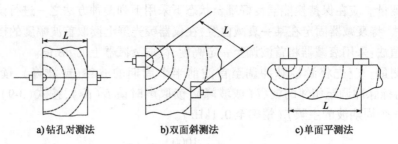

图3-9 探头的布置方法

(1)两只换能器对面布置,称为钻孔对测法。

直测法:一对发射(T)和接收(R)换能器,分别放置于被测混凝土结构的两相互平行的表面,且两个换能器的轴线位于同一直线上,使超声脉冲波直接传播的方式。

(2)两只换能器在相邻面布置,称为双面斜测法。

一对发射(T)和接收(R)换能器分别置于被测混凝土结构的两个面上,但两个换能器的轴线不在同一直线,使超声脉冲波半直接传播的方式。

(3)两只换能器布置在同一表面,称为单面平测法。

一对发射(T)和接收(R)换能器分别置于被测混凝土结构的同一表面进行测试,超声脉冲波采用间接或表面传播的方式。

3. 裂缝深度检测

1)一般规定

(1)适用于超声法检测混凝土裂缝的深度。

(2)被测裂缝中不得有积水或泥浆等。

2)单面平测法

(1)当结构的裂缝部位只有一个可测表面,估计裂缝深度又不大于500mm时,可采用单面平测法。平测时应在裂缝的被测部位,以不同的测距,按跨缝和不跨缝布置测点(布置测点应避开钢筋的影响)进行检测,其检测步骤为:

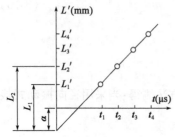

图3-10 平测"时-距"图

① 不跨缝的声时测量:将T和R换能器置于裂缝附近同一侧,以两个换能器内边缘间距(l'),等于100mm、150mm、200mm、250mm……分别读取声时值(t_i),绘制"时-距"坐标图(图3-10)或用回归分析的方法求出声时与测距之间的回归直线方程:$l' = a + b$。

每测点超声波实际传播距离l_i为:

$$l_i = l' + |a| \tag{3-11}$$

式中:l_i——第i点的超声波实际传播距离(mm);

l'——第i点的T、R换能器内边缘间距(mm);

a——"时-距"图中l'轴的截距或回归直线方程的常数项(mm)。

不跨缝平测的混凝土声速值为:

$$v = (l'_n - l'_i)/(t_n - t_i) \quad (\text{km/s}) \tag{3-12}$$

或
$$v = b \quad (\text{km/s})$$

式中：l'_n、l'_i——第 n 点和第 i 点的测距(mm)；
　　　t_n、t_i——第 n 点和第 i 点读取的声时值(μs)；
　　　b——回归系数。

(2)跨缝的声时测量：如图 3-11 所示,将 T、R 换能器分别置于以裂缝为对称的两侧,l'取 100mm、150mm、200mm……分别读取声时值 t_i^o,同时观察首波相位的变化。裂缝深度应按下式计算：

$$h_{ci} = l_i/2 \cdot \sqrt{(t_i^o v/l_i)^2 - 1} \tag{3-13}$$

$$m_{hc} = 1/n \cdot \sum_{i=1}^{n} h_{ci} \tag{3-14}$$

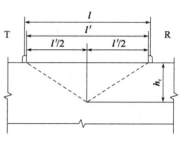

图 3-11　绕过裂缝示意图

式中：l_i——不跨缝平测时第 i 点的超声波实际传播距离(mm)；
　　　h_{ci}——第 i 点计算的裂缝深度值(mm)；
　　　t_i^o——第 i 点跨缝平测的声时值(μs)；
　　　m_{hc}——各测点计算裂缝深度的平均值(mm)；
　　　n——测点数。

(3)裂缝深度的确定方法如下：

①距缝测量中,当在某测距发现首波反相时,可用该测距及两个相邻测距的测量值按式(3-13)计算 h_{ci} 值,取此三点 h_{ci} 的平均值作为该裂缝的深度值(h_c)。

②跨缝测量中如难以发现首波反相,则以不同测距按式(3-13)、式(3-14)分别计算 h_{ci}、m_{hc} 值,取此点 h_{ci} 及其平均值(m_{hc})。将各测距 l'_i 与 m_{hc} 相比较,凡测距 l'_i 小于 m_{hc} 和大于 $3m_{hc}$,应剔除该组数据,然后取余下 h_{ci} 的平均值,作为该裂缝的深度值(h_c)。

3)双面斜测法

(1)当结构的裂缝部位具有两个相互平行的测试表面时,可采用双面穿透斜测法检测。测点布置如图 3-12 所示,将 T、R 换能器分别置于两测试表面对应测点 1、2、3…的位置,读取相应声时值 t_i、波幅值 A_i 及主频率 f_i。

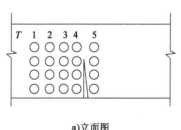 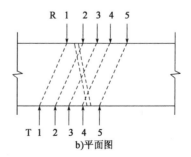

a)立面图　　　　　　　　b)平面图

图 3-12　斜测裂缝测点布置示意图

(2)裂缝深度判定：当 T、R 换能器的连线通过裂缝,根据波幅、声时和主频的突变,可以判定裂缝深度及裂缝是否在所处断面内贯通。

4）钻孔对测法

（1）钻孔对测法适用于大体积混凝土、预计深度在500mm以上的裂缝检测。

（2）被检测混凝土应允许在裂缝两侧钻测试孔。

（3）所钻测试孔应满足下列要求：

①孔径应比所用换能器直径大5~10mm。

②孔深应小于比裂缝预计深度深700mm。经测试如浅于裂缝深度，则应加深钻孔。

③对应的两个测度孔（A、B），必须始终位于裂缝两侧，其轴应保持平行。

④两个对应测试孔的间距宜为2000mm，同一检测对象各测孔间距应保持相同。

⑤孔中粉末碎屑应清理干净。

⑥如图3-13a）所示，宜在裂缝一侧多钻一个孔距相同但深度较浅的孔（C），通过B、C两孔测试无裂缝混凝土的声学参数。

（4）裂缝深度检测应选用频率为20~60kHz的径向振动式换能器。

（5）测试前应先向测试孔中注满清水，然后将T、R换能器分别置于裂缝两侧的对应孔中，以相同高程等间距（100~400mm）从上至下同步移动，逐点读取声时、波幅和换能器所处的深处，如图3-13b）所示。

（6）用换能器所处深度（h）与对应的波幅值（A）绘制$h\text{-}A$坐标图（图3-14）。随换能器位置的下移，波幅逐渐增大，当换能器下移至某一位置后，波幅达到最大并基本稳定，该位置所对应的深度即裂缝深度值h_c。

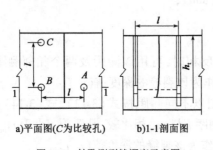
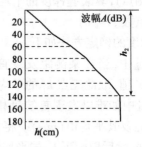

图3-13　钻孔测裂缝深度示意图　　图3-14　$h\text{-}A$坐标图

4. 不密实区和空洞检测

1）一般规定

（1）适用于超声法检测混凝土内部不密实区、空洞的位置和范围。

（2）检测不密实区和空洞时，构件的被测部位应满足下列要求：

①被测部位应具有一对（或两对）相互平行的测试面；

②测试范围除应大于有怀疑的区域外，还应与同条件的正常混凝土进行对比，且对比测点数不应小于20。

2）测试方法

（1）根据被测构件实际情况，选择下列方法之一布置换能器：

①当构件具有两对相互平行的测试面时，要采用对测法。如图3-15所示，在测试部位两对相互平行的测试面上，分别画出等间距的网格（网格间距：工业与民用建筑的网格间距为100~300mm，其他大型结构物的网格间距可适当放宽），并编号确定对应的测点位置。

②当构件只有一对相互平行的测试面时，可采用对测和斜测相结合的方法。如图3-16所示，在测位两个相互平行的测试面上分别画出网格线，可在对测的基础上进行交叉斜测。

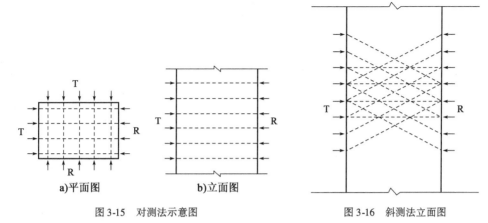

图 3-15 对测法示意图　　　　图 3-16 斜测法立面图

③当测距较大时,可采用钻孔或预埋管测法。如图 3-17 所示,在测位预埋声测管或钻出竖向测孔,预埋管或钻孔间距宜为 2~3m,其深度可根据测试需要确定。检测时可用两个径向振动式换能器分别置于两测孔中进行测试,或用一个径向振动式换能器与一个厚度振动式换能器,分别置于测孔中和平行于测孔的侧面进行测试。

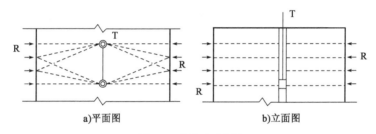

图 3-17 钻孔法示意图

(2)每一测点的声时、波幅、主频和测距,应满足相关规范要求。

3)数据处理及判断

(1)测位混凝土声学参数的平均值(m_x)和标准差(S_x)应按下式计算:

$$m_x = \frac{\sum X_n}{n} \tag{3-15}$$

$$S_x = \sqrt{\frac{\sum X_i^2 - n \cdot m_x^2}{n-1}} \tag{3-16}$$

式中:X_i——第 i 点的声学参数测量值;

　　n——参与统计的测点数。

(2)异常数据可按下列方法判别:

①将测位各测点的波幅、声速或主频值由大至小按顺序分别排列,即 $X_1 \geqslant X_2 \geqslant \cdots X_n \geqslant X_{n+1} \cdots$ 将排在后面明显小的数据视为可疑,再将这些可疑数据中最大的一个(假定 X_n),连同其前面的数据计算出 m_x 及 S_x 值,并按下计算异常情况的判断值(X_0):

$$X_0 = m_x - \lambda_1 \cdot S_x \tag{3-17}$$

式中,λ_1 按表 3-9 取值。

统计数的个数 n 与对应的 λ_1、λ_2、λ_3 值 表3-9

n	20	22	24	26	28	30	32	34	36	38
λ_1	1.65	1.69	1.73	1.77	1.80	1.83	1.86	1.89	1.92	1.94
λ_2	1.25	1.27	1.29	1.31	1.33	1.34	1.36	1.37	1.38	1.39
λ_3	1.05	1.07	1.09	1.11	1.12	1.14	1.16	1.17	1.18	1.19
n	40	42	44	46	48	50	52	54	56	58
λ_1	1.96	1.98	2.00	2.02	2.04	2.05	2.07	2.09	2.10	2.12
λ_2	1.41	1.42	1.43	1.44	1.45	1.46	1.47	1.48	1.49	1.49
λ_3	1.20	1.22	1.23	1.25	1.26	1.27	1.28	1.29	1.30	1.31
n	60	62	64	66	68	70	72	74	76	78
λ_1	2.13	2.14	2.15	2.17	2.18	2.19	2.20	2.21	2.22	2.23
λ_2	1.50	1.51	1.52	1.53	1.53	1.54	1.55	1.56	1.56	1.57
λ_3	1.31	1.32	1.33	1.34	1.35	1.36	1.36	1.37	1.38	1.39
n	80	82	84	86	88	90	92	94	96	98
λ_1	2.24	2.25	2.26	2.27	2.28	2.29	2.30	2.30	2.31	2.31
λ_2	1.58	1.58	1.59	1.60	1.61	1.61	1.62	1.62	1.63	1.63
λ_3	1.39	1.40	1.14	1.42	1.42	1.43	1.44	1.45	1.45	1.45
n	100	105	110	115	120	125	130	140	150	160
λ_1	2.32	2.35	2.36	2.38	2.40	2.41	2.43	2.45	2.48	2.50
λ_2	1.64	1.65	66	1.67	1.68	1.69	1.71	1.73	1.75	1.77
λ_3	1.46	1.47	1.48	1.49	1.51	1.53	1.54	1.56	1.56	1.59

将判断值(X_0)与可疑数据的最大值(X_n)相比较,当 X_n 不大于 X_0 时,则 X_0 及排列其后的各数据均为异常值,并且去掉 X_n,再用 $X_1 \sim X_{n+1}$ 进行计算和判别,直至判不出异常值为止;当 X_n 大于 X_0 时,应再将 X_{n+1} 放进去重新进行计算和判别。

②当测位中判出异常测点时,可根据异常测点的分布情况,按下式进一步判别其相邻测点是否异常:

$$X_0 = m_x - \lambda_2 \cdot S_x \text{ 或 } X_0 = m_x - \lambda_3 \cdot S_x \tag{3-18}$$

式中,λ_2、λ_3 按表3-9取值。当测点布置为网格状时取 λ_2;当单排布置测点时(如在声测孔中检测)取 λ_3。

注:若保证不了耦合条件的一致性,则波幅值不能作为统计法的判据。

(3)当测位中某些测点的声学参数被判为异常值时,可结合异常测点的分布及波形状况确定混凝土内部不密实区和空洞的位置及范围。

5. 混凝土结合面质量检测

1)一般规定

(1)适用于前后两次浇筑的混凝土之间接触面的结合质量检测。

(2)检测混凝土结合面,被测部位及测点的确定应满足下列要求:

①测试前应查明结合面的位置及走向,明确被测部位及范围;
②构件的被测部位应具有使声波垂直或斜穿结合面的测试条件。
(3)混凝土结合面质量检测可采用对测法和斜测法,如图3-18所示。布置测点时应注意下列几点:
①使测试范围覆盖全部结合面或怀疑的部位;
②各对 T-R_1(声波传播不经过结合面)和 T-R_2(声波传播经过结合面)换能器连线的倾斜角及各测点间距应相等;
③测点的间距视构件尺寸和结合面外观质量情况而定,宜为 100～300mm。

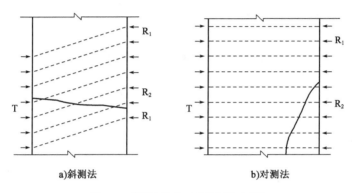

a)斜测法　　　　　b)对测法

图 3-18　混凝土结合面质量检测示意图

(4)按布置好的测点分别测出各点的声时、波幅和主频值。

2)数据处理及判断

(1)将同一测位各测点声速、波幅和主频值分别按式(3-15)、式(3-16)和后面规定进行统计和判断。

(2)当测点数无法满足统计法判断时,可将 T-R_2 的声速、波幅等声学参数与 T-R_1 进行比较,若 T-R_2 的声学参数比 T-R_1 显著低,则该点可判为异常测点。

(3)当通过结合面的某些测点的数据被判为异常,并查明无其他因素影响时,可判定混凝土结合面在该部位结合不良。

6. 表面损伤层检测

1)一般规定

(1)适用于因冻害、高温或化学腐蚀等引起的混凝土表面损伤层厚度的检测。

(2)检测混凝土表面损伤层厚度时,被测部位和测点的确定应满足下列要求:
①根据构件的损伤情况和外观质量选取有代表性的部位布置测位;
②构件被测表面应平整并处于自然干燥状态,且无接缝和饰面层;
③本方法测试结果宜作局部破损验证。

2)测试方法

(1)表面损伤层检测宜选用频率低的厚度振动式换能器。

(2)测试时 T 换能器应耦合好,并保持不动,然后将 R 换能器依次耦合在间距为 30mm 的测点 1、2、3…位置上,如图3-19所示,读取相应的声时值 $t_1、t_2、t_3…$,并测量每次 T、R 换能器内边缘之间距离 $l_1、l_2、l_3…$。每一测位的测点数不得少于6个,当损伤层较厚时,应适当增加测点数。

(3)当构件的损伤层厚度不均匀时,应适当增加测位数量。

3)数据处理及判断

(1)求损伤和未损伤混凝土回归直线方程:

用各测点的声时值 t_1 和相应测距量 l_1 绘制"时-距"坐标图,如图3-20所示。由图3-20可得到声速改变所形成的转折点,该点前、后分别表示损伤和未损伤混凝土的测距与声时相关直线。用回归分析方法分别求出损伤、未损伤混凝土测距与声时的回归直线方程:

损伤混凝土 $\qquad l_f = a_1 + b_1 \cdot t_f$ (3-19)

未损伤混凝土 $\qquad l_a = a_2 + b_2 \cdot t_a$ (3-20)

式中: l_f——拐点前各测点的测距(mm),对应于图3-19中的 t_1、t_2、t_3;

t_f——对应于图3-20中 l_1、l_2、l_3 的声时(μs)t_1、t_2、t_3;

l_a——拐点前各测点的测距(mm),对应于图3-20中的 l_4、l_5、l_6;

t_a——对应于测距 l_4、l_5、l_6 的声时(μs)t_4、t_5、t_6;

a_1、b_1、a_2、b_2——回归系数,即图3-20中损伤和未损伤混凝土直线的截距和斜率。

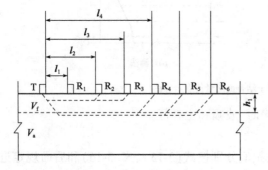
图3-19 检测损伤层厚度示意图

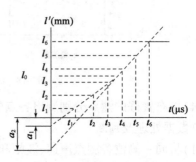
图3-20 损伤层检测"时-距"图

(2)损伤层厚度应按下式计算:

$$l_0 = \frac{a_1 b_2 - a_2 b_1}{b_2 - b_1}$$ (3-21)

$$h_f = \frac{l_0}{2} \cdot \sqrt{\frac{b_2 - b_1}{b_2 + b_1}}$$ (3-22)

式中符号意义同前。

7. 检测报告

(1)检测报告应结论准确,用词规范。

(2)检测报告应包含以下内容:

①工程名称、地点、检测目的和检测日期;

②混凝土及其构件生产单位、施工日期、检测环境;

③试验检测原理及方法(附仪器设备装置框图);

④仪器生产厂家、编号、检定证号;

⑤检测结果;

⑥结论与建议;

⑦检测单位名称、检测人员、报告编写、审核人员、报告批准人。

(3)检测记录和报告至少保存7年。

单元四 桥梁技术状况评定

 学习目标

1. 掌握桥梁构件划分方法;
2. 掌握桥梁构件、部件评分方法;
3. 掌握全桥技术状况评定的步骤和方法。

通过对桥梁的使用状况、缺陷情况的现场检查,明确桥梁缺陷的性质、部位、严重程度和发展趋势,综合评定所检桥梁及各部件当前的技术状况,掌握桥梁状况的变化情况,为桥梁养护提供技术支撑,为桥梁科学管理和提高养护水平积累技术资料,建立和健全完备的桥梁技术档案。

1. 桥梁技术状况评定

桥梁定期检查的目的是根据标准、规范的方法来把握现有桥梁状况,并对桥梁状况的发展趋势做出预测,以尽可能反映桥梁的当前状况。

桥梁技术状况反映了桥梁现状等级。桥梁技术状况评定的主要任务是通过桥梁存在的缺损状况,研究桥梁退化的原因,确定维护维修方案,以使结构(或构件)维持在安全的状况。桥梁技术状况评定的另一任务是根据技术状况评定结果得到正确的维修措施,根据桥梁技术状况评定结果确定哪些桥梁破坏最严重和最迫切需要维修;将有限的资源进行最优分配,使桥梁发挥它的最大效用。

公路桥梁技术状况评定是对桥梁的使用功能(宏观)、使用价值(微观)、承载能力(微观)进行的综合评价。通过旧桥技术状况评定,可鉴定其是否仍具有原设计的工作性能及承载能力,进而为桥梁的维修、改造、加固提供决策性的意见。

公路桥梁技术状况评定是一个综合评价的问题,涉及评定方法与评定标准(依据相关标准、规范、试验结果及专家经验等所制定的分类等级)。桥梁技术状况评定,涉及许多相关因素:一条线路包括许多桥梁;一座桥梁包括上部、下部和基础,每部分又包含许多基本构件;一个基本构件,因设计、施工、使用中的多种原因可能存在一种或多种缺损;可见,公路旧桥技术状况评定是十分复杂的。

桥梁技术状况评定应依据桥梁初始检查、定期检查资料,通过对桥梁各部件技术状况的综合评定,确定桥梁的技术状况等级,提出养护措施。评定应按现行《公路桥梁技术状况评定标准》(JTG/T H21—2011)(以下简称《标准》)执行。评定等级应分为1类、2类、3类、4类、5类。具体评定步骤下文将详细讲解。

2. 桥梁适应性评定

适应性评定是依据桥梁定期及特殊检查资料,结合试验与结构受力分析,评定桥梁的实际承载能力、通行能力、抗洪能力。适应性评定应委托有相应资质及能力单位进行。可采用下列方法:

(1)承载能力评定,可采用分析检算或荷载试验方法。

(2)通行能力评定,可将设计通行能力与实际交通量进行比较,也可和使用期预测交通量进行比较,评价桥梁能否满足现行或预期交通量的要求。

(3)抗灾害能力评定,可采用现场测试与分析检算方法,重要桥梁可进行模拟试验。

(4)耐久性评定,可采用外观耐久状态评定与剩余耐久年限评定相结合的方法。

对适应性不满足要求的桥梁,应采取提高承载力、加宽、加长、基础防护等改造措施,情况严重时应对桥梁进行改建或重建。当整个路段有多个桥梁的适应性不能满足要求时,应结合路线改造进行方案比较和决策。

3.《公路桥梁技术状况评定标准》(JTG/T H21—2011)评定方法(以下简称《标准》)

(1)评定的内容包括桥梁构件、部件、桥面系、上部结构、下部结构和全桥评定。公路桥梁技术状况评定应采用分层综合评定与5类桥梁单项控制指标相结合的方法。

(2)5类桥单项控制指标具有最高优先级别,若桥梁满足5类桥梁单项控制指标中的任意一项,那么全桥直接评定为5类危桥。若不满足5类桥梁单项控制指标,则采用分层综合评定法进行评定,在分层评定过程中应考虑特殊情况处理及最差部件评定法。

评定顺序:首先需要依据《标准》中各章节中各检测指标的技术状况评定表对指标进行评定,确定各构件指标的类别(1~5类)。对《标准》中各构件检测指标的评定,是整个技术状况评定工作的关键和基础。然后依次计算构件、部件、上部结构(下部结构、桥面系)的技术状况,最后根据上部结构、下部结构、桥面系的技术状况计算全桥技术状况。桥梁技术状况评定指标如图3-21所示。

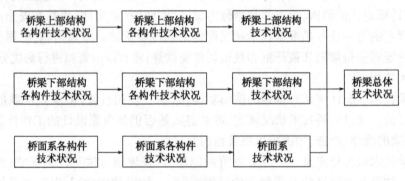

图3-21 桥梁技术状况评定指标

(3)当单个桥梁存在不同结构形式时,可根据结构形式的分布情况划分评定单元,分别对各评定单元进行桥梁技术状况的等级评定。

由于实际当中桥梁可能由两种或者多种不同结构形式组成,当单个桥梁存在既有梁桥又有拱桥或其他桥型,或者主桥和引桥结构形式不同等情况时,可根据结构形式的分布情况采用划分评定单元的方式,各单元中不存在的部件权重可以根据其隶属关系划分给其他部件,逐一对各评定单元进行桥梁技术状况的等级评定,然后以技术状况等级评定结果最差的一个评定单元作为全桥的评定结果。

(4)由于不同的桥梁构件对桥梁技术状况影响程度不同,将桥梁结构分成两大部分,分别为主要部件和次要部件。主要部件中的构件分数在[0,40]区间时,部件的分数取最差构件的得分值。当主要部件评分达到4类或5类且影响桥梁安全时,可按照桥梁主要部件最差的缺损状况评定。主要部件的判断影响桥梁的技术状况评定工作,对是否能对桥梁正确评定起着重要作用,因此表3-10所列各结构类型桥梁的主要部件需要牢记于心。

各结构类型桥梁的主要部件　　　　　　　　　　　表 3-10

序号	结构类型	主要部件
1	梁式桥、板式桥	上部承重构件、桥墩、桥台、基础、支座
2	板式桥、(圬工、混凝土)肋拱桥、箱形拱桥、双曲拱桥	主拱圈、拱上结构、桥面板、桥墩、桥台、基础
3	刚架拱桥、桁架拱桥	刚架(桁架)、横向联结系、桥面板、桥墩、桥台、基础
4	钢-混凝土组合拱桥	拱肋、横向联结系、立柱、吊杆、系杆、行车道板(梁)、支座
5	悬索桥	主缆、吊索、加劲梁、索塔、锚碇、桥墩、桥台、基础、支座
6	斜拉桥	斜拉索(斜拉索、锚具)、主梁、索塔、桥墩、桥台、基础、支座

(5) 桥梁主要部件技术状况评定标度分为 1 类、2 类、3 类、4 类、5 类。1 类是指桥梁主要部件处于全新状态、功能完好；2 类是指桥梁主要部件功能良好，材料有局部轻度缺损或污染；3 类是指桥梁主要部件材料有中等缺损，或出现轻度功能性病害，但发展缓慢，尚能维持正常使用功能；4 类是指桥梁主要部件材料有严重缺损，或出现中等功能性病害，且发展较快，结构变形小于或等于规范值，功能明显降低；5 类是指桥梁主要部件材料严重缺损，出现严重的功能性病害，且有继续扩展现象，关键部位的部分材料强度达到极限，变形大于规范值，结构的强度、刚度、稳定性不能达到安全通行的要求。

桥梁次要部件技术状况评定标度分为 1 类、2 类、3 类、4 类。1 类是指桥梁次要部件处于全新状态、功能完好，或功能良好，材料有轻度缺损、污染等；2 类是指桥梁次要部件有中等缺损或污染；3 类是指桥梁次要部件材料有严重缺损，出现功能降低，进一步恶化将不利于主要部件、影响正常交通；4 类是指桥梁次要部件材料有严重缺损，失去应有功能，严重影响正常交通，或原无设置，而调查需要补设。

桥梁总体技术状况评定等级可分为 1 类、2 类、3 类、4 类、5 类。1 类是指桥梁总体处于全新状态、功能完好；2 类是指桥梁总体有轻微缺损，对桥梁使用功能无影响；3 类是指桥梁总体有中等缺损，尚能维持正常使用功能；4 类是指桥梁总体有大的缺损，严重影响桥梁使用功能，或影响承载力，不能保证正常使用；5 类是指桥梁总体存在严重缺损，主要构件不能正常使用危及桥梁安全，桥梁处于危险状态。

(6)《标准》中规定的桥梁技术状况评定工作流程如图 3-22 所示。

4. 桥梁技术状况评定模型

(1) 构件各检测指标扣分值见表 3-11。

构件各检测指标扣分值　　　　　　　　　　　表 3-11

检测指标所能达到的最高等级类别	指标类别				
	1 类	2 类	3 类	4 类	5 类
3 类	0	20	35	—	—
4 类	0	25	40	50	—
5 类	0	35	45	60	100

表 3-11 指标扣分值表中第一列表示指标所能达到的最高标度类别，由于发生在不同构件各病害对桥梁影响程度不同，每种病害的最严重等级也不同。病害最严重等级分为 3 级、4

级、5级(例如,蜂窝麻面最严重等级为3级,主梁的裂缝最严重等级为5级)。

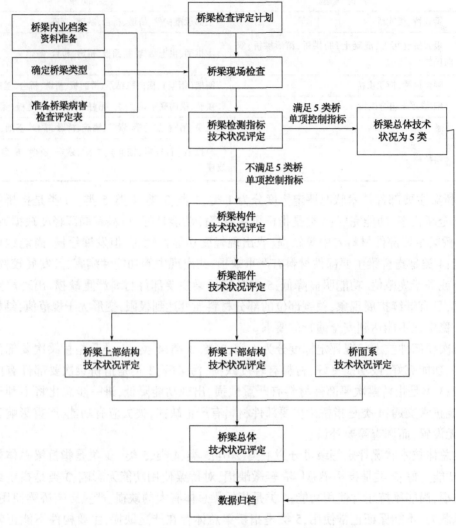

图 3-22　桥梁技术状况评定工作流程图

指标标度是指病害实际评定的等级,病害实际评定的指标等级应根据构件中病害的数量、尺寸、范围,查看《标准》的第5章至第10章中对应的定性定量描述,来确定病害实际的评定标度,当定性定量描述出现矛盾时,如某病害按定性描述评定为2类指标,按定量描述评定为3类指标,那么检测工程师可根据实际情况判断该病害指标属于第几类。

通过表3-11将不同病害进行分级扣分,某些病害达到最严重也仅能评为3级,此病害扣分为35分;某些病害达到最严重评为4级,此病害扣分为50分;某些病害达到最严重能评为5级,此病害扣分为100分。按照这种扣分方法能体现出不同病害对桥梁影响程度的不同。

(2)构件技术状况评分。

以混凝土梁式桥为例,《标准》将桥梁分为蜂窝、麻面、剥落、掉角、空洞、孔洞、混凝土保护层厚度、钢筋锈蚀、混凝土碳化、混凝土强度、跨中挠度、结构变位、预应力构件损伤、简支梁(板)桥、刚架桥裂缝、连续梁桥、连续刚构桥、悬臂梁桥和T形刚构裂缝等12个构件评定指标。接着,按照《标准》中构件评分公式对该构件进行技术状况评分。

桥梁构件技术状况评定资源请扫描封面的二维码,查看资源 30。

$$\text{PMCI}_l(\text{BMCI}_l \text{ 或 } \text{DMCI}_l) = 100 - \sum_{x=1}^{k} U_x \tag{3-23}$$

当 $x = 1$ 时

$$U_1 = \text{DP}_{i1}$$

当 $x \geq 2$ 时

$$U_x = \frac{\text{DP}_{ij}}{100 \times \sqrt{x}} \times \left(100 - \sum_{y=1}^{x-1} U_y\right) \text{ (其中 } j = x\text{)}$$

当 $\text{DP}_{ij} = 100$ 时

$$\text{PMCI}_l(\text{BMCI}_l \text{ 或 } \text{DMCI}_l) = 0 \tag{3-24}$$

式中:PMCI_l——上部结构第 i 类部件的 l 构件的得分,值域为 0~100 分;

BMCI_l——下部结构第 i 类部件的 l 构件的得分,值域为 0~100 分;

DMCI_l——桥面系第 i 类部件的 l 构件的得分,值域为 0~100 分;

k——第 i 类部件 l 构件出现扣分的指标的种类数;

U、x、y——引入的变量;

i——部件类别,例如 i 表示上部承重构件、支座、桥墩等;

j——第 i 类部件 l 构件的第 j 类检测指标;

DP_{ij}——第 i 类部件 l 构件的第 j 类检测指标的扣分值;根据构件各种检测指标扣分值进行计算,扣分值按表 3-11 规定取值。

构件技术状况评分方法特点:

①构件病害增多,构件分数降低;

②无论构件病害程度与病害数量如何增加,构件得分数始终≥0 分。

评定计算的构件、部件、桥面系、上部结构、下部结构、全桥技术状况评分均四舍五入保留一位小数。构件只有技术状况评分,无技术状况等级;部件、桥面系、上部结构、下部结构、全桥技术状况等级应根据评分结果以及《标准》中的表 4.1.5(桥梁技术状况分类界限表)来确定。

桥梁构件技术状况评定案例资源请扫描封面的二维码,查看资源 31。

(3)部件技术状况评分。

根据《标准》中第 4.1.2 条款规定,对桥梁部件技术状况评分,按照式(3-25)计算。

$$\text{PCCI}_i = \overline{\text{PMCI}} - (100 - \text{PMCI}_{\min})/t$$

或 $$\text{BCCI}_i = \overline{\text{BMCI}} - (100 - \text{BMCI}_{\min})/t \tag{3-25}$$

或 $$\text{DCCI}_i = \overline{\text{DMCI}} - (100 - \text{DMCI}_{\min})/t$$

式中:PCCI_i——上部结构第 i 类部件的得分,值域为 0~100 分;当上部结构中的重要部件某一构件评分值 PMCI_l 在 $[0,40)$ 区间时,其相应的部件评分值 $\text{PCCI}_i = \text{PMCI}_l$;

$\overline{\text{PMCI}}$——上部结构第 i 类部件各构件的得分平均值,值域为 0~100 分;

BCCI_i——下部结构第 i 类部件的得分,值域为 0~100 分;当下部结构中的重要部件某一构件评分值 BMCI_l 在 $[0,40)$ 区间时,其相应的部件评分值 $\text{BCCI}_i = \text{BMCI}_l$;

$\overline{\text{BMCI}}$——下部结构第 i 类部件各构件的得分平均值,值域为 0~100 分;

DCCI_i——桥面系第 i 类部件的得分,值域为 0~100 分;

$\overline{\text{DMCI}}$——桥面系第 i 类部件各构件的得分平均值,值域为 0~100 分;

PMCI$_{min}$——上部结构第 i 类部件中分值最低的构件得分值；
BMCI$_{min}$——下部结构第 i 类部件中分值最低的构件得分值；
DMCI$_{min}$——桥面系第 i 类部件中分值最低的构件得分值；
t——随构件的数量而变化的系数，见表3-12。

t 值　　　　　　　　　　　表3-12

n(构件数)	t	n(构件数)	t
1	∞	20	6.60
2	10	21	6.48
3	9.7	22	6.36
4	9.5	23	6.24
5	9.2	24	6.12
6	8.9	25	6.00
7	8.7	26	5.88
8	8.5	27	5.76
9	8.3	28	5.64
10	8.1	29	5.52
11	7.9	30	5.4
12	7.7	40	4.9
13	7.5	50	4.4
14	7.3	60	4.0
15	7.2	70	3.6
16	7.08	80	3.2
17	6.96	90	2.8
18	6.84	100	2.5
19	6.72	≥200	2.3

部件技术状况评分方法特点：

①组成部件的单个构件分数越低，部件分数降低。

②考虑最差构件对桥梁整体安全性、实用性的影响，通过最差构件得分对构件得分平均值进行修正。

③主要部件中缺损状况严重的构件对桥梁安全影响非常大，当主要部件中的构件评分值在[0,40)时，主要部件的评分值不再按标准中的公式进行计算，部件直接取此构件的评分值；若多个构件均低于40分，则选取最低构件得分值最为部件得分值。

桥梁部件技术状况评定资源请扫描封面的二维码，查看资源32。

(4)上部结构、下部结构、桥面系技术状况评分。

$$\text{SPCI}(\text{SBCI 或 SDCI}) = \sum_{i=1}^{m} \text{PCCI}_i(\text{BCCI}_i \text{ 或 DCCI}_i) \times W_i \qquad (3-26)$$

式中：SPCI——桥梁上部结构技术状况评分，值域为0~100分；
　　　SBCI——桥梁下部结构技术状况评分，值域为0~100分；
　　　SDCI——桥梁桥面系技术状况评分，值域为0~100分；
　　　m——上部结构(下部结构或桥面系)的部件种类数；

W_i——第 i 类部件的权重,按《标准》中的规定取值;对于桥梁中未设置的部件,应根据此部件的隶属关系,将其权重值分配给各既有部件,分配原则按照各既有部件权重在全部既有部件权重中所占比例进行分配。表 3-13 中所示为梁式桥各部件权重值。

梁式桥各部件权重值　　　　　　　　　　　表 3-13

部位	类别 i	评价部件	权重
上部结构	1	上部承重构件(主梁、挂梁)	0.70
	2	上部一般构件(湿接缝、横隔板等)	0.18
	3	支座	0.12
下部结构	4	翼墙、耳墙	0.02
	5	锥坡、护坡	0.01
	6	桥墩	0.30
	7	桥台	0.30
	8	墩台基础	0.28
	9	河床	0.07
	10	调治构造物	0.02
桥面系	11	桥面铺装	0.40
	12	伸缩缝装置	0.25
	13	人行道	0.10
	14	栏杆、护栏	0.10
	15	排水系统	0.10
	16	照明、标志	0.05

该公式与全桥的技术状况评分计算方法类似,都是采用加权求和法进行。在采用该方法进行计算时,应注意实际工作中当存在某座桥梁没有设置部件,如单跨桥梁无桥墩、部分桥梁无人行道等类似情况,需要根据此构件隶属于上部构件、下部构件或桥面系关系,将此缺失构件的权重值分配给其他部件。采用将缺失部件权重值按照既有部件权重在全部既有部件权重中所占比例进行分配的方法,保证既有部件参与评价,使桥梁评价更符合实际情况。

(5)桥梁总体技术状况评分。

桥梁总体技术状况评定资源请扫描封面的二维码,查看资源 33。

根据《标准》中 4.1.4 规定,对桥梁总体的技术状况评分,按照式(3-27)计算。

$$D_r = BDCI \times W_D + SPCI \times W_{SP} + SBCI \times W_{SB} \tag{3-27}$$

式中:D_r——桥梁总体技术状况评分,值域为 0~100;

W_D——桥面系在全桥中的权重,按表 3-14 规定取值;

W_{SP}——上部结构在全桥中的权重,按表 3-14 规定取值;

W_{SB}——下部结构在全桥中的权重,按表 3-14 规定取值。

桥梁结构组成权重表　　　　　　　　　　　表 3-14

桥梁部位	权重	桥梁部位	权重
上部结构	0.40	桥面系	0.20
下部结构	0.40		

在进行上部结构、下部结构、桥面系的综合评定时,依据不同桥型各部件重要程度的不同,给予各类型桥梁部件不同的权重。在进行全桥的综合评定时依据上部结构、下部结构、桥面系重要程度的不同,分别给予上部结构、下部结构的、桥面系的不同权重。由于各地环境条件不同,除了采用《标准》的推荐值外,还允许依据实际情况进行调整。调整权重可采用专家评估法,调整值应经过批准认可,对主要构件的权重则不宜减少。

(6)特殊情况评定。

当上部结构和下部结构技术状况等级为3类、桥面系技术状况等级为4类,且桥梁总体技术状况评分为 $40 \leqslant D_r < 60$ 时,桥梁总体技术状况等级可评定为3类。

(7)最差部件评定法。

全桥总体技术状况等级评定时,当主要部件评分达到4类或5类且影响桥梁安全时,可按照桥梁主要部件最差的缺损状况评定。

(8)5类桥单项控制指标。

在桥梁技术状况评价中,有下列情况之一时,整座桥应评为5类桥:

①上部结构有落梁;或有梁、板断裂现象。

②梁式桥上部承重构件控制截面出现全截面开裂;或组合结构上部承重构件结合面开裂贯通,造成截面组合作用严重降低。

③梁式桥上部承重构件有严重的异常位移,存在失稳现象。

④结构出现明显的永久变形,变形大于规范值。

⑤关键部位混凝土出现压碎或杆件失稳倾向,或桥面板出现严重塌陷。

⑥拱式桥拱脚严重错台、位移,造成拱顶挠度大于限值;或拱圈严重变形。

⑦圬工拱桥拱圈大范围砌体断裂,脱落现象严重。

⑧腹拱、侧墙、立墙或立柱产生破坏,造成桥面板严重塌落。

⑨系杆或吊杆出现严重锈蚀或断裂现象。

⑩悬索桥主缆或多根吊索出现严重锈蚀、断丝。

⑪斜拉桥拉索钢丝出现严重锈蚀、断丝,主梁出现严重变形。

⑫扩大基础冲刷深度大于设计值,冲空面积达20%以上。

⑬桥墩(桥台或基础)不稳定,出现严重滑动、下沉、位移、倾斜等现象。

⑭悬索桥、斜拉桥索塔基础出现严重沉降或位移;或悬索桥锚碇有水平位移或沉降。

桥梁技术状况评定计算工程案例资源请扫描封面的二维码,查看资源34、资源35、资源36、资源37。

工程案例

1. 桥梁概况

某桥位于省道S303宜定线,桥梁中心桩号为K287+700,桥梁全长81.5m,桥宽10.0m,净宽9.0m。上部结构采用3×25.0m预应力混凝土箱梁,每跨3片梁。下部结构桥墩为双柱墩,桩基础;桥台为轻型桥台,桩基础。设计荷载公路—Ⅰ级,该桥2012年建成。

桥梁养管单位:××班。

养管责任人:××。

桥梁基础及管理资料情况:桥梁卡片齐全;桥梁图纸齐全;桥梁养护管理资料基本齐全。

桥梁正面图、立面图分别见图3-23、图3-24,桥梁基本状况一览见表3-15。

图 3-23 桥梁正面照

图 3-24 桥梁立面照

桥梁基本状况一览表 表 3-15

路线名称	S303	桥梁桩号	K287+700
桥梁名称	××桥	桥长(m)	81.5
桥宽(m)	10.0	跨径组合(m)	3×25.0
上部结构形式	预应力混凝土箱梁	下部结构形式	双柱墩,桩基础轻型桥台、桩基础
设计荷载等级	公路—Ⅰ级	通车时间	2012 年

2. 检查结果

1) 桥面系

(1) 桥面铺装:变形、泛油、破损、裂缝等项评定标准均完好,无明显病害。

(2) 伸缩缝装置:0 号台、3 号台伸缩缝堵塞,典型病害见图 3-25、图 3-26,具体病害描述见表 3-16。

图 3-25 0 号台伸缩缝堵塞

图 3-26 3 号台伸缩缝堵塞

(3) 栏杆、护栏:撞坏缺失、破损等项评定标准均完好,无明显病害。

(4) 防排水系统:排水不畅、泄水管、引水槽缺陷等项评定标准均完好,无明显病害。

(5) 照明、标志:照明设施缺失,标志脱落、缺失等评定标准均完好,无明显病害。

病害记录　　　　　　　　　　　表 3-16

序号	评定指标		伸缩缝装置			
	评定标度	标度	病害位置	病害描述	病害标度	图片编号
1	凹凸不平	1～4	—	完好	1	—
2	锚固区缺陷	1～4	—	完好	1	—
3	破损	1～4	—	完好	1	—
4	失效	1～4	0号、3号台	伸缩缝堵塞	2	—

图 3-27　1-1 号梁右侧腹板纵向裂缝 $L=0.9\text{m}$、$\Delta=0.2\text{mm}$

（1）上部承重构件：1-1 号梁右侧腹板距 0 号台 2m 处纵向裂缝 $L=0.9\text{m}$、$\Delta=0.2\text{mm}$；1-2 号梁左侧腹板纵向裂缝 $L=1\text{m}$、$\Delta=0.2\text{mm}$，右侧腹板距 0 号台 2m 处纵向裂缝 $L=0.9\text{m}$、$\Delta=0.2\text{mm}$；1-3 号梁右侧腹板距 0 号台 2m 处纵向裂缝 $L=0.6\text{m}$、$\Delta=0.2\text{mm}$；3-1 号梁左侧腹板距 3 号台 2m 处纵向裂缝 $L=1\text{m}$、$\Delta=0.2\text{mm}$；3-2 号梁右侧腹板距 3 号台 2m 处纵向裂缝 $L=0.5\text{m}$、$\Delta=0.1\text{mm}$；3-3 号梁右翼缘板混凝土破损 $S=0.7\text{m}\times0.5\text{m}$，典型病害见图 3-27～图 3-31，具体病害描述见上部承重构件病害记录表 3-17。

图 3-28　1-2 号梁左侧腹板纵向裂缝 $L=1\text{m}$、$\Delta=0.2\text{mm}$

图 3-29　3-1 号梁左侧腹板纵向裂缝 $L=1\text{m}$、$\Delta=0.2\text{mm}$

图 3-30　3-2 号梁右侧腹板纵向裂缝 $L=0.5\text{m}$、$\Delta=0.1\text{mm}$

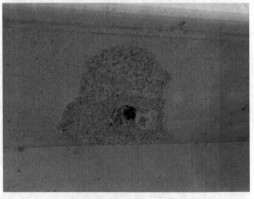

图 3-31　3-3 号梁右翼缘板混凝土破损 $S=0.7\text{m}\times0.5\text{m}$

病害记录 表3-17

序号	评定指标 评定标准	标度	上部承重构件 病害位置	病害类型	病害标度	图片编号
1	蜂窝、麻面	1~3	—	完好	1	—
2	剥落、掉角	1~4	3-3号梁	右翼缘板混凝土破损 $S=0.7m \times 0.5m$	2	—
3	空洞、孔洞	1~4	—	完好	1	—
4	混凝土保护层厚度	1~4	—	完好	1	—
5	钢筋锈蚀	1~5	—	完好	1	—
6	混凝土碳化	1~4	—	完好	1	—
7	混凝土强度	1~5	—	完好	1	—
8	跨中挠度	1~5	—	完好	1	—
9	结构变位	1~5	—	完好	1	—
10	预应力构件损伤	1~5	—	完好	1	—
11	简支梁(板)桥、刚架桥裂缝	1~5	—	—	—	—
12	连续梁桥、连续刚构桥、悬臂梁桥、T形刚构桥裂缝	1~5	1号跨	1号梁右侧腹板距0号台2m处纵向裂缝 $L=0.9m、\Delta=0.2mm$	2	
				2号梁左侧腹板纵向裂缝 $L=1m、\Delta=0.2mm$	2	
				2号梁右侧腹板距0号台2m处纵向裂缝 $L=0.9m、\Delta=0.2mm$	2	
				3号梁右侧腹板距0号台2m处纵向裂缝 $L=0.6m、\Delta=0.2mm$	2	
			1号跨	1号梁距3号台2m处左侧腹板纵向裂缝 $L=1m、\Delta=0.2mm$	2	
				2号梁距3号台2m处右侧腹板纵向裂缝 $L=0.5m、\Delta=0.1mm$	2	

(2)上部一般构件:0号台1号、2号横隔板破损,3跨1号、2号梁间湿接缝局部渗水(距2号墩2m),3号台1号、2号梁横隔板局部渗水泛碱,典型病害见图3-32~图3-34,具体病害描述见病害记录表3-18。

图3-32 0号台1号、2号横隔板破损

图3-33 第3跨1号、2号梁间湿接缝局部渗水

病害记录   表 3-18

序号	评定指标		上部—一般构件			
	评定标准	标度	病害位置	病害类型	病害标度	图片编号
1	蜂窝、麻面	1~3	—	完好	1	—
2	剥落、掉角	1~4	第1跨	0号台1号、2号横隔板破损	2	—
3	空洞、孔洞	1~4	第3跨	1号、2号梁间湿接缝局部渗水; 3号台1号、2号梁横隔板局部渗水、泛碱	2	—
4	混凝土保护层厚度	1~4	—	完好	1	—
5	钢筋锈蚀	1~5	—	完好	1	—
6	混凝土碳化	1~4	—	完好	1	—
7	混凝土强度	1~5	—	完好	1	—

(3)支座:板式支座老化变质、开裂,板式支座缺陷,板式支座位置串动、脱空或剪切超限等项评定标准均完好,无明显病害。

3)下部结构

(1)锥坡、护坡:0号台护坡右侧灰缝脱落,3号台左锥坡灰缝脱落,3号台前墙护坡下沉开裂,典型病害见图3-35~图3-37,具体病害描述见锥坡、护坡病害记录表3-19。

图 3-34 3号台1号、2号梁横隔板局部渗水泛碱

图 3-35 0号台护坡右侧灰缝脱落

图 3-36 3号台左锥坡灰缝脱落

图 3-37 3号台前墙护坡下沉开裂

病害记录 表3-19

序号	评定指标		锥坡、护坡			
	评定标准	标度	病害位置	病害描述	病害标度	图片编号
1	缺陷	1~4	0号台、3号台	0号台护坡右侧灰缝脱落; 3号台左锥坡灰缝脱落; 3号台前墙护坡下沉开裂	2	—
2	冲刷	1~4	—	完好	1	—

(2)桥墩:蜂窝、麻面、剥落、露筋、空洞、孔洞,钢筋锈蚀,混凝土碳化、腐蚀、磨损,圬工砌体缺陷、位移、裂缝等项评定标准完好,无明显病害。

盖梁、系梁:蜂窝、麻面、剥落、露筋、空洞、孔洞,钢筋锈蚀,混凝土碳化、腐蚀、裂缝等项评定标准完好,无明显病害。

(3)桥台:剥落、空洞孔洞、磨损、混凝土碳化腐蚀、圬工砌体缺陷、桥头跳车、台背排水状况、位移、裂缝等项评定标准完好,无明显病害。

台帽:破损、混凝土碳化、腐蚀,裂缝等评定标准完好,无明显病害。

(4)基础:冲刷、掏空、剥落、露筋、冲蚀、河底铺砌损坏、沉降、滑移和倾斜,裂缝等项评定标准均完好,无明显病害。

(5)河床:堵塞、冲刷、河床变迁等项评定标准均完好,无明显病害。

上部承重结构病害示意图如图3-38所示。桥面病害示意图如图3-39所示。

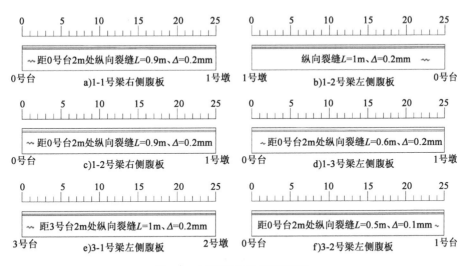

图3-38 上部承重结构病害示意图

4)桥梁技术状况评定结果

依据《标准》中对运营阶段公路桥梁技术状况评定等级的相关规定,评定分值见表3-20。

技术状况等级评定:

计算方法:$D_r = BDCI \times WD + SPCI \times WSP + SBCI \times WSB$
$= 92.4 \times 0.2 + 80.1 \times 0.4 + 99.9 \times 0.4$
$= 90.5$

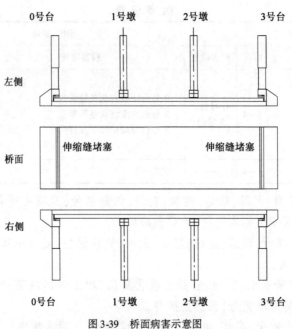

图 3-39 桥面病害示意图

桥梁技术状况评定表   表 3-20

部位	类别	评价部件	权重	重新分配后权重	部件得分	桥梁上部、下部、桥面系技术状况评分	结构等级	桥梁总体技术状况评分	总体等级
上部结构	1	上部承重构件	0.70	0.70	73.6	80.1	2	90.5	2
	2	上部一般构件	0.18	0.18	92.1				
	3	支座	0.12	0.12	100.0				
下部结构	4	翼墙、耳墙	0.02	0.00	—	99.9	1		
	5	锥坡、护坡	0.01	0.01	89.1				
	6	桥墩	0.3	0.31	100.0				
	7	桥台	0.30	0.31	100.0				
	8	墩台基础	0.28	0.30	100.0				
	9	河床	0.07	0.07	100.0				
	10	调治构造物	0.02	0.00	—				
桥面系	11	桥面铺装	0.40	0.44	100.0	92.4	2		
	12	伸缩缝装置	0.25	0.28	72.7				
	13	人行道	0.10	0.00	—				
	14	栏杆、护栏	0.10	0.11	100.0				
	15	排水系统	0.10	0.11	100.0				
	16	照明、标志	0.05	0.06	100.0				

经评分计算,上部结构 80.1 分,技术状况为 2 类;下部结构 99.9 分,技术状况为 1 类;桥

面系92.4分,技术状况为2类;总体90.5分。因此该桥桥梁技术状况评定为2类。

3. 检查结论及建议

(1)本次检查对该桥外观质量情况进行了全面的检查,通过检查,该桥主要存在的病害如下:

①0号、3号台伸缩缝堵塞(图3-39)。

②1-1号梁右侧腹板距0号台2m处纵向裂缝 $L=0.9m$、$\Delta=0.2mm$;1-2号梁左侧腹板纵向裂缝 $L=1m$、$\Delta=0.2mm$,右侧腹板距0号台2m处纵向裂缝 $L=0.9m$、$\Delta=0.2mm$;1-3号梁右侧腹板距0号台2m处纵向裂缝 $L=0.6m$、$\Delta=0.2mm$;3-1号梁左侧腹板距3号台2m处纵向裂缝 $L=1m$、$\Delta=0.2mm$;3-2号梁右侧腹板距3号台2m处纵向裂缝 $L=0.5m$、$\Delta=0.1mm$;3-3号梁右翼缘板混凝土破损 $S=0.7m\times0.5m$。

③0号台1号、2号横隔板破损,3孔1号、2号梁间湿接缝局部渗水(距2号墩2m),3号台1号、2号梁横隔板局部渗水泛碱。

④0号台护坡右侧灰缝脱落,3号台左锥坡灰缝脱落,3号台前墙护坡下沉开裂。

(2)主要病害原因分析:

①箱梁腹板纵向裂缝是由于混凝土浇筑质量不良、混凝土收缩等原因引起。

②湿接缝渗水是由于湿接缝与翼缘板结合不良引起。

(3)建议。

养护管理建议:按照《养护规范》对该桥进行日常检查及养护。

维修加固建议:

①对腹板纵向裂缝采取封闭、灌封处理。

②加强桥面排水设施养护。

③对横隔板破损进行修复。

④对护坡、锥坡脱落灰缝进行清理,重新勾缝。

单元五 桥梁承载能力评定

学习目标

1. 掌握通过桥梁技术状况检查数据,结合结构检算评定桥梁承载能力的方法;
2. 掌握桥梁荷载试验方案的编制、现场实施、数据处理和报告撰写。

在役桥梁应从结构(或构件)的刚度、强度、稳定性和抗裂性4个方面进行承载能力评定,其包括持久状况下承载能力极限状态和正常使用极限状态。承载能力极限状态是针对结构(或构件)的截面强度和稳定性,正常使用极限状态主要针对结构(或构件)的刚度和抗裂性。

通过试验检测评定桥梁结构实际承载能力一般采用两种方法:一种方法是适用于大多数在用桥梁通过桥梁技术状况检测,结合结构检算评定桥梁承载能力的方法;另一种方法是确定新建或在用桥梁承载能力最直接有效的荷载试验方法。

计算圬工结构、配筋混凝土桥梁及钢结构桥梁承载能力极限状态的抗力效应时,根据各类桥梁试验检测结果,引入反映桥梁总体技术状况的检算系数 Z_1 或 Z_2,并分别考虑有效截面折

减系数 ξ_s 或 (ξ_c)、考虑结构耐久性影响因素的承载力恶化系数 ξ_e 和反映实际通行汽车荷载变异的活载影响系数 ξ_q 等。

对在用桥梁,当结构(或构件)的承载能力检算系数评定标度为 1 或 2 时,结构(或构件)的总体状况较好,可不进行正常使用极限状态评定计算;当桥梁结构(或构件)的承载能力检算系数评定标度为 3、4 或 5 时,应采用引入检算系数 Z_1 或 Z_2 的方式对限制应力、结构变形和裂缝宽度等,进行正常使用极限状态评定计算。

桥梁承载能力检算宜依据竣工资料或设计资料,并应与桥梁实际情况进行核对修正。对缺失资料的桥梁,可根据桥梁检测资料,参考同年代类似桥梁的设计资料或标准定型图进行检算。

一、现行规范中桥梁技术状况检测与检算的承载能力评定

在役桥梁有下列情况之一时,应进行承载能力检测评定:
(1)按照《公路桥梁技术状况评定标准》(JTG/T H21—2011)(以下简称《标准》)评定技术状况为 4 类、5 类的桥梁;
(2)拟提高荷载等级的桥梁;
(3)需通行特殊重型车辆荷载的桥梁;
(4)遭受重大自然灾害或意外事件的桥梁。

具体评定方法体系见图 3-40。

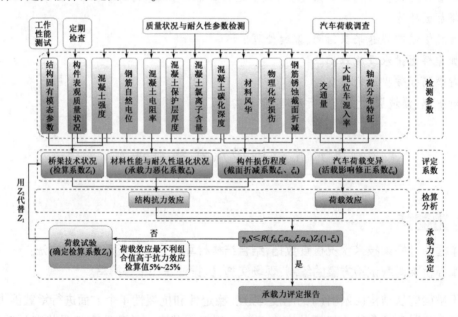

图 3-40 基于检测结果的桥梁承载力评定方法体系

1. 检测评定程序

(1)检测评定前,应通过实地调查和桥梁检查,掌握桥梁技术状况、病害成因、使用荷载和养护维修等情况,搜集相关技术资料,确定检算技术参数。

检测评定前,要搜集有关桥梁勘察设计、施工、监理和运营、养护、试验检测养护、试验检测及维修加固等方面的技术资料。调查了解桥梁病害历史、使用中的特殊事件、限重限速原因、

交通状况、今后改扩建计划、水文气候、环境等方面情况,有针对性地确定检测内容和工作重点。调查资料主要内容如下:

①勘察设计资料,主要包括桥位地质钻孔资料及水文勘测资料、设计计算书及有关图纸、变更设计计算书及有关图纸。

②施工、监理、监控与竣工技术资料,主要包括材料试验资料、手工记录、监理资料、施工监控资料、地基与基础试验资料、竣工图纸及其说明、交工验收资料、交工验收荷载试验报告、竣工验收有关资料等。

③养护、试验检测及维修与加固资料,主要包括桥梁检查与检测、荷载试验资料,历次桥梁维修、加固资料,历次特别事件记载资料等。

④调查收集桥梁运营荷载的资料,包括交通量、交通组成、车重、轴重等情况。

(2)对选定的桥跨进行桥梁缺损状况检查评估、材质状况与状态参数检测评定和实际运营荷载状况调查,确定分项检算系数。

根据检查检测情况确定各评价指标的评定标准,通过对桥梁综合技术状况、耐久性梁综合技术状况、耐久性恶化状况、结构的截面缺损状况(如墩台冲刷的)和运营荷载状况(可借鉴交管部门、超限检查的资料)的评价,确定结构检算系数、耐久性恶化系数、截面折减系数和活载影响修正系数。

(3)按照相关标准和《公路桥梁承载能力检测评定规程》(JTG/T J21—2011)(以下简称《评定规程》)的有关规定,计算桥梁结构或构件抗力效应和作用效应,采用引入分项检算系数修正承载能力极限状态和正常使用极限状态计算表达式的方法进行检算评定。

(4)作用效应与抗力效应的比值在1.0~1.2之间时,应根据《评定规程》的有关规定通过荷载试验评定承载能力。

《评定规程》采用的分项检算系数主要是根据在用桥梁的检算和荷载试验鉴定的实践经验确定的,按规范检算时材质参数取值留有一定的安全储备。在保证桥梁安全的前提下,为充分发挥在用桥梁的承载潜力,对检算的作用效应与抗力效应的比值在1.0~1.2之间时,应根据《评定规程》的有关规定通过荷载试验评定承载能力。为充分发挥在役桥梁的承载潜力,对检算的作用效应大于抗力效应且超过在20%以内的桥梁,通过荷载试验进一步评定其承载能力。

2. 桥梁缺损状况检查评定

需要检测评定的桥跨,应按照现行行业标准的有关规定,评定桥面系、上部结构和下部结构的技术状况等级(具体参见前述"单元四 桥梁技术状况评定")。

3. 桥梁材质状况与状态参数检测评定

1)桥梁几何形态参数检测评定

梁桥应测定桥跨结构纵向线形和墩台顶的竖向和水平变位;拱桥应测定拱轴线、桥面结构纵向线形和墩台顶的竖向和水平变位;索塔应测定塔顶水平变位、桥面结构纵向线形和主缆线形。

桥跨结构纵向线形,宜沿桥纵向分断面布设测点,分桥轴线和行车道上、下游边缘线3条线,按二等工程水准测量要求进行闭合水准测量。测点应布置在桥跨或桥面结构的跨径等分点截面上。对中小跨径桥梁,单跨测量截面不宜少于5个;对大跨径桥梁,单跨测量截面不宜少于9个。

墩（台）顶的水平变位或塔顶水平位移，可采用悬挂垂球方法进行量测，或采用极坐标法进行平面坐标测量。

拱轴线和主缆线形，宜按桥跨的 8 等分点分别在拱背和拱腹、主缆顶面布设测点，采用极坐标法进行平面坐标和三角高程测量。

桥梁结构几何形态参数的实测数据，可用于确定桥梁结构持久荷载状态的变化，也可推求判定结构基础变位情况。对超静定结构，可依据实测的结构几何参数，采用模拟方法计算分析桥梁结构在持久荷载下的内力和变位状况。

2）桥梁结构恒载变异状况调查

桥梁结构恒载变异状况调查工作主要有如下几个方面：

(1) 桥梁总体尺寸的量测，主要包括桥梁长度、桥宽、净空、跨径等的量测。

(2) 桥梁构件尺寸的量测，主要包括主要构件、次要构件的长度与截面尺寸等的量测。

(3) 桥面铺装厚度及拱上填料重度测定。

(4) 其他附加荷载调查，如过桥管线等的调查。

引起桥梁结构恒载变异的主要原因包括：施工造成的结构或构件尺寸差异，如结构或构件长度变异、构件断面尺寸变异、铺装层厚度和材料重度差异等；运营期布设附加构造物导致的附加重量，如过桥管线等。这些恒载变异对结构承载能力的影响需在结构检算分析过程中加以考虑。另外，尚需考虑桥梁计算跨径变异对内力计算结构的影响。

桥梁长度、跨径桥梁长度、跨径可在桥面上按桥轴线和行车道上、下游边缘线 3 条线采用进行测量。桥梁宽度可沿桥纵向分断面采用钢尺进行量测，量测断面每跨不宜少于 3 个。

构件长度与截面尺寸可采用钢尺进行测量，对桥跨结构，跨径小于 40m 桥梁量测断面单跨不得少于 5 个断面，跨径大于或等于 40m 桥梁量测断面单跨不得少于 9 个断面。对桥梁墩台、主塔等下部主要承重构件，量测断面不宜少于 3 个。截面突变处应布设量测断面。

桥面铺装层厚度可采用分断面布点钻芯量测，也可采用雷达结合钻芯修正的方法测定。采用分断面布点钻芯测量时，量测断面宜布置在跨径四等分点位置，每断面宜布设 3 个钻孔测点，分设在行车道中心线和上、下游边缘处。

3）桥梁材质强度检测评定

在用桥梁材质强度检测主要包括混凝土和钢材两类材料的材质强度检测，为减少对结构构件的损坏，应尽量采用无损检测或半破损检测的方法进行。确有必要时可考虑对混凝土采用破损检测方法，对钢材采用截取试样方法。

桥梁混凝土强度采用回弹及钻芯方法检测，强度评定采用推定强度均质系数 K_{bt} 及评定强度均质系数 K_{bm}，依据表 3-21 评定。

混凝土强度评定标准 表3-21

K_{bt}	K_{bm}	强 度 状 况	评 定 标 度
≥0.95	≥1.00	良好	1
(0.95, 0.90]	(1.00, 0.95]	较好	2
(0.90, 0.80]	(0.95, 0.90]	较差	3
(0.80, 0.70]	(0.90, 0.85]	差	4
<0.7	<0.85	危险	5

4）钢筋混凝土桥梁钢筋锈蚀电位检测评定

混凝土中钢筋锈蚀电位检测采用半电池电位法，参考电极采用测量铜/硫酸铜半电池电极。在测区上布置测试网格,网格节点为测点,网格间距选用 30cm×30cm,测点位置距构件边缘大于 5cm,测点数量不少于 20 个测点,测区统一编号,注明位置,并描述外观情况。当一个测区内存在相邻测点的读数超过 150mV 时,减少测点的间距;测点读数不超过 2mV,可视为稳定。在同一测点、同一支参考电极,重复测读的差异不超过 10mV;不同的参考电极重复测读的差异不超过 20mV。混凝土桥梁钢筋锈蚀电位评定标准见表 3-22。

混凝土桥梁钢筋锈蚀电位评定标准　　表 3-22

电位水平(mV)	钢筋状况	评定标度
[0,-200]	无锈蚀活动或锈蚀活动不明显	1
(-200,-300]	有锈蚀活动性,但锈蚀状态不确定,可能坑蚀	2
(-300,-400]	有锈蚀活动性,发生锈蚀概率大于 90%	3
(-400,-500]	有锈蚀活动性,严重锈蚀可能性极大	4
<-500	构件存在锈蚀开裂区域	5

5) 混凝土桥梁氯离子含量检测评定

混凝土中钢筋锈蚀电位评定标度为 3、4、5 时,对混凝土中氯离子含量进行测定,混凝土中氯离子含量的测定采用实验室化学分析法。分析样品取样部位与钢筋锈蚀电位测试测区布置相近,确定钢筋位置,使用直径 20mm 以上的冲击钻在混凝土表面钻孔,每一测区取粉的钻孔数量不少于 3 个;钻孔取粉采用 5mm、10mm、15mm、20mm、25mm 分层收集,对取粉试样进行相应的处理后,进行氯离子含量的测定。混凝土中氯离子含量按表 3-23 的评定标度值确定其引起钢筋锈蚀的可能性。

结构混凝土中氯离子含量的评判标准　　表 3-23

氯离子含量(占水泥含量的百分比)	诱发钢筋锈蚀的可能性	评定标度值
<0.15	很小	1
0.15~0.4	不确定	2
0.4~0.7	有可能诱发钢筋锈蚀	3
0.7~1.0	会诱发钢筋锈蚀	4
>1.0	钢筋锈蚀活化	5

6) 混凝土桥梁电阻率检测评定

混凝土中钢筋锈蚀电位评定标度为 3、4、5 时,对混凝土电阻率进行测定,混凝土电阻率采用四电极阻抗测量法测定,混凝土电阻率的测区与测位布置可参照钢筋锈蚀自然电位测量的要求,在电位测量网格间进行,并做好编号工作。测量前清洁混凝土表面,将探头垂直于混凝土表面,并施加适当的压力进行测量,每测区 30 测点。混凝土电阻率的评定标准见表 3-24。

混凝土电阻率的评定标准　　表 3-24

电阻率(Ω·cm)	钢筋发生锈蚀可能的锈蚀速率	评定标度值
>20000	很慢	1
15000~20000	慢	2
10000~15000	一般	3
5000~10000	快	4
<5000	很快	5

7) 混凝土桥梁碳化状况检测评定

混凝土中钢筋锈蚀电位评定标度为3、4、5时,对混凝土主要受力部位选取混凝土电位测区的30%进行碳化测定。混凝土碳化深度的评定标准见表3-25。

混凝土碳化深度的评定标准　　表3-25

K_c	评定标度值	K_c	评定标度值
<0.5	1	[1.5,2.0)	4
[0.5,1.0)	2	≥2.0	5
[1.0,1.5)	3		

8) 钢筋混凝土桥梁混凝土保护层厚度检测评定

进行外业检查,然后对测试数据进行处理:

(1) 首先根据某一测量部位各测点混凝土厚度实测值,按下式求出混凝土保护层厚度平均值 $\overline{D}_n$(精确至0.1mm)。

$$\overline{D}_n = \frac{\sum_{i=1}^{n} D_{ni}}{n} \tag{3-28}$$

式中:D_{ni}——结构或构件测量部位测点混凝土保护层厚度,精确至1mm;

n——测点数。

(2) 按照下式计算确定测量部位混凝土保护层厚度特征值 D_{ne}(精确至0.1mm):

$$D_{ne} = \overline{D} - kS_D \tag{3-29}$$

式中:S_D——测量部位测点保护层厚度的标准差,精确至0.1mm;

$$S_D = \sqrt{\frac{\sum_{i=1}^{n}(D_{ni})^2 - n(\overline{D}_n)^2}{n-1}} \tag{3-30}$$

式中:k——合格判定系数值。

混凝土桥梁保护层厚度检测部位应包括主要构件或主要受力部位,钢筋锈蚀电位测试结果表明钢筋可能锈蚀活化的部位、发生钢筋锈蚀胀裂的部位、布置混凝土碳化测区的部位。混凝土桥梁钢筋保护层厚度采用电磁检测方法进行无损检测,每构件测试20测区。混凝土保护层厚度对结构钢筋耐久性评判经验值可参考表3-26。

混凝土保护层厚度对结构钢筋耐久性的评判经验值　　表3-26

D_{ne}/D_{nd}	对结构混凝土耐久性的影响	D_{ne}/D_{nd}	对结构混凝土耐久性的影响
>0.95	影响不显著	(0.55~0.70)	有较大影响
(0.85~0.95]	有轻度影响	<0.55	钢筋易失去碱性保护,发生锈蚀
(0.70~0.85]	有影响		

9) 桥梁自振频率检测

桥梁自振频率可以采用TMR200动载数据采集仪在桥梁跨中布置拾振器采用激振的方法进行测量。桥梁自振频率评定标准见表3-27。

桥梁自振频率评定标准　　　　　　　　　　　　　表3-27

上部结构(f_{mi}/f_{di})	下部结构(f_{mi}/f_{di})	评定标度值
≥1.1	≥1.2	1
[1.00,1.10)	[1.00,1.20)	2
[0.90,1.00)	[0.95,1.00)	3
[0.75,0.90)	[0.80,0.95)	4
<0.75	<0.80	5

10) 拉吊索索力检测评定

索结构桥梁的索力直接反映结构持久状况下的内力状态,是评价桥梁安全性和承载能力的主要参数。在承载能力评定时,须对其进行检测评定。在役桥梁拉吊索索力测量通常采用振动法,现场检测时应事先解除索的阻尼装置并通过现场试验确定换算索长,并应依据不少于前五阶特征频率计算索力的平均值。

11) 桥梁基础及地基状况调查

桥梁基础及地基状况调查可采用现场踏勘方法,确定桥梁目前基础变位、沉降、倾斜、滑移、冻拔等病害。

4. 桥梁结构检算要点

桥梁结构检算的目的:对桥梁结构当前状态的形成过程与内力状态进行计算和反演分析,查明桥梁结构的薄弱环节和不利影响因素,提出相应的处治措施与对策,确保桥梁结构的安全运营。

需要检算荷载、材质性能、结构状态的变化。结构检算时,宜参照设计采用的计算假定,根据结构的预应力状况、恒载分布状况、结构尺寸和开裂状况等方面的检查情况,对模型的边界条件、结构初始状态等进行调整,重新建立计算模型。

5. 根据缺损状况、材质状况、状态参数评定承载能力

圬工结构桥梁在计算桥梁结构承载能力极限状态的抗力效应时,应根据桥梁试验检测结果,采用引入检算系数 Z_1 或 Z_2、截面折减系数 ξ_c 的方法进行修正计算。

配筋混凝土桥梁在计算桥梁结构承载能力极限状态的抗力效应时,应根据桥梁试验检测结果,采用引入检算系数 Z_1 或 Z_2、承载能力恶化系数 ξ_e、截面折减系数 ξ_c 和 ξ_s 的方法进行修正计算。

钢结构桥梁在计算桥梁结构承载能力极限状态的抗力效应时,应根据桥梁试验检测结果,采用引入检算系数 Z_1 或 Z_2 的方法进行修正计算。

对交通繁忙和重载车辆较多的桥梁,汽车荷载效应可根据实际运营荷载状况,通过活载影响修正系数进行修正计算。

当桥梁结构或构件的承载能力检算系数评定标度 $D \geq 3$ 时,应进行正常使用极限状态评定计算。

1) 圬工结构桥梁承载能力评定

圬工结构桥梁在计算桥梁结构承载能力极限状态的抗力效应时,应根据桥梁试验检测结果,采用引入承载能力检算系数 Z_1 或 Z_2、截面折减系数 ξ_c 的方法进行修正计算。

$$\gamma_0 S \leq R(f_d, \xi_c a_d) Z_1 \tag{3-31}$$

式中：γ_0——结构的重要性系数；
  S——荷载效应函数；
  $R(\cdot)$——抗力效应函数；
  f_d——结构强度设计值；
  a_d——结构的几何尺寸。

抗力效应值应按《公路桥涵设计通用规范》(JTG D60—2015)（下简称《桥通规》）进行计算，圬工桥梁正常使用极限状态，宜按现行公路桥梁设计和养护规范进行计算评定。圬工桥梁承载能力极限状态评定，主要考虑采取引入桥梁检算系数、截面折减系数和活载修正系数，分别对极限状态方程中结构抗力效应和荷载效应进行修正，并通过比较判定结构或构件的承载能力状况。

2）配筋混凝土桥梁承载能力评定

配筋混凝土桥梁在计算桥梁结构承载能力极限状态抗力效应时，应根据桥梁试验检测结果，引入承载能力检算系数 Z_1 或 Z_2、承载能力恶化系数 ξ_e、截面折减系数 ξ_c 和 ξ_s 的方法进行修正计算。

$$\gamma_0 S \leqslant R(f_d, \xi_c a_{dc}, \xi_s a_{ds}) Z_1 (1 - \xi_e) \tag{3-32}$$

式中：a_{dc}——构件混凝土几何参数值；
  a_{ds}——构件钢筋几何参数值；
  ξ_e——承载能力恶化系数；
  ξ_c——配筋混凝土结构的截面折减系数；
  ξ_s——钢筋的截面折减系数。

抗力效应值应按《桥通规》进行计算，Z_1、ξ_e、ξ_c、ξ_s 应按《评定规程》有关规定取值。

配筋混凝土桥梁正常使用极限状态，宜按现行相关规范及检测结果分三个方面进行计算评定。

(1) 限制应力

限制应力需满足：

$$\sigma_d < Z_1 \sigma_1 \tag{3-33}$$

式中：σ_d——计入活载影响修正系数的截面应力计算值；
  σ_1——应力限值。

(2) 荷载作用下的变形

荷载作用的变形需满足：

$$f_{d_1} < Z_1 f_L \tag{3-34}$$

式中：f_{d_1}——计入活载影响修正系数的荷载变形计算值；
  f_L——变形限值。

(3) 各类荷载组合作用下裂缝宽度

各类荷载组合作用下裂缝宽度应满足：

$$\delta_d < Z_1 \delta_L \tag{3-35}$$

式中：δ_d——计入活载影响修正系数的短期荷载变形计算值；
　　　δ_L——变位限值。

3）分项检算系数确定

圬工与配筋混凝土桥梁，应综合考虑桥梁结构或构件表观缺损状况、材质强度和桥梁结构自振频率等的检测评定结果，按下列规定确定承载能力检算系数 Z_1：

(1)按下式计算确定结构或构件承载能力检算系数评定标度。

$$D = \sum D_j \times \alpha_j \tag{3-36}$$

式中：D_j——结构或构件某检测指标的评定标度值；
　　　α_j——某项检测指标的权重值。具体见表3-28。

承载能力检算系数检测指标权重值　　　　　　　　　　　　表3-28

检测指标名称	缺损状况	材质强度	自振频率
权重	0.4	0.3	0.3

(2)Z_1应综合考虑桥梁结构或构件表观缺损状况、材质强度和桥梁结构自振频率等检测评定结果，按表3-29确定承载能力检算系数 Z_1。

圬工及配筋混凝土桥梁的承载能力检算系数 Z_1 值　　　　　　　　　　表3-29

承载能力检算系数评定标度 D	受弯	轴心受压	轴心受拉	偏心受压	偏心受拉	受扭	局部承压
1	1.15	1.20	1.05	1.15	1.15	1.10	1.15
2	1.10	1.15	1.00	1.10	1.10	1.05	1.10
3	1.00	1.05	0.95	1.00	1.00	0.95	1.00
4	0.90	0.95	0.85	0.90	0.90	0.85	0.90
5	0.80	0.85	0.75	0.80	0.80	0.75	0.80

(3)配筋混凝土桥梁承载能力恶化系数 ξ_e 应按下列规定确定：

①依据检测结果，按表3-30的规定确定构件恶化状况评定标度 E。

配筋混凝土桥梁结构或构件恶化状况评定标度　　　　　　　　　　表3-30

序号	检测指标	权重 α_j	综合评定方法
1	缺损状况	0.32	
2	钢筋锈蚀电位	0.11	
3	混凝土电阻率	0.05	恶化状况评定标度 E 按下式计算： $E = \sum E_j \times \alpha_j$ 式中：$\sum E_j$——结构或构件某项检测评定指标的评定标度； 　　　α_j——某项检测评定指标的权重。
4	混凝土碳化状况	0.20	
5	钢筋保护层厚度	0.12	
6	氯离子含量	0.15	
7	混凝土强度	0.05	

②根据恶化状况评定标度及桥梁所处的环境条件，按表3-31确定配筋混凝土桥梁的承载能力恶化系数 ξ_e。

配筋混凝土桥梁的承载能力恶化系数 ξ_e　　　　表 3-31

恶化状况评定标度	环境条件			
	干燥 不冻 无侵蚀	干、湿交替不冻 无侵蚀性介质	干、湿交替冻 无侵蚀性介质	干、湿交替冻 有侵蚀性介质
1	0.00	0.02	0.05	0.06
2	0.02	0.04	0.07	0.08
3	0.05	0.07	0.10	0.12
4	0.10	0.12	0.14	0.18
5	0.15	0.17	0.20	0.25

(4)圬工与配筋混凝土桥梁结构或构件的截面折减系数,应按以下规定确定:

截面折减系数 ξ_c 是依据结构或构件截面损伤的综合评定标度 R 确定的,其中 $R = \sum R_j \times \alpha_j$。而截面损伤的综合评定标度又与材料风化、碳化、物理与化学损伤三项检测指标有关。

依据截面损伤的综合评定标度按表 3-32 和表 3-33 确定截面折减系数 ξ_c 和物理与化学损伤评定标准。

截面折减系数　　　　表 3-32

评定标度	材料风化状况	性状描述
1	微风化	手搓构件表面,无砂粒滚动摩擦的感觉,手掌上粘有构件材料粉末,无砂粒。构件表面直观较光洁
2	弱风化	手搓构件表面,有砂粒滚动摩擦的感觉,手掌上附着物大多为构件材料粉末,砂粒较少。构件表面砂粒附着不明显或略显粗糙
3	中度风化	手搓构件表面,有较强的砂粒滚动摩擦的感觉或粗糙感,手掌上附着物大多为砂粒,粉末较少。构件表面明显可见砂粒附着或明显粗糙
4	较强风化	手搓构件表面,有强烈的砂粒滚动摩擦的感觉或粗糙感,手掌上附着物基本为砂粒,粉末很少。构件表面可见大量砂粒附着或有轻微剥落
5	严重风化	构件表面可见大量砂粒附着,且构件部分表层剥离或混凝土已露粗集料

圬工与配筋混凝土桥梁物理与化学损伤评定标准　　　　表 3-33

评定标度	性状描述
1	构件表面较好,局部表面有轻微剥落
2	构件表面剥落面积在 5% 以内,或损伤最大深度与截面损伤发生部位构件最小尺寸之比小于 0.02
3	构件表面剥落面积在 5%~10% 以内,或损伤最大深度与截面损伤发生部位构件最小尺寸之比小于 0.04
4	构件表面剥落面积在 10%~15% 以内,或损伤最大深度与截面损伤发生部位构件最小尺寸之比小于 0.10
5	构件表面剥落面积在 15%~20% 以内,或损伤最大深度和截面损伤发生部位构件最小尺寸之比大于 0.10

(5)配筋混凝土结构中,发生腐蚀的钢筋截面折减系数 ξ_s,宜按表3-34确定。

配筋混凝土钢筋截面折减系数 ξ_s　　　　表3-34

评定标度	性状描述	截面折减系数
1	沿钢筋出现裂缝,宽度小于限值	(0.98,1.00]
2	沿钢筋出现裂缝,宽度大于限值,或钢筋锈蚀引起混凝土发生离层	(0.95,0.98]
3	钢筋锈蚀引起混凝土剥落,钢筋外露,表面有膨胀薄锈层或坑蚀	(0.90,0.95]
4	钢筋锈蚀引起混凝土剥落,钢筋外露,表面膨胀性锈层显著,钢筋断面损失在10%以内	(0.80,0.95]
5	钢筋锈蚀引起混凝土剥落钢筋外露,出现锈蚀剥落,钢筋断面损失在10%以上	≤0.80

(6)依据实际调查的典型代表交通量、大吨位车辆混入率和轴荷分布情况,可按下式确定活载影响修正系数:

$$\xi_q = \sqrt[3]{\xi_{q1}\xi_{q2}\xi_{q3}} \tag{3-37}$$

式中:ξ_q——活载影响修正系数;

ξ_{q1}——对应于交通量的活载影响修正系数,取 1.00~1.35,见表3-35;

ξ_{q2}——对应于大吨位车辆混入率的活载影响修正系数,取 1.00~1.35;

ξ_{q3}——对应于轴荷分布的活载影响修正系数,取 1.00~1.40。

交通量影响修正系数　　　　表3-35

$\dfrac{Q_m}{Q_d}$	ξ_{q1}	$\dfrac{Q_m}{Q_d}$	ξ_{q1}
$1 < \dfrac{Q_m}{Q_d} \leq 1.3$	[1.0,1.05)	$1.7 < \dfrac{Q_m}{Q_d} \leq 2.0$	[1.10,1.20)
$1.3 < \dfrac{Q_m}{Q_d} \leq 1.7$	[1.05,1.10)	$2.0 < \dfrac{Q_m}{Q_d}$	[1.20,1.35]

注:见《公路桥梁承载能力检测评定规程》(JTG/T J21—2011)中的表7.7.7-1。

工程案例

某桥梁平面位于 $R=5600$m 右偏圆曲线上,纵面位于 $R=30000$m 的凸形竖曲线上,采用弯桥折做,背墙线与梁端线平行。本桥上部结构采用一联 10×30m 预应力混凝土箱形连续刚构,下部构造桥墩采用方柱式墩,钻孔灌注桩基础,桥台为柱式桥台,钻孔灌注桩基础,桩基均为摩擦桩、钻孔灌注桩基础,桩基均为摩擦桩,桥台桩基单桩桩顶反力为2500kN,桥墩7号墩单桩桩顶反力为4200kN,其余桥墩单桩桩顶反力为4500kN。

桥面净宽为2—净11.5m;桥面宽度为 2×12.75m,桥面铺装为6cm厚、40号水泥混凝土调平层+三涂FYT-1改进型防水层+9cm厚沥青混凝土。上部预应力箱梁采用C50混凝土,下部墩柱、桥台采用C30混凝土,桩基采用C25混凝土,钢筋采用Ⅰ和Ⅱ级钢,橡胶支座。桥梁设计荷载为汽车超—20级,挂车—120级。桥梁照片见图3-41、图3-42。

图3-41 某大桥正面照片

图3-42 某大桥立面照片

根据缺损状况、材质状况、状态参数评定承载能力如下：

1）承载能力评定参数确定

(1) 承载能力验算系数 Z_1 值确定

根据缺损状况、材质状况、自振频率等确定承载能力验算系数标度 D 值，根据 D 值确定承载能力验算系数 Z_1 值，见表3-36。

某桥梁承载能力验算系数 Z_1 值计算表　　表3-36

序号	检测指标名称	检测指标标度 D_j	权重 α_j	标度 D 值 ($D = \sum D_j \times \alpha_j$)	Z_1
1	缺损状况	3	0.4	3.0	1.00
2	材质强度	5	0.3		
3	自振频率	1	0.3		

(2) 承载能力验算恶化系数 ζ_e 确定

根据缺损状况、钢筋锈蚀电位等确定构件恶化状况评定标度 E 值，根据 E 值确定承载能力验算恶化系数 ζ_e 值见表3-37。

某桥承载能力验算恶化系数 ζ_e 值计算表　　表3-37

序号	检测指标名称	检测指标标度 E_j	权重 α_j	标度 E 值 ($E = \sum E_j \times \alpha_j$)	ξ_e
1	缺损状况	3	0.32	2.54	0.0862
2	钢筋锈蚀电位	3	0.11		
3	混凝土电阻率	1	0.05		
4	混凝土碳化状况	1	0.20		
5	钢筋保护层厚度	5	0.12		
6	氯离子含量	1	0.15		
7	混凝土强度	5	0.05		

(3) 混凝土桥梁截面折减系数 ξ_c 确定

桥梁上部构件梁板表面，手搓构件表面时无滚动摩擦感觉，手掌上无构件材料粉末，构件表面光洁，材料风化标度评定为1；碳化评定标度为1；构件表面较好，无剥落，物理化学损伤评定标度为1（表3-38）。

某桥截面折减系数 ξ_c 值计算表　　　　　　　表3-38

序号	检测指标名称	检测指标标度 R_j	权 重 α_j	标度 R 值 ($R=\sum R_j \times \alpha_j$)	ξ_c
1	材料风化	1	0.1	1	1.00
2	混凝土碳化	1	0.35		
3	物理与化学损伤	1	0.55		

(4) 混凝土桥梁钢筋截面折减系数 ζ_s 确定（表3-39）

某桥钢筋截面折减系数 ξ_s 值计算表　　　　　　　表3-39

评定标度	性状描述	ξ_s
1	沿钢筋出现裂缝，宽度小于限值	1.00

(5) 活载影响修正系数 ζ_q 确定

根据交通流量统计：$Q_m/Q_d = 7793/39165 = 0.20$，$\alpha = 1660/7793 = 0.21$，计算活载影响修正系数 $\zeta_q = 1.0$，统计结果见表3-40。

桥梁交通流统计表　　　　　　　表3-40

月份	平均日交通量（辆/d）					
	当量数合计	自然数合计	小型车	中型车	大型车	特大型车
1	8707	3284	1363	67	115	1739
2	4442	1675	695	34	59	887
3	10229	3858	1601	79	135	2043

注：当量交通量 $Q_m = 7793$ 辆/d，大吨位车辆均值 1660 辆/d。

2) 承载能力验算

(1) 计算参数

① 材料参数。

主梁混凝土和钢筋材料计算参数指标分别见表3-41和表3-42。

混凝土主要指标　　　　　　　表3-41

强度等级	弹性模量（MPa）	重度（kN/m³）	轴心抗压设计强度（MPa）	抗拉设计强度（MPa）	轴心抗压标准强度（MPa）	抗拉标准强度（MPa）
C50	3.45×10^4	26	22.4	1.83	32.4	2.56

钢筋主要指标　　　　　　　表3-42

钢筋种类	抗拉设计强度（MPa）	抗压设计强度（MPa）	标准强度（MPa）	弹性模量（MPa）
R235	195	195	235	2.1×10^5
HRB335	280	280	335	2.0×10^5

② 验算荷载。

a. 自重采用 $26 kN/m^3$ 重度计算。

b. 桥面铺装6cm C50混凝土+9cm沥青混凝土作为荷载作用于预制梁板，桥面铺装中梁荷载：$0.06 \times 1 \times 3.15 \times 26 + 0.09 \times 1 \times 3.15 \times 24 = 11.72 (kN/m)$。

桥面铺装边梁荷载：$0.06 \times 1 \times 3.225 \times 26 + 0.09 \times 1 \times 3.225 \times 24 = 12.00 (kN/m)$。

c. 内侧护栏基座重力:$0.75 \times 0.30 \times 1 \times 26 = 5.85$(kN/m)。外侧防撞护栏重力采用 9.28kN/m。

d. 中梁湿接缝荷载:$0.75 \times 0.18 \times 1 \times 26 = 3.51$(kN/m)。边梁湿接缝荷载:$0.375 \times 0.18 \times 1 \times 26 = 1.755$(kN/m)。

e. 活载:汽车超—20级、挂车—120级,正弯矩冲击系数计算频率$f_1 = 3.04$Hz。

f. 主梁温度梯度:按当时施行的《公路桥涵设计通用规范》(JTJ 021—89)取值。

g. 验算系数:$Z_1 = 1.00$, $\xi_e = 0.0862$, $\xi_c = 1.000$, $\xi_s = 1.000$, $\xi_q = 1.000$。

h. 荷载组合:按照当时施行的《公路桥涵通用设计规范》(JTJ 021—89)进行荷载组合计算,安全等级为一级。

i. 相对湿度55%;墩台不均匀沉降6mm,管道摩擦系数0.25;管道偏差系数0.0015;预应力松弛系数0.3;钢筋回缩和锚具变形6mm。

③计算模型。

根据桥梁竣工图,中梁跨中截面预制箱梁底板纵向布置11ϕ22,顶板布置15ϕ10、35ϕ8;边梁跨中截面预制箱梁底板纵向布置11ϕ22,顶板布置17ϕ10、37ϕ8;中梁支点截面顶板布置54ϕ16、35ϕ8;边梁支点截面顶板布置62ϕ16、37ϕ8;预制梁支点两侧2.62m范围内布置4ϕ8、间距100mm箍筋,其他区段布置4ϕ10、间距200mm箍筋,钢筋均采用R235。计算采用midas Civil 2012建立梁单元计算,桥梁结构离散图见图3-43,桥梁支点、跨中截面预应力钢绞线布置见图3-44。

图3-43 桥梁结构离散图

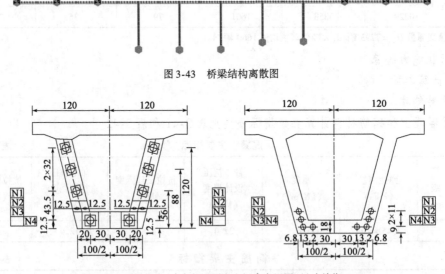

图3-44 桥梁支点、跨中截面预应力钢束布置图(尺寸单位:cm)

通过有限元软件计算,对结构建模,设置材料参数,输入验算荷载,对折减前荷载进行计算,对承载能力极限状况下正截面抗弯承载能力和斜截面抗剪承载能力进行验算(具体计算数据略),以及正常使用极限状态正截面抗裂验算和斜截面抗裂验算(具体计算数据略)。再根据《评定规程》,进行折减后荷载计算,由检测评定得到桥梁的检算系数$Z_1 = 1.00$,承载能力恶化系数$\xi_e = 0.0862$,钢筋截面折减系数$\xi_s = 1.00$、截面折减系数$\xi_c = 1.00$,活载影响修正系数$\xi_q = 1.00$,依据$\gamma_0 S \leqslant R(f_d, \xi_c a_{dc}, \xi_s a_{ds}) Z_1 (1 - \xi_e)$,最终折减系数为0.9138,经计算,抗力值与效应的比值乘以折减系数后均大于1,故折减后计算结果满足要求。

二、基于荷载试验的承载能力评定方法

1. 荷载试验目的与基本要求

(1)桥梁荷载试验是对桥梁结构物进行直接加载测试的一项科学试验工作,其目的如下:
①判断桥梁结构的安全承载能力及评价桥梁的运营质量;
②验证桥梁结构的设计理论与计算方法;
③掌握桥梁结构的工作性能,判断桥梁结构的实际承载能力。

(2)桥梁荷载试验的任务是根据试验目的和要求来确定的。一般来说,桥梁荷载试验的主要任务包括以下内容:
①确定桥梁结构的承载能力及运营条件;
②分析桥梁病害原因及其变化规律(通过桥梁荷载试验进行综合分析研究,提出合理的整治方案和养护措施);
③检验桥梁结构的内在质量(对新型桥梁或加固、改建桥梁进行竣工验收鉴定)。

(3)新建桥梁和进行了加宽或改建后的桥梁,可通过荷载试验来检验桥梁结构的正常使用和承载能力是否符合设计要求。

(4)对在用桥梁,当桥梁作用效应与抗力效应的比值在 1.0~1.2 之间时,应通过荷载试验评定承载能力。存在下列情况之一时,及时进行荷载试验:
①技术状况等级为 4 类、5 类;
②拟提高荷载等级;
③需要通过特殊重型车辆荷载;
④遭受过重大自然灾害或意外事件;
⑤采用其他方法难以准确判断其能否承受预定荷载。

(5)一般情况下,桥梁荷载试验应按 3 个阶段进行,即计划与准备阶段、现场实施阶段、试验结果分析评定阶段。
①计划与准备阶段的工作是顺利进行桥梁荷载试验的必要条件。计划与准备阶段的工作内容如下。

a. 收集、研究试验桥梁的有关技术文件。
a)设计资料:设计图纸、变更设计图纸和其他原始资料。
b)施工和监理资料:材料性能试验报告、各分项或分部工程验收报告等。
c)施工监控资料:施工监控报告、成桥线形、内力等。
d)竣工资料:竣工图纸、工程验收报告等。

b. 考察试验桥梁的现状和试验的环境条件。
考察桥上和两端线路技术状况、线路容许车速、桥下净空、水深和通航情况等,并了解试验车辆称重地点等。

c. 桥梁结构基本参数确定。
对桥梁结构的总体尺寸、主要构件截面尺寸、主要部位的高程、支座位置及功能、结构物的裂缝、缺陷、损坏和钢筋锈蚀状况等进行详细检查。

d. 拟定试验方案及试验程序。
根据桥梁最不利设计荷载作用下内力、变形的理论计算结果,并结合测试内容,按等效原

则拟定试验荷载大小、加载位置,制订试验加载方案。

　　e.确定试验组织及人员组成,测试系统的构成,仪器的组配及标定,必要的器材准备等。

②现场实施阶段工作内容包括:

　　a.现场准备:试验现场准备工作主要包括试验测点放样、布置、荷载组织、现场交通组织及试验测试系统安装等。

　　b.预加载试验:在正式实施加载试验前,先用试验加载设备对桥梁进行预加载试验,检验整个试验观测系统工作状况,并根据检验结果进行调试。

　　c.试验:在各项准备工作就绪的基础上,按照预定的荷载试验方案,利用拟定的加载设备进行加载,并采用人工记录或仪器自动记录方法记录各观测数据和相关资料。

　　d.过程监控:静载试验过程中应实时监测主要控制截面最大效应实测值,并与理论计算值进行现场分析比较,判断桥梁结构受力后是否正常,并确定可否进行下一级加载。

③试验结果分析评定阶段工作内容包括:

　　a.理论计算:根据荷载试验实施过程中的荷载实际布置,按照实际施加荷载数量,对桥梁结构内力、变形进行理论计算。

　　b.数据分析:对原始测试记录进行科学分析处理,综合比较,从中提取有价值的信息。

　　c.报告编制:根据理论计算和测试数据分析处理结果,对试验桥梁做出科学判断与评价,形成荷载试验报告。

（6）试验环境。

桥梁荷载试验应在桥梁处于封闭的交通状态下实施。吊桥、斜拉桥及大跨径钢管拱桥、特高墩连续刚构桥等结构刚度较小的桥梁,荷载试验时宜在3级(含3级)风以下实施。宜在气温变化较小的时段进行桥梁荷载试验。一般情况下,气温低于5℃时不宜进行荷载试验。大、中雨(雪)及大雾天气不宜进行桥梁荷载试验。小雨(雪)天气进行桥梁荷载试验时,应做好仪器设备及传输线路的防雨、防风措施。应避免在试验桥梁周围出现冲击、振动、强磁场等严重干扰测试效果的时段进行荷载试验。

（7）荷载试验包括静力荷载试验和动力荷载试验。

①静力荷载试验通过在桥梁结构上施加与设计荷载或使用荷载基本相当的静态外加荷载,利用检测仪器测试桥梁结构控制部位与控制截面的力学效应,从而评定桥梁承载能力。

②动力荷载试验通过测试结构或构件在动荷载激振和脉动荷载作用下的受迫振动特性和自振特性,以分析判断结构的动力特性。

2.测试设备及技术要求

1）静载试验仪器技术要求

桥梁静载试验时需测结构的反力、应变、位移、倾角、裂缝等物理量。静载试验前应首先对测试值进行理论分析,预估仪器的精度与量测范围,从而选择适当的仪器进行量测。测试仪器按其工作原理可分为机械测试仪器、电测仪器、光测仪器等。常用仪器有百分表、千分表、位移计、应变仪、应变计(应变片)、精密水准仪、经纬仪、倾角仪、刻度放大镜等。

（1）应变采集装置。

①电阻应变片的布置:试验仪器、仪表的安装人员应具有一定的经验。应要根据现场温度,湿度等条件选择贴片及防潮工艺,尽量选用与观测应变部位相同的材料而设补偿片。补偿片应尽量靠近工作片位置。配置相应的应变测试分析系统。

应变传感器安装位置和方法说明如下:

a. 放样:把方案上的测点布置到桥上,在准备粘贴应变计测点上,预画定位线,定准位置和方向(对应变花尤其重要)。

b. 粘贴应变片:包括对试件表面的前处理、贴片、焊接等。应注意,钢筋混凝土受拉区应变测计需(凿去保护层混凝土)粘贴在钢筋上,全预应力混凝土构件可直接在混凝土表面贴应变片。

c. 检查绝缘度:对钢筋测点和混凝土测点绝缘电阻的最低要求为200MΩ,绝缘度不合要求者应采取适当措施,必要时铲除重贴。

d. 敷设测量导线:把所有编号导线与对应测点一一焊好,另一端拉到测站位置,绑好捆牢;测量导线的长短与测站的设立位置有关,所以测站设置时要尽可能考虑优化(尽量不用过长导线)。

e. 全部测点接线完成之后,调试仪器,逐点检查,对质量不好的测点,要查出原因予以修整,必要时重新贴片。

测试设备安装完毕后,一般在加载试验之前应对各测点进行一段时间的稳定观测。中间可每隔10min读数一次,观测时间应尽量选择与加载试验相同的气候条件或选择加载试验前夕。这一观测成果用于衡量加载试验时外界气候条件对观测造成的误差影响范围,或用于测点的温度影响修正。

②振弦式应变计:表面应变计安装定位后,应及时量测仪器初值,根据仪器编号和设计编号做好记录并存档。需配置专用振弦读数仪。

③光纤光栅应变计:光纤光栅应变计应与专用底座配套使用,采用特制的紧固螺钉将底座固定在混凝土表面,荷载试验结束后可拆卸重复使用。须配置铠装光缆及光纤光栅解调仪。

(2)变形测试的方法与设备。

①变形测量可采用机械式仪器和基于电(声、光)原理的测试仪器。机械式测试设备是指各种用于非电量测试的仪表、器具或设备;用于变形测量的主要有千分表、百分表、连通管等;用于变形测量的电(声、光)测试仪器主要有电测变形计、水准仪、经纬仪、全站仪、测距仪,其特点为精度较高、更新快、量程也比较大。

②桥梁测试中使用千分表、百分表和挠度计进行变形测量。这类仪表可直接测读变形值。其类型有机械式和电测式。

③连通管可用来测量桥梁结构挠度。连通管的优点为可靠、易行,缺点为精度较低。在跨度超过50m的大桥时,可以采用。若要实现数据的自动采集需配置相应的测试仪表。

④高精度全站仪和精密水准仪为适合桥梁变形测试的光学(光电)测试设备。

⑤利用卫星定位系统进行变形测试,可有效提高测试精度。为了提高测量精度,需采取以载波相位观测值为根据的实时差分技术,载波相位差分(RTK)定位技术与传统的定位方法相比精度高且均匀,可以提高外业工作效率,实现全天候测量。

(3)裂缝的长度、分布和走向可通过观测得到。

裂缝宽度可通过刻度放大镜、裂缝计及裂缝宽度探测仪得到,裂缝深度可通过超声脉冲法及相应测试设备得到,裂缝的走向可通过肉眼观察识别。

(4)倾角量测可采用各类型倾角仪。

2）动载试验仪器技术要求

（1）实桥动载试验一般采用移动车辆荷载进行加载。加载的基本方式有：车辆以不同车速（10km/h、20km/h……）。按指定车道匀速行驶过桥，车辆以不同车速按指定车道行驶并跨越指定断面上模拟桥面不平障碍物，车辆以一定车速按指定车道行驶至指定断面紧急制动等。根据测试需要加载车辆可以是单辆车，也可以是两辆车或多辆车。两辆车或多辆车加载时应注意车辆之间的配合。

（2）动变形采用变形传感器和测量放大器，或光电变形测量仪等进行测试。

（3）动应变可采用电阻应变计和动态应变仪，或光纤应变计和调制解调器等进行测试。

工程案例

某桥梁荷载试验主要检测仪器设备及部分试验仪器设备照片。分别见表3-43、图3-45。

投入的主要检测仪器设备表　　　　　　表3-43

	仪器设备名称	规格型号	精度	用途	数量	检定有效期	设备编号
计算分析	midas Civil 分析建模	高级版	—	理论计算	1套	—	
	midas FEA 分析建模	高级版	—	理论计算	1套	—	
	桥梁博士分析软件			理论计算	1套		
静载仪器设备	DH3815N 应变采集系统	DH3815N	—	应变采集	1套	2016.1.20	
	振弦式自动采集系统	BGK-MICRO-40	—	应变采集	1套	2017.2.8	
	应变片			应变采集	30支		
	DSZ2+FS1 精密水准仪	DSZ2+FS1	0.1mm	挠度测量	2台	2016.7.14 / 2016.2.8	
	振弦读数仪	BGK-408	0.1Hz	应变采集	1台	2016.6.11	
	振弦应变计	BGK-408	0.1Hz	应变采集	100支	2016.6.11	
	位移传感器	YHD-100	0.01mm	位移采集	1个	2017.6.22	
	位移传感器	YHD-50	0.01mm	位移采集	1个	2017.6.22	
	标定架，万向夹头	BD-25VG	—	固定	1个	—	
	裂缝宽度观测仪	SW-LW-101	0.01mm	裂缝观测	1台	2017.6.15	
动载仪器设备	DH5907 桥梁模态测试系统	DH5907	—	模态采集	1套	2016.4.18	
	桥梁挠度检测仪	BJQN-4D	0.1mm	挠度测量	1套	2016.9.17	
辅助设备	桥梁检测车	ABC200/L(BARIN)		桥梁检测	1辆		
	桥梁检测车	徐工		桥梁检测	1辆		
	高倍望远镜			观测	2台		
	50m、30m 钢卷尺			尺寸测量	2把	2016.6.15	
	3m、5m 钢卷尺			尺寸测量	2把	2016.6.15	
	激光测距仪	leica DISTO D3		距离测量	1台		
	对讲机			通话	8台		
加载设备	加载汽车	后八轮	±5%	车辆加载	6辆		

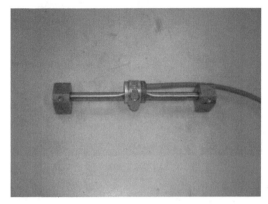

a) BGEOKON(BGK4000型)振弦式应变计

b) BGEOKON(BGK-408型)应变读数仪

c) BGEOKON(BGK-MICRO-40型)振弦采集系统

d) DSZ2+FS1精密水准仪

e) DH3815N分布式静态应变测试系统

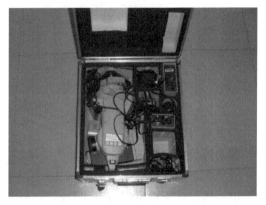

f) 桥梁挠度检测仪

图 3-45

g) DH-5907桥梁模态振动测试系统

h) 桥梁检测车

图 3-45　部分试验仪器设备照片

3. 桥梁静载试验

1) 概况

桥梁结构试验是对桥梁结构物工作状态进行直接测试的一种试验鉴定手段,而静载试验是鉴定桥梁成桥质量和评估结构承载力等试验检测中最基础的内容,大量的桥梁荷载试验往往都以静载为主进行,其是一种主要的测试方法。桥梁静载试验(图3-46)是指以缓慢速度行驶到桥上的指定荷重级别的车辆荷载,静止作用在桥梁上的指定位置而测试结构的静应变、静位移及其他试验项目,来确定其承载能力和使用性能,并由此确定限载方案或加固改造方案。当试验现场条件受到限制时,有时也以施加荷重(如堆置铸铁块、水箱、水泥、预制块件等)或者以液压千斤顶等方式来模拟某一等级的车辆荷载。

图 3-46　桥梁静载试验

2) 试验方案设计

桥梁静载试验资源请扫描封面的二维码,查看资源38。

试验方案设计是桥梁结构静载试验前期准备工作中最重要的环节,是指导荷载试验的行为大纲。通过分析收集到的有关资料,充分了解试验对象及试验现场的情况后,根据试验目的和客观条件,对试验的规模、形式、数量或种类拟定试验方案。试验方案的设计应包括下列内容:试验的目的和依据、试验结构的基本情况、测试截面与试验工况的确定、测试的内容、初步的荷载设计与测点布置、安全措施与试验组织、试验进度及预期的结果等。

(1) 静载试验的目的

静载试验的目的:将标准设计荷载或标准设计荷载的等效荷载施加于桥梁结构的指定位

置,对桥梁结构的应变分布、变形进行检测,以此对桥梁结构性能做出判断,从而达到检验桥梁结构的质量、判断桥梁结构实际的承载力(或确定结构容许承载能力的界限)的目的。

(2)试验结构的考查

在试验方案设计之前,对试验结构应进行实地考察和了解,具体内容如下。

①收集与试验对象有关的技术文件和资料。

a. 设计资料:设计图纸、变更设计图纸和作为设计依据的其他原始资料。

b. 施工和监理资料:材料性能试验报告、各分项或分部工程验收报告等。

c. 施工监控资料:施工监控报告、成桥线形、内力(应力)、索力(杆力)等。

d. 竣工资料:竣工图纸、工程验收报告。

e. 养管资料:常规检查、定期检查、特殊检查和加固改建等资料。

②试验对象的考察。

主要调查桥梁结构的总体尺寸、主要构件截面尺寸、主要部位的高程、桥面平整度、支座工作状况、材料的物理力学性能、结构物的裂缝、缺陷、损伤和钢筋锈蚀状况等。

③材料主要的物理力学性质的确定。

结构材料的实际强度(如钢材、混凝土的极限强度)及弹性模量是重要的物理力学性能指标,是判断试验结构的承载能力和实际工作状态的依据。因此在桥梁结构试验之前,必须通过各种方法比较准确地确定材料的主要物理力学性能指标。

(3)试验工况及测试截面

①桥梁静载试验时的荷载工况选择应反映桥梁设计的最不利受力状态,简单结构可选1~2个工况,复杂结构可适当多选几个工况,但不宜过多。表3-44~表3-47列举了常规桥梁的静载试验荷载工况及其测试控制截面,主要工况为必做工况,附加工况可视具体情况由试验检测者确定是否进行。测试最大正弯矩产生的应变时,宜同时测试该截面的位移。跨径小于10m的简支结构可只进行跨中截面试验工况。梁桥、拱桥、刚构桥及缆索承重体系桥梁试验工况及测试控制截面如表3-44~表3-47所示。

梁桥试验荷载工况及控制截面 表3-44

桥型	试 验 工 况		测 试 截 面
简支梁桥	主要工况	跨中截面主梁最大正弯矩工况	跨中截面
	附加工况	1. $l/4$ 截面主梁最大正弯矩工况; 2. 支点附近主梁最大剪力工况	1. $l/4$ 截面; 2. 梁底距支点 $h/2$ 截面内侧向上45°斜线与截面形心线相交位置
连续梁桥	主要工况	1. 主跨支点位置最大负弯矩工况; 2. 主跨跨中截面最大正弯矩工况; 3. 边跨主梁最大正弯矩工况	1. 主跨(中)支点截面; 2. 主跨最大弯矩截面; 3. 边跨最大弯矩截面
	附加工况	主跨(中)支点附近主梁最大剪力工况	梁底距(中)支点 $h/2$ 截面上45°斜线与主跨截面形心线相交位置
悬臂梁桥	主要工况	1. 墩顶支点截面最大负弯矩工况; 2. 锚固孔跨中最大正弯矩工况	1. 墩顶支点截面; 2. 锚固孔最大正弯矩截面
	附加工况	1. 墩顶支点截面最大剪力工况; 2. 挂孔跨中最大正弯矩工况; 3. 挂孔支点截面最大剪力工况	1. 梁底距(中)支点 $h/2$ 截面上45°斜线与主跨截面形心线相交位置; 2. 挂孔跨中截面; 3. 挂孔梁底距支点 $h/2$ 截面向上45°斜线与挂孔截面形心线相交位置

注:L-桥梁计算跨径;h-主梁梁高。

变截面连续梁加载工况动画请扫描封面的二维码,查看资源 39。

拱桥试验工况及测试截面 表 3-45

桥型	试验工况		测试截面
三铰拱桥	主要工况	1. 拱顶最大剪力工况; 2. 拱脚最大水平推力工况	1. 拱顶两侧 1/2 梁高截面; 2. 拱脚截面
	附加工况	1. $l/4$ 截面最大正弯矩和最大负弯矩工况; 2. $l/4$ 截面正负挠度绝对值之和最大工况	1. 主拱 $l/4$ 截面; 2. 主拱 $l/4$ 截面及 $3l/4$ 截面
两铰拱桥	主要工况	1. 拱顶最大正弯矩工况; 2. 拱脚最大水平推力工况	1. 拱顶截面; 2. 拱脚截面
	附加工况	1. $l/4$ 截面最大正弯矩和最大负弯矩工况; 2. $l/4$ 截面正负挠度绝对值之和最大工况	1. 主拱 $l/4$ 截面; 2. 主拱 $l/4$ 截面及 $3l/4$ 截面
无铰拱桥	主要工况	1. 拱顶最大正弯矩及挠度工况; 2. 拱脚最大负弯矩工况	1. 拱顶截面; 2. 拱脚截面
	附加工况	1. 拱脚最大水平推力工况; 2. $l/4$ 截面最大正弯矩和最大负弯矩工况; 3. $l/4$ 截面正负挠度绝对值之和最大工况	1. 拱脚截面; 2. 主拱 $l/4$ 截面; 3. 主拱 $l/4$ 截面及 $3l/4$ 截面

刚架桥试验工况及测试截面 表 3-46

桥型	试验工况		测试截面
T形刚构桥	主要工况	1. 墩顶截面主梁最大负弯矩工况; 2. 锚固孔主梁最大正弯矩工况	1. 墩顶截面; 2. 锚固孔主梁最大正弯矩截面
	附加工况	1. 墩顶支点附近主梁最大剪力工况; 2. 挂孔跨中截面主梁最大正弯矩工况; 3. 挂孔支点截面最大剪力工况	1. 梁底距 0 号块边缘 $h/2$ 截面向上 45°斜线与截面形心线相交位置挂孔跨中截面; 2. 挂孔梁底距支点 $h/2$ 截面向上 45°斜线与挂孔截面形心线相交位置
连续刚构桥	主要工况	1. 主跨墩顶截面主梁最大负弯矩工况; 2. 主跨跨中截面主梁最大正弯矩及挠度工况; 3. 边跨主梁最大正弯矩及挠度工况	1. 主跨墩顶截面; 2. 主跨最大正弯矩截面; 3. 边跨最大正弯矩截面
	附加工况	1. 墩顶截面最大剪力工况; 2. 墩顶纵桥向最大水平变形工况	1. 梁底距 0 号块边缘 $h/2$ 截面向上 45°斜线与截面形心线相交位置; 2. 墩顶截面

缆索承重体系桥梁试验工况及测试截面 表 3-47

桥型	试验工况		测试截面
悬索桥	主要工况	1. 加劲梁跨中最大正弯矩及挠度工况; 2. 加劲梁 $l/8$ 截面最大正弯矩工况; 3. 主塔塔顶纵桥向最大水平变形工况	1. 中跨最大弯矩截面; 2. 中跨 $l/8$ 截面; 3. 塔顶截面(变形)及塔脚最大弯矩截面
斜拉桥	附加工况	1. 主缆锚跨索股最大张力工况; 2. 加劲梁梁端最大纵向漂移工况; 3. 吊杆(索)活载张力最大增量工况	1. 主缆锚固区典型索股; 2. 加劲梁两端(水平变形); 3. 典型吊索

续上表

桥型	试验工况		测试截面
斜拉桥	主要工况	1. 主梁中孔跨中最大正弯矩及挠度工况; 2. 主梁墩顶最大负弯矩工况; 3. 主塔塔顶纵桥向最大水平变形与塔脚截面最大弯矩工况	1. 中跨最大正弯矩截面; 2. 墩顶截面; 3. 塔顶截面(变形)及塔脚最大弯矩截面
	附加工况	1. 中孔跨中附近拉索最大拉力工况; 2. 主梁最大纵向飘移工况	1. 典型拉索; 2. 加劲梁两端(水平变形)

②在确定异型桥梁和其他组合体系桥梁试验工况时,应根据荷载情况和结构主要力学特征,经计算确定试验工况及相应的测试截面(计算时除考虑弯矩、剪力、轴力等最不利受力工况外,通常还要考虑扭矩及弯矩耦合等受力工况,并关注梁端支座反力的变化)。

③加固或改建后的桥梁应根据其最终结构体系受力特点,按最不利受力的原则,结合加固或改建的具体内容、范围及改造前病害严重程度选择测试截面,确定其相应的试验工况。

当加固或改建后的桥梁有下列情况之一时,除按表3-44~表3-47确定试验工况及测试截面外,尚应按下述原则增加试验工况和测试截面:

a. 采用增大边梁截面法进行改造后的多梁式梁(板)桥,宜根据结构对称性增加横桥向的偏载工况;

b. 采用置换混凝土进行改造的桥梁,宜在混凝土置换区域内增加测试截面,并确定相应的试验工况;

c. 受力裂缝宽度超过设计规范限值且经过修补的结构构件,宜在典型裂缝位置增加测试截面,并确定相应的试验工况。

④桥梁加宽后,若新旧结构自身刚度或其边界支撑刚度存在较大差异,新旧结构的荷载横向分布及横向联系的内力对比加宽前发生明显变化的,除按表3-44~表3-47要求的试验工况和测试截面外,尚应针对新旧结构分别设置试验工况和测试截面,并增设横向联系试验工况。

⑤对于在用桥梁进行静载试验时,还应根据结构损伤的程度、部位及特征,结合计算分析成果,增加测试截面和试验工况。

(4)测试内容

①静载试验的测试内容应反映桥梁结构内力、应力(应变)、位移及裂缝最不利控制截面的力学特性,试验过程应关注可能出现的异常现象。

应力(应变)观测主要是针对测试截面的受拉和受压区,为反映截面高度方向应力分布特征或横桥向应力变化特征,可沿截面不同高度和横向不同位置均需布置相应测点,进行应力(应变)测试。

变形测试应包括主梁控制截面的挠度测试、主梁水平或横向变形测试、主塔三维坐标测试等,反映桥梁结构整体或局部的刚度特性。

试验现象观测主要是指对试验过程中结构或构件表面的开裂状况进行检查,观察有无异常的振动和响声等。除此之外还应对试验所处的环境进行观测,如环境温度等。梁桥、拱桥、刚构桥及缆索承重体系桥梁试验测试内容如表3-48~表3-51所示。

梁桥的试验测试内容　　　　　　　　表 3-48

简支梁桥	主要内容	1. 跨中截面挠度和应力（应变）； 2. 支点沉降； 3. 混凝土梁体裂缝观测
	附加内容	1. $l/4$ 截面挠度； 2. 支点斜截面应力（应变）
连续梁桥	主要内容	1. 主跨支点截面应力（应变）； 2. 主跨最大正弯矩截面应力（应变）及挠度； 3. 边跨最大正弯矩截面应力（应变）及挠度； 4. 支点沉降； 5. 混凝土梁体裂缝观测
	附加内容	支点附近斜截面应力（应变）
悬臂梁桥	主要内容	1. 墩顶支点截面应力（应变）； 2. 锚固孔最大正弯矩截面应力（应变）及挠度； 3. 悬臂端挠度； 4. 墩顶沉降； 5. 混凝土梁体裂缝观测
	附加内容	1. 墩顶附近斜截面应力（应变）； 2. 悬臂跨最大挠度； 3. 挂孔跨中截面应力（应变）； 4. 牛腿部分局部应力（应变）

拱桥的试验测试内容　　　　　　　　表 3-49

三铰拱桥	主要内容	1. $l/4$ 截面挠度和应力（应变）； 2. 墩台顶的水平变形； 3. 混凝土梁体裂缝观测
	附加内容	1. $l/8$ 截面挠度和应力（应变）； 2. 拱上建筑控制截面的变形和应力（应变）
两铰拱桥	主要内容	1. 拱顶截面应力（应变）和挠度； 2. $l/4$ 截面挠度和应力（应变）； 3. 墩台顶水平变形； 4. 混凝土梁体裂缝观测
	附加内容	1. $l/8$ 截面挠度和应力（应变）； 2. 拱上建筑控制截面的变形和应力（应变）
无铰拱桥	主要内容	1. 拱顶截面应力（应变）和挠度； 2. $l/4$ 截面挠度和应力（应变）； 3. 墩台顶水平变形； 4. 拱脚截面应力（应变）； 5. 混凝土梁体裂缝观测
	附加内容	1. $l/8$ 截面挠度和应力（应变）； 2. 拱上建筑控制截面的变形和应力（应变）

注：圬工拱桥不进行应力测试。

刚构桥的试验测试内容　　　　　　　　　表 3-50

T形刚构桥	主要内容	1. 墩顶支点截面应力(应变); 2. 锚固孔最大正弯矩截面应力(应变)及挠度; 3. 刚构墩墩身控制截面的应力(应变); 4. 混凝土梁体裂缝观测
	附加内容	1. 挂梁支点截面附近或悬臂端附近斜截面应力(应变); 2. 挂孔跨中截面应力(应变)
连续刚构桥	主要内容	1. 主跨墩顶截面主梁应力(应变); 2. 主跨最大正弯矩截面应力(应变)及挠度; 3. 边跨最大正弯矩截面应力(应变); 4. 混凝土梁体裂缝观测
	附加内容	1. 墩顶支点截面附近斜截面应力(应变); 2. 墩身控制截面应力(应变); 3. 墩顶纵桥向水平变形

缆索承重体系桥梁的试验测试内容　　　　　　　表 3-51

悬索桥	主要内容	1. 加劲梁最大正弯矩截面应力(应变)及挠度; 2. 主塔塔顶纵桥向最大水平变形与塔脚截面应力(应变); 3. 塔、梁体混凝土裂缝观测
	附加内容	1. 主缆锚跨索股最大张力增量; 2. 加劲梁梁端最大纵向漂移; 3. 吊杆(索)活载张力最大增量
斜拉桥	主要内容	1. 主梁中孔最大正弯矩截面应力(应变)及挠度; 2. 主梁墩顶支点截面应力(应变); 3. 主塔塔顶纵桥向水平变形与塔脚截面应力(应变); 4. 塔柱底截面应力(应变); 5. 混凝土梁体裂缝观测; 6. 典型拉索索力测试
	附加内容	1. 边跨最大正弯矩截面应力(应变)及挠度; 2. 加劲梁纵桥向漂移

②对悬索桥、斜拉桥及高桥梁,应进行桥塔、墩的纵桥向位移测试。必要时,尚应进行主塔塔顶三维坐标测试。悬索桥、斜拉桥应进行加劲梁的竖向挠度及水平位移测试,加劲梁水平位移测点布置在梁端。悬索桥尚应进行主缆控制截面的三维坐标测试。

③异型桥梁及组合体系桥梁试验测试内容,应根据结构的力学特征及计算成果确定。

④加固或改建后的桥梁除按表 3-48～表 3-51 规定的测试内容外,宜增加下列测试内容:

a. 粘贴板(片)材加固后的桥梁的典型结合面处,新旧结构各自的应力(应变)及新增材料的最大应力(应变);

b. 新增构件、置换构件后桥梁的典型新旧构件结合面处最大应力(应变);

c. 体外预应力法加固后桥梁的受弯构件体外预应力钢束的偏心距;

d. 新旧结构加固典型截面的结合面开裂或剥离情况。

⑤对在用桥梁进行静载试验时,除应按表 3-48～表 3-51 规定外,尚应根据结构损伤的程

度、部位及特征,结合试验目的增加测试内容。

⑥在竖向挠度测试时,应同时测试支点的竖向变位,并进行支点沉降修正。

(5)荷载设计及测点布置

静载试验应根据试验目的确定试验控制荷载。桥梁应急试验应以目标荷载作为控制荷载。

①荷载设计。

在编制指定桥梁结构静载试验的试验方案时,应根据试验结构的设计或目标荷载等级和有关规定,选择相应的汽车类型作为试验荷载。按照试验项目的要求,在试验过程中,试验荷载应停在对试验部位最不利的轮位上,加载车辆单轴荷载不应超过相关标准、规范规定。必要时,应验算桥面板等局部构件的承载能力和裂缝宽度。此外,还要确定一个加载程序来控制加荷、卸荷等荷载的循环及延续时间的安排。

②测点布置。

当测试截面确定后,应变测点布置仅与截面形状有关。为了便于试验单位实施应变测点布置,并充分反映截面的应变变化特征与规律,《公路桥梁荷载试验规程》(JTG/T J21-01—2015)按照不同构件的不同截面形式给出了应变测点布置示意和原则,从而规范应变测点的布置。

对于受弯构件,测点布置时应保证受压区及受拉区测点布置的有效性,即保证顶板、底板应变测点布置的有效性。为了反映应变沿高度方向的变化规律,应充分利用构件高度进行腹板或肋板应变测点布置。

多数情况下,当在主梁外侧布置应变测点时,顶板不具备测点布置条件,此时,应利用腹板或肋板高度,尽量贴近顶板或上翼缘板布置侧面顶缘应变测点,并在该测点与底面测点之间内插若干应变测点。

应变片的粘贴相关资源请扫描封面的二维码,查看资源40。

应变测点布置应遵循下列原则:

a. 应变测点应根据测试截面及测试内容合理布置,并应能反映桥梁结构的受力特征。

b. 单向应变测试布置应体现左右对称、上下兼顾、重点突出的原则,并应能充分反映截面高度方向的应变分布特征。单点应变花测点的布置不宜少于两组。测点布置完毕,应准确测量其位置。

c. 常见截面的应变测点布置见表3-52。结构对称时,1/2 横截面的应变测点可减少,但不宜少于2个。

应 变 测 点 布 置　　　　　　　表3-52

构件名称	主要截面类型		应变测点布置示意	备　注
混凝土主梁	板式截面	整体式实心板		1.底板测点对称布置,并不少于5个; 2.侧面测点不少于2个

续上表

构件名称	主要截面类型	应变测点布置示意	备注
混凝土主梁	板式截面	整体式空心板	1. 底板测点对称布置,并不少于5个; 2. 侧面测点不少于2个; 3. 腹板对应位置须布置测点
		装配式空心板	1. 每片底板测点不少于2个; 2. 侧面测点不少于2个
	梁式截面	钢筋混凝土T梁	1. 梁底测点为1~2个; 2. 梁侧面测点布设不少于2个; 3. 梁底面须布置钢筋上
		预应力混凝土T梁	1. 梁底测点为1~2个; 2. 梁侧面测点布设不少于2个
		I形梁	1. 梁底测点为1~2个; 2. 梁侧面测点布设不少于2个
		Ⅱ形梁	1. 梁底测点为1~2个; 2. 梁侧面测点布设不少于2个
		分离式箱梁	1. 每片梁底测点不少于2个; 2. 侧面测点不少于2个

续上表

构件名称	主要截面类型		应变测点布置示意	备注
混凝土主梁	梁式截面	整体式箱梁		1. 每箱室顶、底板不少于3个； 2. 侧面测点不少于2个； 3. 如在箱外布置，同整体式空心板布置
钢箱梁及钢混组合梁	钢箱梁	钢箱梁		1. 每箱室顶、底板测点不少于3个，两侧两个测点应贴近腹板布置； 2. 加筋肋有选择进行测点布置； 3. 每腹板测点不少于3个
	钢混组合梁	钢混组合梁		1. 纵梁顶、底板测点不少于2个； 2. 纵梁侧面测点不少于3个； 3. 混凝土下缘测点不少于5个，并对称布置
拱肋	钢筋混凝土	I形		1. 顶、底面测点不少于2个； 2. 侧面测点不少于3个
		矩形		1. 顶、底面测点不少于2个； 2. 侧面测点不少于3个
		箱形		1. 顶、底面测点不少于2个； 2. 侧面测点不少于3个

续上表

构件名称	主要截面类型		应变测点布置示意	备 注
拱肋	钢管混凝土	单肢		测点对称布置
		双肢		钢管与缀板连接处应布置测点,并准确测量其几何中心
		四肢		钢管与缀板连接处应布置测点,并准确测量其几何中心
	整体式箱(板)	整体式板		1. 顶、底面测点不少于5个,并进行对称布置; 2. 侧面测点不少于2个
		整体式箱		1. 顶、底面测点不少于5个并进行对称布置; 2. 侧面测点不少于2个; 3. 腹板对应位置须布置测点; 4. 当箱内布置测点时,同整体式箱梁
桥墩及其盖梁	桥墩	圆形		测点对称布置

续上表

构件名称	主要截面类型		应变测点布置示意	备 注
桥墩及其盖梁	桥墩	矩形		1.横桥向每侧不少于3个； 2.纵桥向每侧不少于2个
	盖梁	矩形		1.底板测点不少于3个； 2.侧面测点不少于3个
桥塔	桥塔	箱型		1.横桥向每侧不少于3个； 2.纵桥向每侧不少于3个

d.钢筋混凝土结构受弯构件承载时,通常拉区混凝土开裂,受拉区表面混凝土应变测试结果会产生失真。因此,拉区的应变测试应以钢筋应变片(计)的测试结果为准,应凿开拉区边缘混凝土保护层,露出钢筋,并布置钢筋应变片(计)。由于凿除保护层施工工艺较烦琐,且对结构造成局部损伤,因此,建议仅进行拉区边缘(最大应变形置)钢筋应变测点布置,腹板或肋板受拉区可仍布置混凝土应变作为参考,测试结果应以拉区边缘钢筋应变测试结果为准。

e.主应变(力)测试采用应变花,其测点布置如表3-53所示。

应变花测点布置示意　　　　　　　　　　表3-53

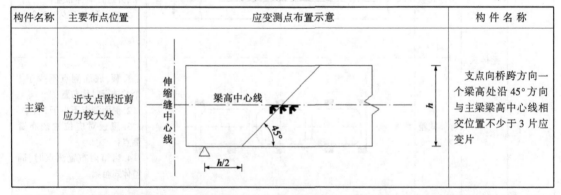

构件名称	主要布点位置	应变测点布置示意	构 件 名 称
主梁	近支点附近剪应力较大处		支点向桥跨方向一个梁高处沿45°方向与主梁梁高中心线相交位置不少于3片应变片

f.应变测试应设置补偿片,补偿片位置应处于与结构相同材质、相同环境的非受力部位。

每一测点均应编号以便于记录分析。编号应根据测点位置,按规律顺序排列,以便看到测点编号就能了解测点位置。编号应尽量简明,同时测点的布置应绘制成图表,以便查阅应用。

位移测点布置应遵循下列原则：

a.位移测点的测值应能反映结构的最大变位及其变化规律。

b. 主梁竖向位移的纵桥向测点宜布置在各工况荷载作用下挠度曲线的峰值位置。

c. 主梁水平位移测点应根据计算布置在相应的最大位移处。

d. 竖向位移测点的横向布置应充分反映桥梁横向挠度分布特征,整体式截面不宜少于3个,多梁式(分离式)截面宜逐片梁布置。常见主梁竖向位移测点的横向布置见表3-54。

常见主梁截面竖向位移测点横向布置示意　　　　表3-54

构件名称	主要截面类型	变形测点布置示意	备 注
混凝土主梁	板式截面 整体式实心板		横桥向底板不少于5个
	板式截面 整体式空心板		横桥向底板不少于2个
	板式截面 装配式空心板		每片空心板不少于1个
	梁式截面 钢筋混凝土T梁		每片梁底位置不少于1个
	梁式截面 预应力钢筋混凝土T梁		每片梁底位置不少于1个

e. 墩塔的水平位移测点布置在顶部,并根据需要设置纵、横向测点。

f. 支点沉降的测点宜靠近支座处布置。

裂缝测点应布置在开裂明显、宽度较大的部位。倾角测点宜根据需要布置在转动明显、角度较大的部位。

(6)安全措施及试验组织

①安全措施。

为了保证试验期间人员、结构物、试验荷载及仪器设备的安全,应根据有关规程及仪器使用说明,结合实际情况制订相应措施。

a. 对于现场桥梁试验,在桥高、有流水的情况下,要设置必要的脚手架或托架,搭设必要的平台,并设立安全网或扶手,要求这些临时结构坚固可靠、布置适当,以保证人身安全及试验观测的正常进行。

b. 在使用满载车辆加载时，上桥和下桥的车速要严格控制。在使用重物模拟加载时，重物要轻拿轻放，避免冲击、振动。

c. 在试验过程中，对使用的附着式仪器，应用安全绳系到固定点上，防止跌落。为了避免损坏仪器，必要时在加载到 1.25 倍标准荷载时，应取下全部接触式和附着式仪器，只用遥测仪器观测后期工作。

d. 在试验过程中，必须注意防止结构早期意外破坏，应经常检查试验结构物的状况，特别要注意缺陷部位的变化情况。

e. 试验的指挥者应及时全面掌握观测结果。对于大型现场试验，应有适当的通信网络。通过有效的联络方式及时将各测点的结果进行汇总分析。

②试验的组织。

桥梁荷载试验应由专门的桥梁试验技术人员承担，也可由熟悉这项工作的技术人员为骨干，组织试验队伍来承担。为使试验有条不紊地进行，必须建立相应的组织架构，由其组织领导整个试验工作。设指挥一人，其他人员可根据配备的仪器形式、测试项目的情况具体确定。

在试验过程中，现场工作人员都必须严格遵守纪律，服从指挥，密切配合，以保证整个试验的顺利进行。

(7) 试验预计的结果

在正式加载试验以前，应根据已确定的加载顺序和每次加载的大小，通过理论分析和计算，得出相应的计算结果，以便和同级加载时的实测数据相比较，指导试验的进行。

3) 加载方案设计

在桥梁静载试验中，试验荷载形式的选择，主要取决于试验的目的要求，同时在很大程度上也取决于现场条件与试验设备情况。因此，选择试验荷载的形式常与加载方法一起考虑。

(1) 试验荷载及加载方法

①试验荷载和加载方法的基本原则。

a. 选用的试验荷载图式与结构设计计算的荷载图式相同或极为接近。

b. 荷载传力方式及作用点要明确，产生的加荷值要稳定。

c. 荷载分级的分度值要满足试验量测精度要求，加载系统的最大荷载应留有一定的储备。

d. 加载设备要操作方便，便于加载与卸载，既能控制加载速度，又能适应同时加载或先后加载的不同要求。

e. 加载设备本身要安全可靠，不仅要满足强度要求，而且要按变形条件控制加载设备，保证加载设备有足够的刚度，使荷载加大到一定程度时不致发生变形过大或失稳现象。加载设备不应自身构成承重体系而负担一部分荷载；否则，加载设备就会起卸载作用，即减轻了试验结构实际承担的荷载。

f. 试验加载方法要力求采用现代化的先进技术，以减轻体力劳动，提高试验质量。

②荷载的称重。

加载重物的称量方法一般有体积法、称重法和综合法 3 种。

a. 体积法。在采用水箱加载时，可通过测量储水的体积来换算重力。

b. 称重法。当采用车辆加载时，可将车辆逐车称重；当采用重物直接在桥上加载时，可将重物化整为零称重，并按逐级加载要求分堆置放，以便加载取用。

c. 综合法。根据车辆出厂规格确定空车轴重，同时应考虑现有车辆的变化情况。再根据装载重物的重力及其重心，将其分配到各轴。

以上方法称重误差最大不得超过5%,最好能采取两种称重方法相互校核。

③当出现下列情况之一时,结构静载试验常采用不同于结构设计计算时的加载图式:

a. 对设计计算时采用的荷载图式的合理性产生怀疑时,可考虑在试验中采用更接近于结构实际受力情况的荷载布置方式。

b. 为了测试方便,同时又不会因荷载图式的改变而影响结构的工作性能和试验结果的分析和判断。

c. 采用等效荷载时,必须全面验算由于荷载图式的改变对结构的各种影响。采用集中荷载作为等效荷载时,还应注意结构的构造条件是否会因最大内力区域的某些变化而影响结构的承载性能。在鉴定性能试验中,若采用汽车加载,在确定某一控制截面的等效荷载时,还应注意所确定的等效荷载可能会对其他控制截面造成的"超载"影响。

④在选择试验荷载的大小和加载位置时应采用静载试验荷载效率进行控制。静载试验荷载效率是指试验荷载作用下被检测部位的内力(或变形)的计算值与包括动力扩大效应在内的标准设计荷载作用下,同一部位的内力(或变形)计算值的比值。静载试验荷载效率按下式进行计算:

$$\eta_q = \frac{S_s}{S(1+\mu)} \tag{3-38}$$

式中:S_s——静载试验荷载作用下,某一加载试验项目对应的加载控制截面内力或位移的最大效应计算值;

S——控制荷载产生的同一加载控制截面内力或位移的最不利效应计算值;

μ——按规范取用的冲击系数值;

η_q——静载试验荷载效率,一般取值0.95~1.05,当桥梁调查、验算工作比较充分时,η_q可采用低限值;当桥梁调查、验算不充分,尤其是缺乏设计计算资料时,η_q可采用高限值。一般情况下η_q值不宜小于0.95。

(2)加载程序的确定

加载应在试验指挥人员的指挥下严格按试验方案中拟定的加载程序进行。为防止意外破坏,桥梁静载试验应采用科学严密的加载程序。加载程序就是指在试验进行期间加载与时间的关系,如分级荷载的大小,加载速度的快慢,间歇的长短,加载、卸载的次数等。

①加载、卸载程序确定的原则。

a. 加载(卸载)应分级递加(递减),不宜一次完成。分级加载的目的在于较全面掌握试验桥梁实测变形、应变与荷载试验的相互关系,了解桥梁结构各阶段的工作性能,且便于观测操作。加载级数应根据试验荷载和荷载分级增量确定,可分为3~5级。当桥梁的技术资料不全时,应增加分级。重点测试桥梁在荷载作用下的响应规律时,可加密加载分级。

b. 每级荷载间应有足够的级间间歇时间。加载时间间隔应满足结构反应稳定的时间要求。应在前一级荷载阶段内结构反应相对稳定、已进行有效测试及记录后方可进行下一级荷载试验。当进行主要控制截面最大内力(变形)加载试验时,分级加载的稳定时间不应小于5min;其他结构时,不少于15min。

同一级荷载内,结构最大变形测点在最后5min内的变形增量小于第一个5min变形增量的15%,或小于测量仪器的最小分辨值时,通常认为结构变形达到相对稳定。

若因连接较弱或变形缓慢而造成测点观测值相对稳定时间增长,如结构的实测变形(或应变)值远小于计算值,一般适当延长加载稳定时间。

c. 正式加载前应采用分级加载的第一级荷载或单辆试验车作为预加载。

d. 试验过程中,应当观测结构物在加载作用后的残余变形。结构变形的恢复情况和残余变形值能有力说明结构的工作状况,因此,在桥梁结构静载试验中,必须测出它的数值。

e. 加载车辆位置应尽可能靠近测试界面内力影响线的峰值处,以便用较小车辆来产生较大的试验荷载效应,从而减少测试时间。同时,加载车辆位置应尽可能兼顾不同测试界面的试验荷载效应,以减少加载工况与测试工作量。

f. 加载、卸载过程中,应保证非控制截面内力或位移不超过控制荷载作用下的最不利值。

综上所述,在桥梁结构试验中,整个加载过程实际上往往由若干阶段组成,每个阶段可包括一个或者几个加载和卸载的循环。

变截面连续梁静载试验现场实施动画请扫描封面的二维码,查看资源41。

②现场试验应根据各工况的加载分级,对各加卸载过程结构控制点的变形(或应变)、薄弱部位的破损情况等进行观测与分析,并与理论计算值比较。当试验过程中出现下列情况之一时,应中途停止加载,查明原因,采取措施后再确定试验是否继续进行。

a. 控制测点应变值已达到或超过计算值;

b. 控制测点变形(或挠度)超过计算值;

c. 裂缝的宽度、长度或数量明显增加;

d. 实测变形分布规律异常;

e. 桥体发出异常响声或发生其他异常情况;

f. 斜拉索或吊索(杆)索力增量实测值超过计算值。

4)观测方案设计

静载试验程序可参考图3-47。

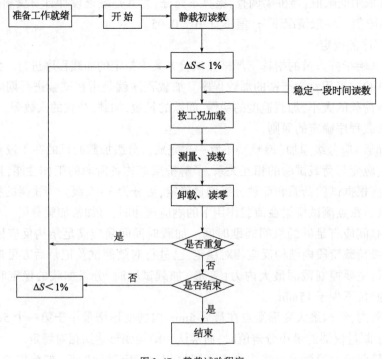

图 3-47 静载试验程序

(1)观测项目及测点布置

桥梁结构在荷载作用下所产生的变形可以分为两大类：一类变形反映结构的整体工作性能的，如梁的挠度、转角、支座位移等，称为整体变形；另一类变形反映结构的局部工作状况的，如纤维变形、裂缝、钢筋的滑动等，称为局部变形。

在确定桥梁静载试验的观测项目时，首先应考虑结构的整体变形，以概括结构受力的宏观行为；其次要针对结构的特点及存在的主要问题，抓住重点，以全面反映加载后结构的工作状态、解决桥梁的主要技术问题为宜。

桥梁结构或构件的非破坏性试验的观测项目和测点布置，必须满足分析和推断结构工作状况的最低需求。

荷载试验测试时，宜采用桥梁施工控制的有效测点；裂缝测点应布置在开裂明显、宽度较大的部位；倾角测点宜根据需要布置在转动明显、角度较大的部位。

测点布置，应按本节试验方案设计中测点布置相关内容实施。

(2)仪器仪表的选择

根据测试项目需要，在选择仪器仪表时，应遵循以下原则：

①选择仪器仪表必须从试验的实际需要出发，选用的仪器仪表应满足测试精度的要求，一般要求不大于预计测量值的5%。

②在选用仪器仪表时，既要注意环境条件，又要避免盲目追求精度，应根据实际情况，慎重选择，采用既符合要求又简易的量测装置。

③量测仪器仪表的型号、规格在同一试验中越少越好，尽可能选用同一类型或规格的仪器仪表。

④仪器仪表应当有足够的量程，以满足测试需要。试验中途的调试会增加试验的误差。

⑤尽量考虑仪器设备的便携性。因为实桥试验时装备越轻便，工作起来就越方便。

⑥所用的仪器、仪表数据采集设备都要经过计量检定。

(3)观测与记录

①温度稳定观测。

仪表安装完毕后，一般在加载试验之前对各测点进行一段时间的温度稳定观测，中间可每隔10min读数一次。观测时间应尽量选择与加载试验相同的外界气候条件或加载试验前夕。

观测成果用于衡量加载试验时外界气候条件对观测造成误差的影响范围，或用于测点的温度影响修正。

②仪表的观测与记录。

a.加载试验之前应对测试系统进行不少于15min的测试数据稳定性观测。

b.应做好测试时间、环境气温和工况等记录。宜采用自动记录系统对关键点进行实时监控。当采用人工读数记录时，读数应及时、准确。

c.人工测读千分表、百分表时，仪表的测读应准确、迅速，并记录在专用表格上，以便对试验资料整理和计算。记录者应对所有测点量测值变化情况进行检查，看其变化是否符合规律，尤其应着重检查第一次加载时量测值的变化情况。对工作异常的测点应检查仪表安装是否正确，并分析其他可能影响其正常工作的原因，及时排除故障。对于控制测点，应在故障排除后重复一次加载测试项目。

③裂缝观测。

a.加载试验中裂缝观测的重点是结构承受拉力较大部位及旧桥原有裂缝较长、较宽部位。

试验前应对既有的裂缝长度、宽度、分布及走向进行观测、记录,并将其标注在结构上;试验时应观测新裂缝的长度、宽度及既有裂缝发展状况,并描绘出结构表面裂缝分布及走向,并专门记录。

b. 开裂荷载。当构件最大拉应力区出现第一条裂缝,或应变测量仪表的读数发生跳跃时的荷载值,称为钢筋混凝土或预应力混凝土构件试验的开裂荷载。

由于构件在试验过程中,出现第一条裂缝时的荷载有时不易确定,在这种情况下,可将构件出现第一批宽度不大于 0.05mm 裂缝时的荷载,作为开裂荷载。

若试验中未能及时观察到裂缝的出现,则可参照荷载-挠度曲线,根据荷载与挠度之间的显著丧失线性条件时的情况,综合确定开裂荷载的数值。

④裂缝宽度的测定。

分正截面和斜截面两种情形,应取在受拉主筋处的最大裂缝宽度,当确定受弯构件受拉主筋处的裂缝宽度时,应在构件侧面测量。

斜截面出现裂缝后,应对裂缝发展情况进行观察,并记录各级荷载作用下裂缝出现的位置、间距、展开宽度和高度,同时绘测构件裂缝分布图。

在各级荷载下出现的裂缝或原有裂缝的开展,都要在结构上标明,在距离裂缝 1~3mm 处平行描出裂缝的走向、长度和宽度,并注明荷载吨位。试验结束时,根据结构上的裂缝,绘出裂缝开展图。

每一测区或每一个构件测定裂缝宽度的裂缝数目一般取 3~5 条。

5) 静载试验结果分析

(1) 试验资料的修正

①测值修正。

根据各类仪表的标定结果进行测试数据的修正,如考虑机械式仪表校正系数、电测仪表的率定系数与灵敏系数,以及电阻应变观测的导线电阻影响等。当这类因素对测值的影响小于 1% 时可不予修正。

②温度影响修正。

温度对测试的影响比较复杂。结构构件的各部位不同的温度变化、结构的受力特性、测试仪表或元件的温度变化、电测元件的温度敏感性与自补性等均对试精度造成一定的影响。温度影响修正一般按下式计算:

$$\Delta S_t = \Delta S - \Delta t \cdot K_t \tag{3-39}$$

式中:ΔS_t——温度修正后的测点加载测值变化量;

ΔS——温度修正前的测点加载测值变化量;

Δt——相应于 ΔS 观测时间段内的温度变化量(℃);对应变宜采用构件表面温度,对挠度宜采用气温;

K_t——空载时温度上升 1℃ 时测点测值变化量;如测值变化与温度变化关系较明显时,可采用多次观测的平均值,$K_t = \dfrac{\Delta S_1}{\Delta t_1}$;

ΔS_1——空载时某一时间区段内测点测值变化量;

Δt_1——相应于 ΔS 同一时间区段内温度变化量。

③支点沉降的影响修正。

当支点有沉降发生时,应修正其对变位值的影响,修正量 C 可按下式计算:

$$C = \frac{l-x}{l} \cdot a + \frac{x}{l} \cdot b \tag{3-40}$$

式中：C——测点的支点沉降影响修正量；
　　　l——A 支点到 B 支点的距离；
　　　x——挠度测点到 A 支点的距离；
　　　a——A 支点沉降量；
　　　b——B 支点沉降量。

④测点变位或应变计算。

测点变位或应变可按式(3-41)计算：

$$\left. \begin{array}{l} S_t = S_l - S_i \\ S_e = S_l - S_u \\ S_p = S_t - S_e = S_u - S_i \end{array} \right\} \tag{3-41}$$

式中：S_t——试验荷载作用下量测的结构总变位(或总应变)值；
　　　S_e——试验荷载作用下量测的结构弹性变位(或应变)值；
　　　S_p——试验荷载作用下量测的结构残余变位(或残余应变)；
　　　S_i——加载前的测值；
　　　S_l——加载达到稳定时的测值；
　　　S_u——卸载后达到稳定时的测值。

⑤测点的相对残余变位(或应变)可按下式计算：

$$\Delta S_p = \frac{S_p}{S_t} \times 100\% \tag{3-42}$$

式中：ΔS_p——相对残余变形(或应变)；
　　　S_p、S_t 意义同前。

⑥测点校验系数按下式计算：

$$\eta = \frac{S_e}{S_s} \tag{3-43}$$

式中：η——校验系数；
　　　S_e、S_s 的意义同前。

(2)试验曲线的绘制

试验曲线应绘制各加载工况下主要测点实测变形(或应变)与相应的理论计算值的对照表及其关系曲线，各加载工况下主要控制点的变形(或应变等)与荷载的关系曲线，以及各加载工况下控制截面变形(或应变)分布图、沿纵(横)桥向挠度图、截面应变沿高度(宽度)分布图等。

①试验结果与理论分析的比较。

为了评定桥梁结构整体受力性能，需对桥梁荷载试验结果与理论分析值进行比较，以检验新建桥梁是否达到设计荷载标准，或判断旧桥的承载能力。绘出荷载位移(P-w)曲线、荷载应变(P-s)曲线，并绘出最不利荷载工况作用下位移沿结构纵向、横向分布曲线和控制截面应变沿高度分布图。

②试验结果评定。

静载试验结果的评定主要包括四个方面:校验系数、实测值与理论值的关系曲线、截面应变分布状况、相对残余变位(或应变)。

a.校验系数。校验系数 η 包括应变(应力)校验系数及挠度校验系数,常见桥梁结构试验的应变(应力)、挠度校验系数的取值范围见表3-55。

常见桥梁校验系数取值范围 表3-55

桥梁类型	应变(或应力)校验系数	挠度校验系数
钢筋混凝土板桥	0.20~0.40	0.20~0.50
钢筋混凝土梁桥	0.40~0.80	0.50~0.90
预应力混凝土桥	0.60~0.90	0.70~1.00
圬工拱桥	0.70~1.00	0.80~1.00
钢筋混凝土拱桥	0.50~0.90	0.50~1.00
钢桥	0.75~1.00	0.75~1.00

校验系数越小,结构的安全储备越大,校验系数过大或过小应从多方面分析原因。

b.实测值与理论值的关系曲线。测点实测变形(或应变)与其理论值呈线性关系,则说明结构处于线弹性工作状况。

c.截面应变分布状况。通过分析截面应变分布图,得出桥梁的工作状态。

d.相对残余变位(或应变)。测点在控制荷载工况作用下的相对残余变位(或应变) ΔS_p 越小,说明结构越接近弹性工作状况。

桥梁静载试验报告编制相关资源请扫描封面的二维码,查看资源42、资源43、资源44、资源45、资源46。

4.桥梁动载试验

桥梁结构在移动的车辆、人群、风力和地震等动力荷载作用下会产生振动。桥梁结构的振动分析是桥梁结构分析的又一项重要内容。桥梁结构的振动问题影响因素复杂,仅靠理论分析还不能满足工程应用的需要,一般需要采用理论分析与试验测试相结合的方法解决,桥梁动载试验就成为解决该问题必不可少的手段。

桥梁动载试验(图3-48)是利用某种激振方法激起桥梁结构的振动,测定桥梁结构的固有频率、阻尼比、动力冲击系数、动力响应(加速度、动挠度)等动态参量的试验项目,从而宏观判断桥梁结构的整体刚度与运营性能。

桥梁的动载试验可以划分为三类基本问题:

一是测定动荷载的动力特性,即引起桥梁结构产生振动的作用力数值、方向、频率和作用规律。

二是测定桥梁结构的动力特性,即桥梁结构或构件的自振频率、阻尼比、振型等桥梁结构模态参数。

三是测定桥梁结构在动荷载作用下的强迫振动响应,即桥梁结构动位移、动应力、冲击系数。

图3-48 动载试验测试

1) 动载试验分类

包括自振特性试验、动力响应测试和行车激振试验。

(1) 自振特性试验

自振法的特点是使桥梁产生有阻尼的自由衰减振动,记录到的振动图形是桥梁的衰减振动曲线。为使桥梁产生自由振动,一般常用突加荷载和突卸荷载两种方法。

(2) 动力响应测试

动力响应测试应包括动挠度、动应变、振动加速度或速度。动力荷载试验一般主要通过跑车试验(图 3-49)、跳车试验、制动试验和脉动试验来进行,下面主要介绍制动试验和脉动试验。

图 3-49 跑车试验

①制动试验:车速宜取 30～50km/h,制动部位应为跨中等动态效应较大的位置。对于漂浮体系桥梁,应测试主梁纵向变形等项目。

②脉动试验:使用高灵敏度的传感器和放大器测量结构在环境振动作用下的振动,然后对其进行谱分析,求出结构自振特性。

(3) 行车激振试验

激振试验包括桥面无障碍行车试验和桥面有障碍行车试验,主要在受力构件结构的 $L/2$ 截面、$L/4$ 截面进行试验。

①桥面无障碍行车试验:行车速度根据实际情况可取 5～80km/h,期间车速可大致均匀。车辆驶入桥跨后应尽量保持车速恒定,可采用测速仪或由实测时程信号在特征部位的起讫时间确定实际车速。每个车速工况应进行 2～3 次重复试验。

②桥面有障碍行车试验:可参照图 3-50 所示的弓形障碍物模拟桥面坑洼进行行车试验,车速可取 10～20km/h,障碍物宜布置在跨中等结构冲击效应显著部位。

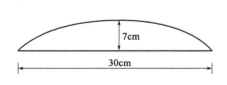 

图 3-50 弓形障碍物横断面示意图

动载试验仪器采用 DH5920 动态测试分析系统及 BJQN-5A 桥梁挠度仪,分别如图 3-51、图 3-52 所示。

图 3-51　DH5920 动态测试分析系统

图 3-52　BJQN-5A 桥梁挠度仪

(4)动载试验流程(图 3-53)

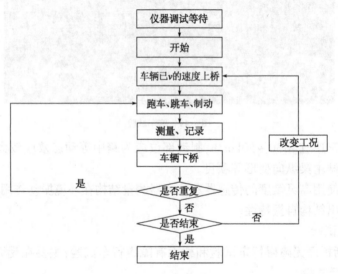

图 3-53　动载试验流程

2)测试内容与测点布置

桥梁动载试验的测试截面应根据桥梁结构振型特征和行车动力响应最大的原则确定。一般可根据桥梁结构规模按跨径 8 等分或 16 等分简化布置。如遇桥塔或高墩,尽可能按高度 3~4 等分布置。

简单结构宜选择跨中 1 个测试截面,复杂结构应适当增加测试截面,但不宜过多。用于冲击效应分析的动挠度测点每个截面至少 1 个,采用动应变评价冲击效应时,每个截面在结构最大活载效应部位的测点数不宜少于 2 个。

常见的简支梁桥及连续梁桥的测试截面见表 3-56。

常见的简支梁桥及连续梁桥的测试截面　　　　　表 3-56

前 n 阶模态阶数	最少需要传感器数	测点布设位置(L 为桥梁跨径)
1	1	$L/2$
2	2	$L/4,3L/4$

前 n 阶模态阶数	最少需要传感器数	测点布设位置（L 为桥梁跨径）
3	3	$L/6, L/2, L/4$
4	4	$L/8, 3L/8, 5L/8, 7L/8$
5	5	$L/10, 3L/10, L/2, 7L/10, 9L/10$

拾振器的布置应按照结构振型形状，在变位较大的部位布置测点，尽可能避开各阶振型的节点，以免丢失模态。

常见桥梁的前几阶振型如图 3-54 所示。动载试验应变测点的布置与静载试验静应变测点的布置原则相同。

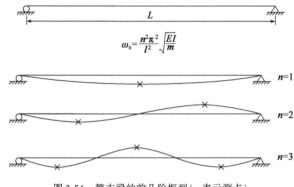

图 3-54 简支梁的前几阶振型（x 表示测点）

3）动载试验方法结果分析

动载试验结果分析主要包括以下三个方面：自振频率分析、阻尼参数分析、冲击系数分析。

（1）自振频率分析

结构自振频率可采用频谱分析法、波形分析法或模态分析法得到。自振频率宜取用多次试验、不同分析方法的结果相互验证。单次试验的实测值与均值的偏差不应大于 ±3%。

①波形分析法适用于单一频率自振信号。

②频谱分析法可用于确定自振信号的各阶频率。用于分析的数据块中不得包含强迫振动成分。

③频谱分析法采用跳车激振法时，对于跨径小于 20m 的桥梁应按下式对实测结构自振频率进行修正：

$$f_0 = f \sqrt{\frac{M_0 + M}{M_0}} \tag{3-44}$$

式中：f_0——结构的自振频率；

f——有附加质量影响的实测自振频率；

M_0——桥梁结构在激振处的换算质量；

M——附加质量。

④频谱分析法采用行车激振法激励时，要确定车辆驶离桥梁的准确时刻，以免将强迫振动当作自由振动进行处理，导致自振频率误判。行车激励余振起始点确定如图 3-55 所示。

（2）阻尼参数的分析

桥梁结构阻尼参数可采用波形分析法、半功率带宽法或模态分析法得到。结构阻尼参数宜取用多次试验、不同分析方法所得结果的均值,单次试验的实测结果与均值的偏差应不超过±20%。

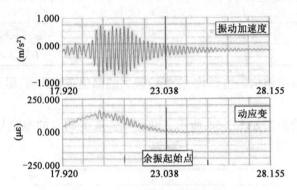

图 3-55　行车激励余振起始点确定

①波形分析法。

多阶自振信号叠加的波形(图 3-56)应首先分离为单一频率的自振信号(图 3-57),再按下式计算阻尼比:

$$D = \frac{1}{2\pi n} \ln \frac{A_i - A'_i}{A_{i+n} - A'_{i+n}} \tag{3-45}$$

式中:D——阻尼比;

　　　n——参与计算的波的个数,应不小于 3;

　　　A_i——参与计算的首波峰值;

　　　A'_i——参与计算的首波波谷值;

　　　A_{i+n}——参与计算的尾波峰值;

　　　A'_{i+n}——参与计算的尾波波谷值。

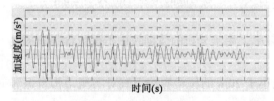

图 3-56　多阶自振信号叠加

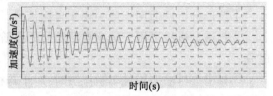

图 3-57　滤波后的一阶自振信号

波形分析法阻尼计算图例如图 3-58 所示。

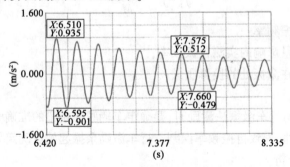

图 3-58　波形分析法阻尼计算图例

②半功率点带宽法。

在自振频谱图上对每一阶自振频率采用半功率点带宽求取阻尼参数的方法。采用此方法时频率分辨率 Δf 宜不大于1%的自振频率值,以保证插值计算的精度,按下式计算阻尼比:

$$D = \frac{n}{\omega_0} = \frac{\omega_2 - \omega_1}{2\omega_0} = \frac{f_2 - f_1}{2f_0} \tag{3-46}$$

式中:f_0——自振频率;

f_1、f_2——半功率点频率,即 0.707 倍功率谱峰值所对应的频率。

半功率点带宽法阻尼识别如图 3-59 所示。

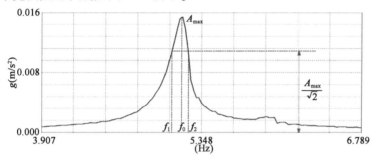

图 3-59 半功率点带宽法阻尼识别

(3)冲击系数的分析

计算冲击系数时应优先采用桥面无障碍行车下的动挠度时程曲线计算。受现场条件限制无法测定动挠度时,可采用动应变时程曲线计算冲击系数,计算方法参照图 3-60 和下式:

$$\mu = \frac{f_{\text{dmax}}}{f_{\text{jmax}}} - 1 = \frac{f_{\text{dmax}}}{\frac{f_{\text{dmax}} + f_{\text{dmin}}}{2}} - 1 = \frac{f_{\text{dmax}}}{f_{\text{dmax}} - \frac{f_{\text{p-p}}}{2}} - 1 \tag{3-47}$$

式中:f_{dmax}——最大动挠度幅值;

f_{jmax}——取波形振幅中心轨迹的顶点值,或通过低通滤波求取;

f_{dmin}——与 f_{dmax} 对应的波谷值;

$f_{\text{p-p}}$——挠度动态分量的峰-峰值。

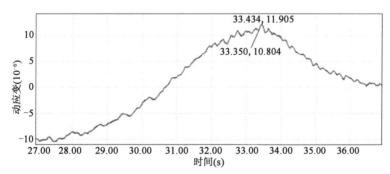

图 3-60 冲击系数计算图例

$$\mu = \frac{f_{\text{dmax}}}{\frac{f_{\text{dmax}} + f_{\text{dmin}}}{2}} - 1 = \frac{11.905}{\frac{11.905 + 10.804}{2}} - 1 = 0.048$$

4)桥梁结构动力性能评价

动载试验完成后,桥梁结构性能评价时主要考虑三个方面:

（1）比较实测自振频率与计算频率，当实测频率大于计算频率，可认为结构实际刚度大于理论刚度，反之则实际刚度偏小。

（2）比较自振频率、振型及阻尼比的实测值与计算数据或历史数据，可根据其变化规律初步判断桥梁技术状况是否发生变化。

（3）比较实测冲击系数与设计所用的冲击系数，实测值大于设计值时应分析原因。

5）试验报告的编写

（1）动载试验完成后，桥梁结构性能评价时主要考虑三个方面：

①比较实测自振频率与计算频率，当实测频率大于计算频率，可认为结构实际刚度大于理论刚度，反之则实际刚度偏小。

②比较自振频率、振型及阻尼比的实测值与计算数据或历史数据，可根据其变化规律初步判断桥梁技术状况是否发生变化。

③比较实测冲击系数与设计所用的冲击系数，实测值大于设计值时应分析原因。

（2）其他需要说明的情况如下。

①试验过程：说明具体组织桥梁静载试验的起讫日期，试验准备阶段的情况。

各项试验达到的精度：将试验中使用的各种仪器、仪表的类型、精度（最小读数）列表说明。

②试验成果与分析：依据桥梁结构动、静载试验项目，将理论计算值、实测值以及有关的参考限值进行对比。

③试验记录摘录：将试验中所得的实测控制数据以列表或以曲线的形式表达出来。

④技术结论：根据综合分析的结果得出最后的技术结论，对试验桥梁做出科学的评价。

⑤经验教训：从桥梁荷载试验的角度，针对本次试验的计划、程序、测试方法指出存在的不足并提出改进意见。

⑥图表信息：在报告的最后一般要附上有关具有代表性的图表、照片等。

模块四　桥梁缺陷修补

公路桥梁维修是为恢复桥梁技术状况而进行的功能性、结构性保养、修缮工作。公路桥梁的缺陷多种多样,依据其部位的不同,将本模块按照维修方法的不同分为公路桥梁缺陷修补、公路桥梁结构裂缝修补、桥梁附属设施维修三个单元。其中,公路桥梁缺陷修补单元中包括混凝土桥梁表层缺陷修补和公路桥梁内部缺陷维修两个部分;公路桥梁结构裂缝修补单元中主要介绍裂缝的治理方法,包括裂缝的表面封闭修补法、裂缝的表面粘贴修补法、裂缝的压力灌浆修补法;桥梁构件和附属设施维修单元中包括公路桥梁桥面维修、公路桥梁桥面铺装层维修、公路桥梁伸缩缝和支座维修及公路桥梁排水设施、栏杆设施维修四个部分。

单元一　桥梁表层及内部缺陷修补

 学习目标

1. 能够熟练掌握桥梁常见缺陷的修补方法;
2. 能够针对不同类型的桥梁缺陷提出可行的修补对策。

一、混凝土桥梁表层缺陷修补

混凝土桥梁表层缺陷修补资源请扫描封面的二维码,查看资源47、资源48。

1. 表层缺陷介绍

混凝土桥梁常见表层缺陷的名称、性状、成因及发生部位见表4-1。

混凝土桥梁表层缺陷汇总　　　　　　　　　　　　　　　表4-1

名称	性　状	成　因	常见发生部位
麻面	混凝土表面局部缺浆、粗糙,或有许多小凹坑,但无钢筋外露	施工模板表面不光滑,湿润不够,致使构件表面混凝土内水分被吸去	桥梁结构各部位均可能发生
蜂窝	混凝土局部酥松,砂多砂浆少,石子间出现空隙,形成蜂窝状孔洞	1. 施工不当:混凝土灌注中缺乏应有的振捣;分层灌筑时违反操作规程;运输时混凝土产生离析;模板缝隙不严,水泥砂浆流失等。 2. 设计不当——配筋太密;混凝土粗集料粒径大大,坍落度过小	桥梁结构各部位均可能发生
空洞	混凝土内部有空隙,局部没有混凝土,或蜂窝特别大	1. 钢筋布置过密,施工时混凝土被卡住且未充分振捣就继续灌注上层混凝土; 2. 严重漏浆也可能产生空洞	钢筋密集处或预留孔洞和预埋件处

续上表

名称	性状	成因	常见发生部位
层隙	沿施工缝、温度缝、收缩缝或外来杂物的夹层	混凝土中的不良施工缝、温度缝、收缩缝或因外来杂物造成偶然性夹层	桥梁结构各部位均可能发生
裂缝	在中间存留缝隙或不存留缝隙的两部分(或更多)存在不完全分离的现象	1.荷载作用；2.温度变化；3.混凝土收缩；4.地基基础变形；5.钢筋锈蚀；6.施工质量不佳	桥梁结构各部位均可能发生
剥落	混凝土表面的砂、水泥浆脱落，粗集料外露(严重时会形成集料及包着集料的砂浆一起脱落，或混凝土表面灰浆呈片状脱落)	1.保护层太薄；2.结构出现裂缝，雨水侵入；3.钢筋锈蚀膨胀引起剥落；4.严寒地区冻融及干湿交替	桥面、栏杆、墩桩、主梁面
露筋	钢筋混凝土内的主筋、箍筋等未被混凝土包裹住而外露	施工不当；灌筑时钢筋保护层垫块移位，钢筋紧贴模板；保护层处混凝土漏振或振捣不实	桥梁结构各部位均可能发生
游离石灰	有附着物由内部渗出并附在结构表面(通常为白色的石灰类附着物)	混凝土配合比和集料级配不良，原材料中可溶性盐和碱含量过高	桥梁结构各部位均可能发生
坑穴	因内部压力导致混凝土表面发生破碎而产生浅凹陷	—	桥梁结构各部位均可能发生
磨损	在外界的作用下，集料和砂浆磨损、脱落	1.混凝土强度不足，表层细集料太多；2.桥面受到车轮磨耗；3.墩、桩受到高速水流冲刷，水流中有大量砂石或冰凌等	受到车轮磨耗的桥面部分或受到水流冲刷的墩、桩
老化	在混凝土表面或整体上出现机械、物理、化学性质损坏的变化	1.保护层太薄；2.因结构裂缝导致雨水浸入；3.钢筋锈蚀膨胀引起剥落；4.严寒地区冰冻及干湿交替循环作用；5.有侵蚀性水的化学侵蚀作用	桥梁结构各部位均可能发生

2.维修的前期工作

不管采用何种材料和方法对缺陷进行修补，都必须做好前期工作，即必须清除已损坏的混凝土，直到露出完好混凝土并扩展到钢筋除锈所需范围，清除方法有：

(1)人工凿除法。对于浅层或小面积的损坏,可用榔头、凿子等手工工具直接凿除。

(2)气动凿除法。对于损坏面积较大且有一定深度的缺陷(如内部蜂窝、空洞缺陷),可采用风镐等气动工具凿除。对个别仍不能满足要求的部位可辅以人工凿除法。

(3)高速射水法。对于浅层且大面积的缺陷,可用高速水流清除混凝土损坏部分,也可使用高压泵冲水清除混凝土破损处和钢筋上的铁锈。在经过清除的钢筋上很快会形成一层极薄的氧化铁薄膜(有助于保护钢筋)。该方法可以全部或几乎全部地清除有缺陷的混凝土与钢筋上的锈蚀及表面上微量的侵蚀性化学物。与人工凿除法、气动凿除法相比,高速射水法无振动、噪声、灰尘,清除工作完成后,混凝土表面干净湿润。故该方法能使混凝土或砂浆修补时获得良好的黏结效果。

3. 维修的常用材料

为使混凝土桥梁结构在修补后能够坚固耐久,应该慎重选择修补材料。常用的材料有混凝土材料、水泥砂浆材料、混凝土黏结剂和环氧树脂高分子黏结材料。混凝土材料、水泥砂浆材料与原结构相同,故应用最多;混凝土黏结剂和环氧树脂高分子材料因其黏结性能良好也已广泛应用。

混凝土结构修补时,可采用与原级配相同的混凝土,也可采用比原强度等级混凝土高一级的细石混凝土。修补用混凝土的技术指标不得低于原混凝土,水泥强度等级不得低于原混凝土中的水泥强度等级,水灰比应选用小值。必要时可加入适量减水剂,以提高修补混凝土的和易性。

采用水泥砂浆材料修补时,可用与原混凝土同品种的新鲜水泥拌制的水泥砂浆。其配合比需通过试验求得。当修补部位较深时,可在其中掺入适量砾料,以增强砂浆强度,减少砂浆干缩。

当采用混凝土黏结剂修补时,可根据不同的要求拌制成净浆、砂浆及混凝土等形式,修补效果显著。

当采用环氧树脂材料时,可以使用环氧胶液、环氧砂浆、环氧混凝土等。但因其价格昂贵、施工工艺复杂(根据需要有时还需加入硬化剂、增塑剂、稀释剂等外加剂),故一般只用于修补质量要求较高或其他材料无法满足要求的部位。

4. 修补的常用方法

(1)混凝土修补法主要应用于混凝土桥梁结构中出现的蜂窝、空洞及较大范围破损等缺陷,一般可采用级配良好的新鲜混凝土进行修补。修补前,应将构件中的蜂窝或空洞缺陷部分尽可能凿除,还应对混凝土修补部位进行凿毛处理,并使旧混凝土表面保持湿润、清洁、不沾尘土。其后最好在钢筋及其周围的混凝土上涂抹一层水泥浆液或其他胶结剂(浆液应仔细地刷进混凝土内并均匀地刷到钢筋上),这样可在钢筋周围形成强碱性环境,增强新旧混凝土间的黏结。最后在浆液涂抹后尚未凝固时,可立即浇筑新的混凝土。

混凝土的修补法主要有直接浇筑法、喷射法和压浆法等(对于面积较大的修补工作,在浇筑混凝土前还应支立模板,以保证修补的外观质量)。混凝土浇筑后应尽可能捣实。修补完成后,应在尽可能晚的时候封闭新旧工程间的周边接缝。在新旧混凝土接缝表面各15cm宽的范围内,必须用钢丝刷清除所有软弱的浮浆,再刷净尘土,涂抹两层封闭浆液(如环氧树脂浆液),第二层的涂抹方向应与第一层相垂直。最后进行修补部分的养护,养护方法与通常混凝土养护相同。

(2)水泥砂浆修补法包括水泥砂浆人工涂抹法(图4-1)和喷浆修补法(图4-2)。

图 4-1 水泥砂浆人工涂抹法

图 4-2 喷浆修补法

①水泥砂浆人工涂抹法。

水泥砂浆人工涂抹法主要应用于小面积的缺陷,特别是损坏深度较浅时的修补。该方法修补工艺简单,修补前,应将构件中的缺陷部分尽可能凿除,还应对混凝土修补部位进行凿毛处理,并使旧混凝土表面保持湿润、清洁、不沾尘土。其后最好在钢筋及其周围的混凝土上涂抹一层水泥浆液或其他胶结剂(浆液应仔细刷进混凝土内并均匀刷到钢筋上),最后在浆液涂抹后尚未凝固时,用铁抹将拌和好的砂浆抹到修补部位,反复加强压实(必须用抹子施加较大的压力,才能使砂浆经过养护硬化和干燥后不致出现凹陷),最后按普通混凝土要求进行养护。

在修补工作完成后一个月左右,常会发现在新补砂浆四周产生细丝状的收缩裂缝。需视具体情况采取封闭措施:可在新补区域周围再涂上两层如前所述的环氧树脂胶液等胶黏剂。

②喷浆修补法。

喷浆修补法主要应用于混凝土表面大面积缺损的修补及重要混凝土结构物的修补。该方法将水泥、砂和水的混合料,经高压通过喷嘴喷射到修补部位。该方法的主要特点有:用较小的水灰比、较多的水泥,获得了较高的强度和密实度;喷射的砂浆层与受喷面之间,具有较高的黏结强度和耐久性;工艺简单,工效较高;材料消耗较大,当喷浆层较薄或不均匀时,干缩率大,易发生裂缝。

修补前,应将构件中的缺陷部分尽可能凿除,还应对混凝土修补部位进行凿毛处理(凿毛表面应有一定深度,但凹凸不宜过大,以避免表面各处在喷浆时因受力不均匀影响与旧混凝土的黏结);修补前使旧混凝土表面保持湿润(但不能有水珠)、清洁、不沾尘土。其后最好在钢筋及其周围的混凝土上涂抹一层水泥浆液或其他胶结剂(浆液应仔细刷进混凝土内并均匀刷到钢筋上);当修补要求挂网时,在施工前还应进行钢筋网的制作、安装、固定。

喷浆工艺一般采用干喷法,干喷法喷浆工艺流程见图 4-3。

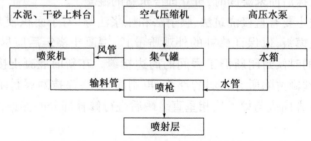

图 4-3 干喷法喷浆工艺流程

喷浆修补时,应特别注意以下几点:

a. 喷浆前应准备足够的砂与水泥。将其均匀拌和后,保存在不受风吹日晒之处。为避免砂中的水分和水泥因水化作用而结成硬块,应及时使用。

b. 输料管应采用软管,管长不宜短于15m(一般为25~70m),输料管高度不宜超过10m。

c. 喷浆工作压力应在0.25~0.40MPa的范围内,随管长、升高调整。

d. 喷枪头与受喷面间应保持一定距离(一般为80~120cm),喷射方向以垂直为宜。

e. 喷射层厚度有着严格的控制,当喷射层较厚时,需分层喷射,每层控制厚度如下:仰喷20~30mm;侧喷30~40mm;俯喷50~60mm。

f. 下一层的喷射应在前一层尚未完全凝固时开始(两层间隔时间一般为2~3h),并应在前一层洒水润湿。前一层已凝固时,应保证在砂浆表面不被破坏的前提下,用钢丝刷轻轻将层间松砂刷除,以使层间结合良好。

g. 喷射后一般需养护1~2周。养护期中,为了避免产生收缩裂缝,一定要使砂浆喷射层处于通风干燥的条件下。养护期内注意使喷射层避免阳光直射、雨打浪击、强烈振动等破坏。

(3)混凝土黏结剂修补法包括人工表面封涂修补法和浇筑涂层修补法。

①人工表面封涂修补法。

人工表面封涂修补法主要用于混凝土桥梁结构表面的风化、剥落、露筋等小面积的破损修补。该方法利用混凝土胶黏剂表面封涂修补。封涂时,应按由低向高、由外向内的方向进行,应使封涂缺陷的周围有2cm的黏附面。封涂层厚度应大于2.5cm。人工表面封涂修补法工艺流程见图4-4。

②浇筑涂层修补法。

浇筑涂层修补法主要用于混凝土结构较大且较深的缺损修补。该方法利用混凝土胶黏剂浇筑涂层对缺损进行修补,工艺流程见图4-5。浇筑涂层修补时,应特别注意以下几点:

a. 施工时,应避免荷载或重力震动等干扰,必要时可半开放交通。主梁等重要部位的修补,必须待修补部位强度达到原结构强度的100%时,方可承受荷载、震动。

b. 该方法在早期、中期都应避免高温(60℃以上)影响,注意防火、防雨。

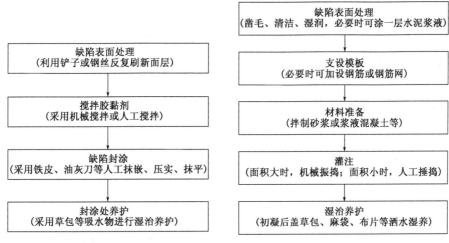

图4-4 人工表面封涂修补法工艺流程　　图4-5 浇筑涂层修补法工艺流程

环氧树脂材料具有较高的强度和抗腐蚀、抗渗能力,可与混凝土等材料牢固黏结,是一种较好的修补材料。但由于其价格高昂且施工工艺复杂,故一般只在特别情况和特别部位使用。

环氧树脂材料修补时,要求混凝土表面无水湿、无油渍、无灰尘、无污物,无软弱带;要求混凝土凿毛面平整、干燥、坚固、密实。混凝土表面先人工凿毛,再用高压水或压缩空气吹净,或用风砂枪喷砂除净。

工程案例

G316 线某桥梁始建于 1973 年,桥梁全长 50.20m,如图 4-6 所示。该桥梁建成后经过 42 年的运营,多处构件产生了严重的功能性病害,对桥梁的安全性能和承载能力造成严重的影响。近年来随着该路段交通量的增加,通过该桥梁的超载车辆越来越多,进一步加剧了构件的破坏程度:桥梁混凝土锈蚀、脱落掉块,主梁全截面产生裂缝,存在较为严重的安全隐患,如图 4-7 所示。

图 4-6 桥梁全景图

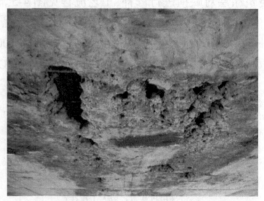

图 4-7 箱梁底板混凝土缺陷

针对上述桥梁混凝土表层缺陷及病害,采用人工涂抹法,制订了相关维修和修补措施,按照"做好基面处理→对剥落松散区混凝土涂刷防腐剂→涂抹砂浆修复保护层→养护"的工艺流程完成施工。

1. 做好基面处理

(1) 首先对桥梁松动混凝土进行缺陷探测处理,使得不再有松动混凝土悬于梁体,去除失效、疏松混凝土。对外露钢筋进行除锈处理,去除钢筋表面锈皮,达到翻新目的。

(2) 对桥梁表面进行清洗,清洗先由梁体两侧,由上往下清洗,然后再清洗梁底、桥台。

(3)检查是否还有松动混凝土未清除,检查是否有钢筋锈蚀未除干净,如有遗漏部位,立即清洗处理。

2.对剥落松散区混凝土涂刷防腐剂

1)涂抹混凝土防腐剂

(1)表面处理(前述已经完成此项工作)。

(2)用毛刷涂抹防腐剂,涂刷铰缝及铰缝两侧各宽15cm梁底。注意均匀涂抹,0℃以上施工,不要接触到眼睛或皮肤。

(3)检查是否有漏刷、少刷现象,若有漏刷、少刷及时进行补刷。

(4)涂抹30min以后才能进行下道工序施工。

2)注意事项

(1)要求涂层厚度均匀、无空白。

(2)不能在低于5℃的温度下施工。

(3)在养护期间内应避免大风吹、烈日晒、雨淋及低温冻。

3.涂抹砂浆修复保护层

(1)按合适比例配置高强度砂浆。

(2)根据脱落部位的厚度,如果厚度在1cm以下,采用一次性涂抹修复。如果厚度在1cm以上,应进行多次修复,间隔时间在6h以上,并应注意以下事项:

①初次打设完毕后对其养护6h,直接洒水养护,保持表面湿润;

②中间层打设,打设顺序同初次一样,打设厚度在1~3cm;

③要求将表面整理平整,厚度为0.5~1cm,要求打设平整,尽量恢复截面原状;

4.养护

对于修复完毕后的构件,应当及时组织养护工作,对于遭受阳光照射强烈或风干严重的地方,应当考虑使用表面封闭材料(如湿布、塑料薄膜)或直接使用养护剂代替人工养护。对于人工养护的构件,养护时间为3~5d。

5.圬工桥梁表层缺陷及维修对策

圬工桥梁表层缺陷维修资源请扫描封面的二维码,查看资源49。

圬工桥梁结构表层损坏的维修,一般是指在桥梁结构强度和稳定性尚能满足安全使用要求下,按照使用要求、美观要求和耐久性进行的修理工作。各修补方法分述如下。

(1)勾缝修补:砖石砌体由于气候的影响、雨水的侵蚀以及砌缝材料欠佳或施工不良,最易造成砌缝砂浆的松散脱落,这就需要重新进行勾缝修补。勾缝时,可用手凿或风动凿凿去易破损的灰缝,深30~50mm,用压力水彻底清洗干净,然后用M10水泥砂浆重新勾缝。砖石砌体常用的勾缝形式如图4-8所示。桥台或护坡接触处一般会出现离缝。如用砂浆勾缝后不久又会裂开,故可用浸过沥青的麻筋填嵌,以防雨水侵入。

(2)抹浆或喷浆整治砖石砌体表面风化、剥落、蜂窝、麻面,可喷抹一层M10砂浆防护。

(3)表面局部修补:当砌体表面局部损伤,脱落不太严重时,可将破损部分清除,凿毛洗净,然后用M10水泥砂浆分层填补至需要厚度。

当损坏深度和范围较大时,可在新旧结构结合处设置牵钉,必要时挂钢筋网,立好模板浇筑混凝土,其做法是:

(1)清除已损坏部分,并洗净灰尘。边缘也应修凿整齐,凿深30~50mm。

（2）预埋牵钉,其直径为16~25mm,根据破损深度选用,埋置要求如图4-9所示。牵钉间距在纵横方向均不得大于50cm。

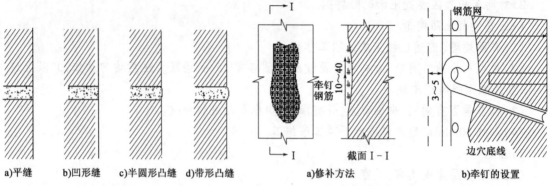

图4-8　砖石砌体常用的勾缝形式　　　　图4-9　砖石砌体表面局部修补示意图(尺寸单位:cm)

（3）放置钢筋网,在固定牵钉的砂浆凝固后进行钢筋网内牵钉锚定,钢筋网一般用直径12mm的钢筋制成,方形网孔边长为20cm。

（4）按墩台或其他损坏构件轮廓线立模,并进行支撑。

（5）镶面石的修理:镶面石破损时可个别更换或采用预制块代替。如镶面石仅松动而没有破碎,可先将其周围的灰缝凿去,然后取下镶面石冲洗干净,再用M10砂浆填实,并在周围垫半干性砂浆。如果镶面石的面积很大,可在原砌体上安装带倒刺的套扣,用锚钉或爪钉与套扣相连承托新的镶面石。

X093线某桥梁全长44.4m,上部结构为1×20m空腹式双曲拱桥,拱矢度为1/4,桥面宽度为:0.5m(人行道)+7.0m(行车道)+0.5m(人行道)=8.0m;下部结构采用U形桥台、扩大基础,设计荷载等级为汽车—20级、挂车—100级。桥梁全景图如图4-10所示。通过现场勘查,桥梁的主要病害是全桥拱底部及两侧混凝土泛碱腐蚀严重。拱底部大面积腐蚀、大面积剥落分别见图4-11、图4-12。

图4-10　桥梁全景图

针对上述桥梁病害,主要维修措施是在砌体表面风化、剥落处抹喷一层M10砂浆防护。抹喷方法有手工抹浆法和压力喷浆法两种。手工抹浆时,首先应将风化、剥落表层彻底凿除,并表面凿毛,用水冲洗干净并保持湿润,然后分层抹浆。一般每层厚度10~15mm,总厚度

20～30mm。下层砂浆应为毛面,以便连接紧密;压力喷浆一般用于面积较大的抹面工程。

图 4-11 拱底部大面积腐蚀

图 4-12 拱底部大面积剥落

当砌体表面局部损伤且脱落不很严重时,可将破损部分消除,凿毛洗净,用 M10 水泥砂浆分层填补至需要厚度,并将表面抹平;当损坏程度较深时,可在新旧结构结合处设置牵钉,必要时可挂钢筋网并立模浇筑混凝土。

二、公路桥梁内部缺陷的维修

混凝土桥梁内部缺陷维修资源请扫描封面的二维码,查看资源 50。

钢筋混凝土桥梁的常见内部缺陷有:结构钢筋锈蚀,混凝土强度不足,混凝土保护层厚度不足,混凝土内部的空洞、蜂窝等。

产生这些缺陷的原因是多方面的。设计不合理(如钢筋过密、集料过粗等)、计算错误、图纸错误等,常造成构件强度不足、稳定性不好、刚度不足;施工质量不好、施工材料的规格与性能不符合要求、操作未达规程要求(如混凝土浇筑未充分振捣)等;交通量的剧增,汽车荷载的增加甚至超载加速了桥梁的老化;意外因素,如地震、洪水、泥石流等。

结构内部缺陷危害很大,因为它往往是由内向外发展,发展到一定程度时,轻则危及结构的安全使用,重则造成结构的直接破坏,而其发展过程在日常的检查中往往会被忽视。因此,对于这类缺陷,在日常的桥梁检查中,一定要提高警惕,做到防养并重。下以钢筋锈蚀为例进行介绍。

1. 钢筋锈蚀的危害

钢筋锈蚀其对桥梁结构的危害主要表现在以下三个方面:

(1)钢筋锈蚀引起的大体积膨胀,使混凝土产生剥离、开裂,破坏混凝土的受力性能,从而降低材料的耐久性能。

(2)削弱钢筋受力面积,对受力的影响很大。

(3)铁锈层及混凝土沿钢筋纵向的裂缝,削弱了钢筋与混凝土共同作用的能力。

2. 钢筋锈蚀的维修

钢筋锈蚀的维修按以下步骤进行:

(1)凿除松脱、剥离等已损坏部分的混凝土,使钢筋全部露出;

(2)用喷砂枪或钢丝刷等对钢筋做除锈处理,并在除锈后及时清除钢筋及混凝土表面上

的铁锈与灰尘,必要时在除锈后还应对钢筋进行防锈处理;

(3)在清除干净的混凝土与钢筋表面涂上环氧胶液等黏结剂,以提高新旧混凝土的黏结力;

(4)用新的混凝土或砂浆填补,可采用普通混凝土立模浇筑法、干(湿)式喷浆法等,有时也可用环氧砂浆、环氧混凝土或其他防腐蚀材料来修补;

(5)对新喷涂(浇筑)混凝土进行表面处理,以防混凝土表面重新碳化。

 工程案例

定西市岷县梅川镇红水桥位于 G212 线定西市岷县梅川镇,是梅川镇到岷县的一座重要的桥梁,对梅川镇乃至定西、陇南等市的交通和经济具有非常重要的作用。岷县梅川镇红水桥修建于 1966 年,桥梁结构为钢筋混凝土简支梁桥,桥梁全长 21m,跨径划分 3×7m,桥梁全宽 7.5m,梁高 35cm,设计荷载为汽车-20 级,下部结构采用 U 形桥台,圆端形桥墩。该桥梁自建成以来交通量日益增长,特别是近年来交通量和大型超载车辆的增加,由于早期设计荷载偏低,已不能满足现有车辆荷载。在大量重载车辆的不断作用下,加之受到岷县地震的影响,桥梁出现严重病害,经岷县交通局和上级有关部门批准,对该桥进行维修加固。梅川镇红水桥全景见图 4-13。

图 4-13 梅川镇红水桥全景图

岷县梅川镇红水桥主要病害如下。

上部结构:主梁混凝土出现大面积渗水腐蚀(图 4-14),主梁混凝土锈胀导致钢筋锈蚀外露(图 4-15),严重影响桥梁正常运营。

 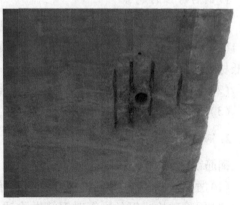

图 4-14 主梁渗水腐蚀   图 4-15 钢筋锈蚀外露

对于板梁梁底渗水腐蚀,应根据构件表面的腐蚀程度、污染程度,分别按以下情况处理:

(1)对表面有油污的梁底表面,先用硬毛刷沾丙酮刷除表面浮油污物,后用冷水冲洗,再对表面进行打磨,除去2~3mm厚表层,直至完全露出新面,并用压缩空气吹除粉粒。处理后,若表面凹凸不平,可用高强树脂砂浆修补。

(2)对表面已碳化的旧混凝土表面,直接对黏合面进行打磨,去掉1~2mm厚表层,用压缩空气除去粉尘,待完全干燥后用脱脂棉沾丙酮擦拭表面。

(3)对于露筋的混凝土表面,需要用钢丝刷将钢筋表面的锈蚀除去,再剔除松动的混凝土,用高强树脂砂浆修补(图4-16)。

(4)对于本身空鼓的混凝土构件,应将空鼓处剔除,用高强树脂砂浆修补混凝土。

图4-16 外露钢筋处理

单元二 桥梁结构裂缝修补

学习目标

1. 能够熟练掌握桥梁常见裂缝的修补方法;
2. 能够针对不同类型的桥梁裂缝提出可行的修补对策。

公路桥梁结构裂缝修补资源请扫描封面的二维码,查看资源51、资源52。

圬工桥梁、混凝土桥梁及钢筋混凝土桥梁均可能存在不同程度的裂缝。为了恢复桥梁结构的整体性,保持其强度、刚度、耐久性,使其更加美观,应对这些裂缝进行仔细的检查、评价,并进行针对性的维修。常用的裂缝修补方法如图4-17所示。

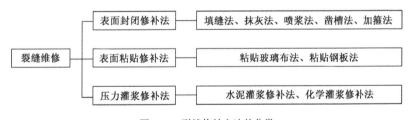

图4-17 裂缝修补方法的分类

一、裂缝的表面封闭修补法

桥梁结构裂缝的表面封闭修补常用方法有填缝法、表面抹灰法、表面喷浆法、凿槽嵌补法和加箍封闭法等。

1. 填缝法

填缝法常用于砖石砌体轻微裂缝的简单修理。首先将缝隙清理干净,根据裂缝宽度选择相应的勾缝刀、抹子、刮刀等。填缝所用水泥砂浆(1∶2.5 或 1∶3)强度不得低于原灰浆。表面抹灰法的操作方法：将水泥浆、水泥砂浆、环氧基液、环氧砂浆等材料涂抹在裂缝部位的砖石砌体或混凝土表面上。

2．表面抹灰法

水泥砂浆涂抹法的操作步骤：先将裂缝附近的混凝土表面凿毛(糙面应平整)，洗刷干净后，洒水使之保持湿润(但不可有水珠)。然后将水泥砂浆(1∶1～1∶2)涂抹其上。涂抹时应先用纯水泥浆涂刷一层底浆(厚度一般为 0.5～1.0mm)，再将水泥砂浆一次或分次抹完(厚度越厚，所需次数越多)。涂抹的总厚度一般为 10～20mm。最后用铁抹压实、抹光。配制砂浆时，砂不宜太粗，以中细砂为宜，水泥可用普通水泥；夏季施工时，应防止阳光直射，在涂抹 3～4h 后应洒水养护。冬季应注意保温，避免因受冻而降低强度。

环氧砂浆涂抹法的操作步骤：先在裂缝上口凿一宽 1～2cm，深约 0.5cm 的 V 形槽，槽面应尽量平整；再用钢丝刷或竹刷刷净缝口，凿去浮渣，用手持式皮风箱吹清缝内灰砂并烘干混凝土表面；在裂缝外用蘸有丙酮或二甲苯的纱头洗擦一遍，保持槽内混凝土面无灰尘、无油污等；在裂缝周围涂一层环氧浆液，若裂缝较深，在垂直方向可静力灌注(环氧浆液可灌入 0.5mm 的细缝中)；嵌入环氧砂浆，用刮刀将其平面与原混凝土面齐平；待环氧树脂硬化后(常温 20～25℃时，一般需 6～7d)，即可应用(注：该方法中施工人员应做好防火、防毒工作)。

3．表面喷浆法

表面喷浆法的操作步骤为：先对需要喷浆的结构表层仔细敲击，敲碎并除去剥离的部分；若为钢筋混凝土，还须清除露筋部分钢筋上的铁锈；接着将裂缝表面凿毛(V 形槽)，并用水冲洗结构物表面，在开始喷浆前将基层湿润一下；最后喷射一层密实、高强的水泥砂浆保护层以封闭裂缝。根据裂缝的部位与性质及修理的要求与条件，该方法可分为无筋素喷法、挂网喷浆法等。

4．凿槽嵌补法

凿槽嵌补法的操作步骤：先沿混凝土裂缝凿一条深槽，槽形根据裂缝位置和填补材料而定(多采用 V 形槽)；再将槽两边混凝土修理整平，将槽内清洗干净；最后在槽内嵌补黏结材料(当填补水泥砂浆时，应先保持槽内湿润且无积水；当填补沥青或环氧材料时，应先保持槽内干燥)。

5．加箍封闭法

加箍封闭法主要用于钢筋混凝土梁的主应力裂缝，在梁上加箍以封闭裂缝。选用的直箍或斜箍可由扁钢焊成或圆钢制成，设箍方向应与裂缝方向垂直；箍、梁上下面接触处可垫以角钢或钢板(图 4-18)。

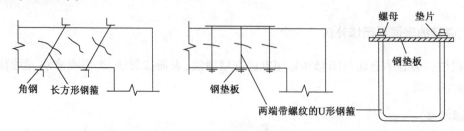

图 4-18　加箍封闭裂缝示意图

二、裂缝的表面粘贴修补法

表面粘贴修补法用胶黏剂将玻璃布或钢板等材料粘贴在混凝土面上的裂缝部位。现主要对粘贴钢板法加以介绍。

粘贴钢板法(图 4-19):首先按所需尺寸切好钢板,用打磨机研磨,使其表面露出钢的本色;修凿裂缝附近混凝土表面,使其平整;用丙酮或二甲苯擦洗修补部位的混凝土表面及钢板面,以去除黏结面的油脂和灰尘;在钢板和混凝土粘贴面上均匀涂刷环氧基液黏结剂;用方木、角钢和固定螺栓等均匀压贴钢板;待养护到所需时间,拆除方木、角钢等材料,并在钢板表面上再涂刷一层养护涂料(如防锈油漆)。

图 4-19　粘贴钢板法

三、裂缝的压力灌浆修补法

压力灌浆修补法一般用于裂缝多且深入结构内部或结构有空隙的部位。它通过施加一定的压力,将浆液灌入结构内部裂缝中,以封闭裂缝,恢复并提高结构强度、耐久性和抗渗性。该方法依据灌入浆材的不同,可分为水泥灌浆修补法(灌浆材料有纯水泥、水泥砂浆、水泥黏土、石灰、石灰黏土、石灰水泥),化学灌浆修补法(灌浆材料有环氧树脂类浆液、丙烯酸酯类浆液、水玻璃类浆液、丙烯酰胺类浆液、丙烯酸盐类浆液、聚氨酯类浆液等)及沥青灌浆法。沥青灌浆法不常用,这里不予介绍。

1. 水泥灌浆修补法

水泥灌浆修补法工艺流程见图 4-20。

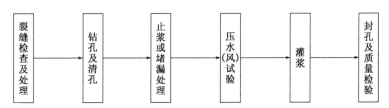

图 4-20　水泥灌浆修补法工艺流程

水泥灌浆修补法的施工要点如下:
(1)灌浆前应再仔细检查一遍裂缝,确定修补的数量、范围、钻孔的位置及浆液数量。
(2)钻孔时,一般不可顺着裂缝方向。钻孔轴线与裂缝面的交角以大于 30° 为宜。

(3)钻孔完毕后应清孔,可用水由上向下冲洗各孔。用水冲净后,再用压缩空气将各孔吹干。孔眼的冲洗、吹风是按由上向下、一横排接一横排的顺序进行的。

(4)灌浆前应先将结构中大的裂缝与孔隙堵塞起来,以防灌浆时浆液通过其渗出结构表面(即止浆、堵漏处理)。止浆、堵漏主要有三种方法:用水泥砂浆或环氧砂浆涂抹,用环氧胶泥粘贴,用棉絮、麻布条等嵌塞等。

(5)灌浆前应做压水或压风试验,以检查孔眼畅通情况及止浆效果。

(6)通过结构上人工钻成的孔眼将水泥浆液灌入。

(7)圬工结构灌浆时,灌浆压力一般为 0.1~0.30MPa。

(8)混凝土、钢筋混凝土结构灌浆时所用的水泥强度等级一般不低于 42.5,灌浆压力一般为 0.4~0.6MPa。

(9)当工程量较大时,可采用灌浆机、灌(压)浆泵、风泵等加压设备。

当工程量较小时,可采用打气筒状灌浆设备施工,如图 4-21 所示。

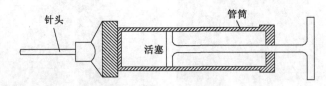

图 4-21 打气筒状灌浆设备剖面图

2. 化学灌浆修补法

化学灌浆修补法资源请扫描封面的二维码,查看资源 53。

化学灌浆修补法工艺流程见图 4-22。

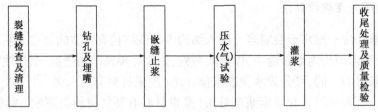

图 4-22 化学灌浆修补法工艺流程

化学灌浆修补法的施工要点如下:

(1)灌浆前应先对修补部位的裂缝情况进行详细检查、记录,做好定量和定性的分析。据此计算和安排有关灌浆材料配量、埋嘴、灌浆注射等工作。

(2)在裂缝两侧画线之内用小锤、手铲、钢丝刷等工具将构件表面整平,凿除突出部分,再用丙酮擦洗,清除裂缝周围的油污(不要将裂缝堵塞)。

(3)应选择大小合适、自重尽可能轻的注浆嘴。注浆嘴的布置原则:宽缝稀,窄缝密;断缝交错处单独设嘴;贯通缝的注浆嘴设在构件的两面交错处。

(4)埋嘴前,先把嘴子底盘用丙酮擦洗干净,然后用灰刀将环氧胶泥抹在底盘周围,骑缝埋贴到构件裂缝处(不要将注浆嘴和裂缝灌浆通道堵塞)。

(5)埋嘴后,应封闭其余裂缝,进行嵌缝或堵漏处理,以保证浆液将裂缝填充密实、防止浆液流失。封闭方法:对于裂缝较小的混凝土构件,先沿裂缝走向均匀涂刷一层环氧浆液(宽一般 7~8cm),再在其上分段紧密贴上一层玻璃丝布(宽一般 5~7cm)。在注浆嘴底盘周围 5~10mm 的范围内不贴玻璃丝布,可用灰刀沿其周围先抹上一层环氧胶泥(鱼脊状),再刷上一层环氧浆液;对于裂缝较大的混凝土构件,先沿裂缝用风镐凿成 V 形槽(宽 5~10cm,深 3~5cm),再清除槽内松动的碎屑、粉尘,最后向槽内填塞水泥砂浆。

(6)在前一步骤完成 1d 以后,应进行压水或压气试验,以检查裂缝封闭及孔眼畅通情况。

(7)化学灌浆可采用两种工具:手压泵,裂缝较大时采用;灌浆注射器,裂缝较细微、灌浆量不大时采用。两者灌浆时均应保证泵或注射器针头与嘴子的联结严密,不能漏气。前者与灌嘴可用聚氯乙烯透明塑料管联结;后者可将气门芯套在针头上,再将针头插入灌浆嘴内进行灌浆。

(8)灌浆时应注意压力的控制。当裂缝较宽,进浆通畅时,压力应小(手压泵泵压一般控制在 0.1~0.2MPa);当裂缝细微、进浆困难时,压力应大(手压泵泵压控制在约 0.4MPa)。用灌浆注射器注射主要靠手的推力,以灌得进浆液为准。

(9)灌注的次序应事先标定。原则是:竖向裂缝先下后上;水平裂缝由低端逐渐灌向高端;贯通裂缝在两面一先一后交错进行。灌注过程中应随时注意排气。每灌完一个嘴子,不要急于转移器械,稳压几分钟待所修补裂缝注浆饱满再灌下一个嘴子。在每个灌完的嘴子上绑扎一段透明塑料管,以便其溢浆时可立即绑紧。

(10)灌浆完毕待浆液聚合固化后,拆除灌浆嘴,并用环氧胶泥抹平。在每一道裂缝表面再刷一层环氧树脂水泥浆,以确保封闭严实。

另外,施工时应注意以下安全事宜:施工现场注意通风,以防技术人员呼吸中毒;灌浆材料应密封储存;施工人员应佩戴口罩、橡胶手套、防护眼镜等;身体接触到环氧树脂材料时不可用丙酮等溶剂清洗,应先用木屑或去污粉擦除,再用肥皂热水清洗;施工器械可用丙酮、甲苯等溶剂或热水清洗;施工现场严禁明火;注意器械与残液的回收,以防污染环境。

化学灌浆修补如图 4-23 所示。

图 4-23 化学灌浆修补

箱梁裂缝缺陷修补方案录屏资源请扫描封面的二维码,查看资源 54、资源 55、资源 56。

某城市立交桥全长 578m,宽 24.5m,主桥为六跨变截面预应力钢筋混凝土连续箱梁结构,引桥为钢筋混凝土双室箱梁。经检测,发现该桥梁翼板存在较多裂缝,最大缝宽为 0.25mm,跨中区域直腹板上有少量裂缝,缝宽在 0.08~0.10mm 之间。腹板斜向裂缝、跨中横向裂缝分别如图 4-24、图 4-25 所示。

图 4-24 腹板斜向裂缝

图 4-25 跨中横向裂缝

由于该桥梁的裂缝缝宽较小,基于以往处理裂缝的经验及现场的实际情况,拟采用环氧树脂低压灌注来处理裂缝,以达到加固和封闭裂缝的双重效果。共需处理裂缝长度为225m。

针对上述某城市立交桥病害,提出以下维修措施。

(1)基层处理。

(2)用钢刷将裂缝周边的粉刷层除去,露出坚实的混凝土基面。

(3)裂缝封闭:用密封材料将裂缝表面封闭,以保证注入的树脂不致流失。

(4)安装底座:沿裂缝每隔30cm安装一个底座,底座中心要与裂缝中心吻合,并使底座安装牢固,完全密封,保证注入树脂不致流失。

(5)密封材料养护:裂缝表面用密封材料封闭后须严格检查裂缝是否完全密封并经24h养护硬化。

(6)灌浆材料注入:用注射器吸入灌浆材料并用橡胶筋缓慢加压注入,同时检查各注射器情况,随时补充注入材料,直至灌满。

(7)硬化养护:裂缝注入浆材后,需保证注射器内有留灌浆材料,待此灌浆材料硬化后,方能拆除注射器及底座。

(8)表面处理:底座拆除后,裂缝表面需做磨平处理,保证混凝土表面平滑。

单元三 桥梁构件和附属设施维修

学习目标

1. 能够熟练掌握桥梁构件及附属设施常见缺陷修补方法;
2. 能够针对不同的桥梁构件和附属设施缺陷制订相应的维修措施。

一、公路桥梁桥面的维修

公路桥梁附属设施维修资源请扫描封面的二维码,查看资源57。

1. 桥面板的常见缺损

桥面板的常见缺损及成因见表4-2。

桥面板的常见缺损与成因　　表 4-2

缺　损	成　因	
混凝土开裂	①②③④⑤⑥⑦	①过大的荷载作用及构件承载力不足; ②桥面板构造上的缺陷; ③主梁等支撑结构刚度不足; ④保护层不足、蜂窝、麻面等施工缺陷; ⑤气象、化学、冻融、盐蚀作用等; ⑥徐变与收缩过大; ⑦地震、火灾、撞击等意外灾害
混凝土剥离	①②④⑤⑦	
混凝土质量差	④⑤⑦	
断面破损	①②④⑤⑦	
钢筋锈蚀	②④⑤	
露筋	②④⑤	
变形	⑥⑦	

2. 桥面板缺损的维修措施

桥面板产生损坏的原因有多种,主要原因及维修措施如下。

(1)主要原因:随着近年来汽车载重量迅速增加甚至出现很多超载车辆,其对桥面板损坏有重要影响。维修措施:加固桥面板、限制汽车载重。

(2)主要原因:超重车辆过桥未按照规定路线行驶,从而产生了过大的弯矩作用。维修措施:按照规定位置调整大型(或超重)车辆行驶路线,加固桥面板。

(3)主要原因:因桥面伸缩缝损坏或桥台下沉致使路桥接合部出现高差,汽车通过时产生较大冲击力。维修措施:维修或更换桥面铺装、伸缩缝装置。

(4)主要原因:因混凝土质量或施工质量不良而造成桥面板强度不足、蜂窝麻面、保护层厚度不足等缺陷。维修措施:重新浇筑桥面板或更换桥面板。

(5)主要原因:拱桥或箱梁(槽形梁)桥中采用小拱板或空心板作桥面板时,因其强度不足或施工不良,与主梁连接不好,引起板的折裂、破损,甚至掉落,形成空洞。维修措施:加固桥面板、重新浇筑混凝土或更换桥面板。

(6)主要原因:因桥面板刚度不足(较薄),其在车轮作用下产生较大的变形以致产生较大的裂缝。维修措施:加固桥面板(增大桥面板刚度或缩短跨径)。

(7)主要原因:桥面板自由边过大的弯矩作用引发的不良影响。维修措施:设置横梁,加固桥面板或重新浇筑一部分混凝土。

(8)主要原因:连续梁桥、悬臂梁桥、桁架拱桥的主梁上部在荷载(或基础沉陷)作用下会产生负弯矩或拉力,使桥面板出现较严重的裂缝。维修措施:加固桥面板。

(9)主要原因:主梁因刚度不足、横向联系差、整体性差,产生不均匀变形,加剧了桥面板破坏。维修措施:增加主梁的刚度与横向联系。

(10)主要原因:因基础的不均匀沉陷导致主梁的沉陷,从而影响桥面,使其出现纵向裂缝。维修措施:设置传递荷载的横梁,加固桥面板。

二、公路桥梁桥面铺装层的维修

公路桥梁桥面铺装层的维修资源请扫描封面的二维码,查看资源 58。

1. 桥面铺装层的常见缺损及成因

桥面铺装层常见缺损及成因见表 4-3。

桥面铺装层常见缺损及成因   表4-3

名　称		性　状	可能的成因
沥青类铺装层	泛油	1.沥青用量过多； 2.沥青材料软化点太低； 3.集料级配不良	在铺装层表面有沥青渗出
	裂缝	1.沥青老化； 2.沥青材料性能不良； 3.桥面板出现损坏破裂	铺装层上出现纵（横）向线状裂缝或相互连接的网（格）状裂缝
	松散、露骨	1.车辆荷载过大； 2.沥青混合料压实不足； 3.用油量太少	铺装层表面的细集料慢慢脱离，表面呈现锯齿式的粗糙状态
	车辙	车辆荷载过大（一般在车轮通过频率较高处出现）	沿横断面方向的波（即横断面方向的凸凹）
	凸凹	1.铺装层局部超填； 2.车辆荷载过大	沿纵断面方向周期性的波状起伏，或表面鼓包
	高低差	1.桥跨结构连接处的不均匀沉陷； 2.伸缩缝不良	在与结构物连接部位产生高低差
水泥混凝土铺装层	磨光	1.铺装层集料抗磨性能较差； 2.交通量过大	铺装层被行驶的车轮磨耗，形成平滑的状态
	裂缝	1.施工不良； 2.温度变化； 3.桥面板(梁)结构产少过大的挠曲应力	铺装层上出现纵（横）向线状裂缝或相互连结的网（格）状裂缝
	脱皮露骨	1.施工时未一次成形； 2.开裂部位受到车辆的冲击作用	表层产生脱皮或局部的破损露骨
	坑槽	1.施工不良； 2.车辆荷载过大	铺装层局部脱落而产生的洞穴或长槽
	高低差	1.桥跨结构连接处的不均匀沉陷； 2.伸缩缝不良	在与结构物连接部位产生高低差

2.桥面铺装层缺损的维修措施

桥面铺装修补资源请扫描封面的二维码，查看资源59。

桥面铺装的维修或修补可采用凿补、黑色路面改建、全部凿除重铺桥面和凹凸不平的修补等方法。

桥面铺装有局部病害时，可将水泥混凝土铺装层的表面凿毛，深度以使集料露出为准；用清水冲洗干净断面并充分润湿;涂刷上同强度等级的水泥砂浆(或其他黏结材料);最后在桥梁承载能力容许范围内,铺筑一层 4~5cm 厚的水泥混凝土铺装层。

如果桥面铺装局部损害,桥面平整度较差而主梁强度有一定富余时,可采用黑色路面对桥面进行改造。改造时可采用沥青表面处理或沥青细砂罩面。采用沥青细砂时,为了与旧面层更好结合,应先涂刷沥青漆;加铺沥青混凝土时,厚度一般取 2~3cm。

桥面铺装病害严重时,可考虑全部凿除后重铺,重铺时有如下两种情况:

(1)重新铺装沥青混凝土桥面。重新铺装沥青混凝土前应先凿除已损坏桥面,并对桥面进行检查,老桥面应平整、粗糙、干燥、整洁。桥面横坡应符合要求,不符合时应予以处理。铺筑前应洒布黏层沥青、石油沥青,洒布量为 $0.3~0.5L/m^3$;沥青混凝土的配合比设计、铺筑、碾压等施工程序,应按《公路沥青路面施工技术规范》(JTG F40—2004)的有关规定进行。

(2)重新铺筑水泥混凝土桥面。水泥混凝土桥面铺装的厚度应符合设计规定;铺装材料、铺装层结构、混凝土强度、防水层设置等均应符合相关的设计要求;桥面铺装工作必须在对原有桥梁横向联结钢板焊接工作完成之后才可进行,以避免后焊的钢板引起桥面水泥混凝土在接缝处产生裂纹;浇筑桥面水泥混凝土前使原有桥面板表面粗糙并清洗干净,按设计要求铺设纵向接缝钢筋网或桥面钢筋网,然后浇筑。水泥混凝土桥面铺装应采取防滑措施,面层宜分两次进行,第二次抹平后,沿横线方向拉毛或采用机具压槽,拉毛和压槽深度应为 1~2mm;重新铺装若设计为防水混凝土,施工时应按有关规定处理;重新铺装若设计为钢纤维水泥混凝土,除按有关规定执行外,宜还应符合《纤维混凝土结构技术规程》(CECS 38—2004)。

当构件连接处不均匀沉陷时,桥面可能会凹凸不平,此时可在桥梁下采用液压千斤顶顶升,调整构件连接处的高程,使顶面平齐。

 工程案例

渝黔高速公路某桥梁见图 4-26,纵向位于长下坡(竖曲线)末端,为简支 T 形梁连续桥面结构。

图 4-26 桥梁全景图

桥梁自通车以来,不到一年就出现损坏,运营 3 年后,左幅桥面铺装更是发生了大面积破坏,并于 2004 年进行了局部挖补。但目前的桥面病害程度进一步加剧,主要病害表现为推移,裂缝(龟裂、横向、纵向和其他不规则裂缝)、沉陷、麻面、松散等(图 4-27~图 4-30),破坏范围遍及左幅全段,桥面铺装的结构功能遭到了严重损坏。

图 4-27　推移、拥包及裂缝

图 4-28　黏结层因水冲刷已完全消失

图 4-29　层间存在水分

图 4-30　铺装层混合料松散

针对渝黔高速公路该桥梁桥面铺装病害,现提出以下维修措施:

将原铺装结构(图 4-31)清除后,对桥面板进行打砂处理,洒布环氧树脂下封闭层,涂布 AMP 二阶反应型防水黏结材料和橡胶沥青砂胶,然后铺筑上层改性沥青 SMA13 和雾封层。维修后铺装层如图 4-32 所示。

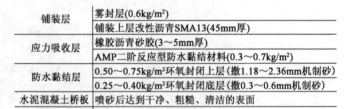

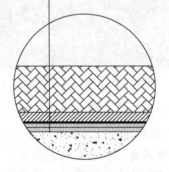

图 4-31　原桥面铺装层　　　　　　　　　　图 4-32　维修后铺装层

橡胶沥青砂胶是由细集料组成的沥青混合料,沥青含量较高,施工完成以后的空隙率通常小于1%,起到应力吸收层的作用,有效防止了裂缝的产生,并具有很好的防水作用。

沥青玛琦脂SMA与普通热沥青混合料相比,具有更好的抗疲劳、抗车辙等性能,高温稳定性、低温抗裂性有明显改善;同时具有良好的表面功能,抗滑、噪声小、耐久性好。

三、公路桥梁伸缩装置和支座的维修

公路桥梁附属设施维修资源请扫描封面的二维码,查看资源60。

1. 伸缩装置的常见缺陷及成因

桥梁伸缩装置的常见缺陷及成因见表4-4、表4-5。

桥梁伸缩缝的常见缺陷 表4-4

名　称	常见的缺陷
锌铁皮伸缩装置	1. 软性防水材料如沥青砂或聚氯乙烯胶泥等老化、脱落; 2. 伸缩缝凹槽填入其他硬物,不能自由变形; 3. 锌铁皮上压填的铺装层如水泥混凝土或沥青混凝土等断裂、剥离; 4. 伸缩缝完工后铺压填部分发生沉陷,高低不平; 5. 墩台下沉,出现异常伸缩,车辆行驶时出现冲击及噪声
钢板伸缩装置	1. 角钢与钢筋混凝土梁锚固不牢,使钢板松动; 2. 缝内塞进石块或铁夹物,使伸缩缝接头活动异常; 3. 排水管发生破坏损伤或被土砂堵塞; 4. 表面钢板焊接部位破坏损伤; 5. 梳形钢板伸缩缝在梳齿与承托板的焊接处出现裂缝,甚至被剪断
橡胶伸缩装置	1. 橡胶条破坏损伤; 2. 橡胶条剥离; 3. 在橡胶嵌条连接部位漏水; 4. 锚固构件破损、锚固螺栓松脱; 5. 伸缩缝构造部位下陷或凸出; 6. 车辆行驶不适,有噪声

桥梁伸缩装置常见缺陷的成因 表4-5

名　称	常见的缺陷
设计原因	1. 桥面板端部刚度不足; 2. 伸缩缝构造刚度不足; 3. 伸缩缝构造锚固构件强度不足; 4. 伸缩缝构造产生过大的伸缩间距; 5. 后浇压填材料选择不当; 6. 变形量设计不当
施工原因	1. 桥面板间伸缩缝间距施工有误; 2. 后浇压填材料养护管理不善; 3. 伸缩缝构造安置不善; 4. 桥面铺装层浇筑不好; 5. 墩、台施工不良

续上表

名　称	常见的缺陷
外在原因	1. 车辆荷载不断增大、交通量亦逐渐增大； 2. 桥面铺装层老化； 3. 接缝处桥面凹凸不平； 4. 气候条件的影响； 5. 地震等意外灾害

2. 伸缩装置缺陷的维修措施

伸缩装置维修资源请扫描封面的二维码，查看资源61。

伸缩装置应注意日常保养，及时清除碎石、泥土等杂物，拧紧螺栓，必要时可加油保护；若有损坏或功能失效的需要修理或更换时，应先查明破损原因，依据缺陷程度确定是进行部分修补、部分更换，还是全部更换。

当U形锌铁皮伸缩装置的锌铁皮老化、开裂、断裂时，应拆除并更换为新型伸缩装置；当其软性填料老化脱落时，先清除其缝隙泥土，重新注入新的填缝料；当其铺装层破坏时，应凿除重新铺筑，凿除破损部位应画线切割（或竖凿），清除旧料后再浇筑新面层。

当钢板伸缩装置的钢板变形、螺栓脱落、不能正常运行时应及时拆除并更换为新型伸缩装置；当钢板与角钢焊接破裂时，应清除污垢后重新焊牢；当梳齿断裂或出现裂缝后，采取焊接方法进行修补。

当橡胶伸缩装置橡胶老化、脱落，角钢变形、松动时，应拆除并更换为新型伸缩装置。

桥面伸缩装置的维修、更换应在保证质量的基础上，尽量缩短工期、减少对交通的影响。可采取的措施有：全天维修并限制车辆通行，半边施工，半边通行车辆；白天不限制交通，伸缩装置上设置跨缝盖板；夜间禁止通车进行施工。

3. 支座的常见缺陷及成因

桥梁支座的常见病害、损坏原因分别见表4-6、表4-7。

桥梁支座的常见病害　　表4-6

位　置	病害形式内容
支座本身	(1) 支座构件开裂，如轴承出现裂纹、切口等病害； (2) 支座老化，如橡胶支座出现橡胶老化、变质等病害； (3) 支座脱空、脱落； (4) 支座偏移，受力不均； (5) 支座滑动面不平整； (6) 支座螺母松动或螺栓脱落； (7) 支座止滑装置的损坏； (8) 支座限制移动装置的损坏； (9) 支座滚轴的偏移和下降； (10) 支座滚轴和下降销子的损坏； (11) 油毛毡支座的破裂、脱落、酥烂等病害； (12) 弧形支座滑动面、滚动面生锈，从而不能自由转动； (13) 摆柱式支座的混凝土摆柱出现脱皮、露筋等病害； (14) 钢辊轴式支座辊轴(摇轴)纵向位移偏大或发生横向位移

续上表

位　置	病害形式内容
支座座板	(1) 锚栓切断; (2) 支座座板翘起、扭曲、断裂; (3) 座板贴角焊缝开裂; (4) 填充砂浆裂缝; (5) 支座座板混凝土压坏、剥离、掉角

桥梁支座的损坏原因　　　　　　　　　　　　　　　　　　表 4-7

阶　段	病害可能的成因
设计	(1) 形式选定与布置的错误; (2) 材料选择的错误; (3) 锚栓支数与埋入长度不足; (4) 支座边缘距离不足; (5) 支座底板补强钢筋不足; (6) 底面突起和对支座底板面的形式尺寸研究不够; (7) 负反力的支座固定装置不完备; (8) 对螺栓、螺母等的脱落研究不够
制作	(1) 铸件等材料质量管理力度不够,制作困难; (2) 金属支座的油漆、防腐防锈处理不良; (3) 砂浆填充质量不良; (4) 固定数量有误
施工	(1) 滑动面、滚动面夹杂尘埃、异物; (2) 因防水、排水装置的缺陷引起支座漏水、溢水、漏油; (3) 螺母、螺栓的松动、脱落; (4) 施工不当,梁与支座脱离、支座脱落
其他	(1) 桥台、桥墩不均匀沉降、倾斜、水平变位; (2) 上部结构位移

4. 支座缺陷的维修措施

支座维修资源请扫描封面的二维码,查看资源62。

桥梁支座是桥梁的主要传力构件,支座完好对桥梁受力具有重要意义,故应保持支座各部分的完整、清洁,及时扫除垃圾、积雪、冰块等。滚动支座滚动面上应定期涂一层润滑油(一般每年一次)。涂油前,先擦净滚动面。钢支座应进行除锈防腐,支座各部分除钢辊和滚动面外,其余均应刷漆保护。对固定支座应检查锚栓的坚固程度,支承垫板应平整紧密,及时拧紧接合螺栓。

橡胶支座应经常清扫污水,排除墩、台帽上的积水,防止橡胶支座接触油脂,对梁底及墩、台帽上的残存机油等应进行清洗,防止因橡胶老化、变质而失效。盆式橡胶支座应定期清扫,并设置支座防尘罩,防止灰尘落入或雨、雪渗入支座内。支座外露部分应定期涂刷防锈漆进行保护。

梁支点承压不均匀时,应进行调整。调整时可采用千斤顶将梁上部顶起,然后移动调整支座位置。在矫正支座位置以后,降落上部构造时,为避免桥孔结构倾斜,应徐徐下落,并注意千斤顶的工作状态是否均衡,同时调整顶升用木框架的楔子,以保证上部结构恢复原位。支座座板翘起、扭曲、断裂、焊缝开裂时,应及时修补或更换(若为老式支座,可首先考虑更换为新型支座),更换时可采用上述顶升法。抬高支座时,可采用捣筑砂浆、加入钢板垫层或预制钢筋混凝土垫块。

四、公路桥梁排水设施、栏杆设施的维修

1. 排水设施的常见缺陷

公路桥梁的排水管通常有以下缺陷:管道的损坏、漏水,管体因接头连接不牢而脱落,管内因杂物堆塞引起的排水不畅(通),因桥面不洁形成的杂物堵死泄水管管口等。

与排水管密切相关的引水槽通常有以下缺陷:堆泥、堵塞,水流不畅,槽口破裂损坏引起漏水、积水等。

2. 排水设施缺陷的维修

排水设施维修资源请扫描封面的二维码,查看资源 63。

桥梁桥面的排水设施应及时清理、疏通,以养防修。及时安装接头松动或已脱落的泄水管,损坏严重时更换新管。应及时修理已破裂的引水槽,长度不足的及时接长,必要时重新修筑。城市桥梁、立交桥上设置的封闭式排水系统,应定期检查其排水管是否畅通、开裂或损坏;系统设施如抽水泵等是否工作正常,应及时疏通、维修或更换。

3. 栏杆设施的常见缺陷

桥梁栏杆的缺陷通常有:损坏,因交通事故所致或车辆超宽运输不慎碰撞所致;缺损,因缺乏养护管理所致;遭窃;金属遭锈蚀、腐蚀破坏;裂缝,因钢筋混凝土栏杆长期外露,混凝土表面因水分浸入引起钢筋锈胀,使构件产生裂缝;混凝土保护层因损坏、剥离、脱落等引起开裂。

4. 栏杆设施缺陷的维修对策

应使桥梁栏杆保持完好状态,及时清洁、保养,以养防修:桥梁栏杆若有缺损,应及时补齐;若已损坏、缺失,应重新安装;桥梁栏杆柱应竖立正直,若不正、直,应及时纠偏;伸缩缝处的水平栏杆可以自由伸缩,若不能移动应及时维修或更换;钢筋混凝土栏杆若出现裂缝或剥落,可以用环氧树脂黏结材料灌注封缝修补;金属栏杆应经常清刷除锈,刷漆养护(一般一年一次),防止油漆麻点、脱皮等病害;桥梁两端导向柱、防撞墙油漆应始终保持清晰鲜明,不清晰的应重新刷漆;人行道块件也应牢固、完整,若出现松动、缺损应及时进行维修或更换;桥面路缘石也应保持完好状态,如有缺损应及时维修或更换。

思考与练习

一、选择题

1. 化学注浆法的注浆嘴布置原则是(　　)。
   A. 宽缝稀,窄缝密　　　　　　　　B. 宽缝密,窄缝密
   C. 宽缝和窄缝均密　　　　　　　　D. 宽缝和窄缝均稀

2. 混凝土表面产生麻面的主要原因为( )。
   A. 混凝土保护层厚度不够　　　　B. 模板内侧不光滑、不湿润
   C. 钢筋锈蚀　　　　　　　　　　D. 混凝土养护不当
3. 对桥梁混凝土缺陷进行修补前,必须清除已损坏的混凝土,凿除的方法不包括( )。
   A. 人工凿除法　　　　　　　　　B. 气动凿除法
   C. 电动凿除法　　　　　　　　　D. 高压射水法

二、名词解释

1.蜂窝;2.气动凿除法;3.填缝法;4.粘贴钢板法。

三、简述题

1.混凝土裂缝表面封闭修补法有哪些?
2.简述混凝土裂缝压力灌浆修补法施工技术要点。
3.简述桥梁桥面铺装维修的方法。

模块五　桥梁上部结构加固

随着我国经济社会的不断发展,交通运输需求也不断提高,车辆载重量增大,按从前的旧标准设计并且建造的桥梁面临重大挑战,目前对大部分的旧桥进行重建既不经济也不合理。若要对那些承载力不能达到交通运输需求的桥梁进行重新设计建设,不但耗费大量的时间且耗费巨大,而且影响交通,破坏环境。桥梁加固则是在既有结构基础上,首先对桥梁进行检测、评估,确定其承载能力等,然后采用新材料和新技术,合理发挥既有结构的作用,不阻隔交通或者采取短时间中断交通的方式来使桥梁重新达到或者提高承载能力和通行能力。对桥梁进行加固处理不但经济合理,还可使桥梁焕发"新生命力",与我国的具体国情相符,有利于社会的可持续发展。根据国内外经验,对桥梁进行加固的费用通常为重新建造的20%~40%,并且可在中断或短时间中断交通下进行,加固周期较短。因此,桥梁结构加固具有重要的技术意义和经济意义。

单元一　桥面补强层加固

1. 掌握桥面补强层加固的基本原理;
2. 掌握桥面补强层加固法的施工工艺;
3. 掌握钢筋种植的施工工艺。

桥面补强层加固资源请扫描封面的二维码,查看资源64、资源65、资源66、资源67。

一、概述

桥面补强层加固法是对桥面进行一定的处理(一般先凿除原桥的沥青混凝土和普通混凝土)后重新浇筑一层钢筋混凝土补强层,使其与原桥跨结构形成组合结构。桥面补强层加固法加高梁体截面,增大了主梁有效高度和抗弯能力,加大了拉压截面,改善了行车条件,提升了桥梁横向分布荷载能力。

二、加固方法及施工要求

1. 加固方法

桥面补强层加固的常用方法有加铺钢筋网与混凝土、加铺钢筋网与膨胀混凝土、加铺钢筋网与钢纤维混凝土等,其中加铺钢筋网与膨胀混凝土最为常用。桥面补强层常用加固方法及构造见表5-1。

桥面补强层常用加固方法及构造

表 5-1

序号	构造图(尺寸单位:cm)	补强层加厚方法	
		底面加厚	顶面加厚
1	(构造图)	—	采用钢筋混凝土加厚,新旧混凝土结合面凿毛并加设锚固钢筋
2	(构造图)	—	采用钢纤维混凝土加厚,新旧混凝土结合面凿毛并加设锚固钢筋
3	(构造图)	喷射钢纤维砂浆	采用聚合物混凝土加厚,新旧混凝土结合面凿毛并加设锚固钢筋
4	(构造图)	焊接钢筋网并喷射钢纤维混凝土	采用膨胀钢筋混凝土加厚,结合面凿毛处理并加锚固钢筋
5	(构造图)	—	采用膨胀钢筋混凝土加厚,结合面凿毛处理并加锚固钢筋
6	(构造图)	喷射钢纤维砂浆	—
7	(构造图)	焊接钢筋网并喷射钢纤维砂浆	—

加固设计计算的前提是补强层能与桥梁面板良好结合,能成为一个牢固的整体。补强层的厚度与配筋视加固需要而定,一般补强层的厚度采用 8~20cm。加固设计时还应考虑补强

层作为新增力的恒载及新旧混凝土引起的收缩差等。

2. 施工要求

桥面补强层加固施工流程见图 5-1。

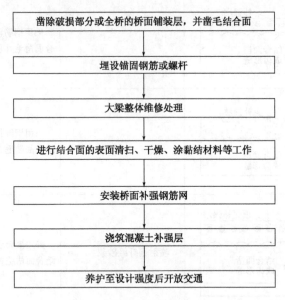

图 5-1 桥面补强层加固施工流程

桥面补强层加固法施工的关键是新旧混凝土能否牢固形成一个整体,因此从施工工艺和采取一定的有效措施来确保新旧结构层共同受力的可靠性和耐久性,具体措施如下:

(1)对桥梁面进行凿毛处理,先凿去桥面铺装,然后再凿去部分梁顶面混凝土,使表面粗糙,呈齿状形,箍筋外露,凹槽约 2cm;

(2)加固前必须对梁顶病害进行处理,还需清扫、冲洗结合面并使之干燥;

(3)在预埋锚固筋时,先用钢筋探测器探测钢筋混凝土保护层厚度和钢筋位置(以避免钻孔时损坏梁的主筋),一般按纵横间距 50cm 交叉布置,并按计算孔深用电钻钻孔,清孔并注入植物胶或化学锚固胶,最后埋入膨胀螺栓作为抗剪栓钉;

(4)为使新旧混凝土黏结良好,可在凿毛后的混凝土表面涂上一层环氧胶液胶结剂;

(5)按抗裂缝要求配备钢筋网,钢筋网的钢筋直径可视实际情况适当加大;

(6)可采用 C40 干硬性混凝土或 C35 钢纤维混凝土浇筑补强层,以减少新浇混凝土的收缩,从而减少新旧混凝土之间产生的差动收缩力,提高补强效果;

(7)补强层混凝土浇筑后,应加强养护,避免使补强层过早受力。

3. 优缺点

桥面补强层加固法主要适用于中、小跨径的梁式桥和拱式桥;对于大跨径桥梁加固效果不十分明显,必须与其他加固方法配合使用;单车道桥梁使用该方法时因需封闭交通,故应慎重选用。桥面补强层加固法的优缺点如下:

(1)具有施工简便、经济、有效等优点。

(2)该方法可能会使桥面高程增加、引道坡度增大及恒载增加(应通过计算判断桥面增厚后是否可以提高桥梁的承载能力,若恒载的增加影响更大,则可考虑采用其他加固方法),为了减少补强层增加的恒载,往往需先将原有桥面铺装层凿除。

(3)该方法凿除原有铺装层后,一是必须在原梁上植筋或埋设锚栓,以保证新旧混凝土结合良好;二是必须在新的桥面铺装上设置钢筋网,以解决新浇混凝土的收缩等问题。这两点可使补强层与主梁良好结合,但促使两者共同受力的措施较为复杂。

工程案例

某桥梁为装配式部分预应力混凝土连续箱梁桥梁,于2002年建成通车,通车后桥面铺装层损坏严重,共存在17条纵向裂缝,长度12~13m,部分缝口混凝土破损(图5-2)。右幅桥面存在多条横向裂缝,长度1.2~3m。共存在9处网裂,面积1.2~108m²,造成桥面雨水下渗,影响桥梁正常使用。加固要求:对梁体进行加固处理。

图5-2 桥面铺装层损坏

对于案例中的桥面板加固,具体解决措施是:

此桥梁桥面板加固选择桥面补强层加固法,施工方法如下:

(1)对旧桥面进行凿毛处理。凿去桥面铺装层(若为沥青混凝土铺装层,则全部凿除),然后,凿去部分梁顶面混凝土约2cm,并使表面粗糙、呈齿状形、箍筋外露。

(2)对结合面进行处理。应采用高压水进行表面冲洗,清除浮尘,并使结合面无积水,保持干燥。

(3)凿毛清洗干净后,混凝土面上可涂抹一层胶结剂,如1:0.4铝粉水泥浆或环氧胶液等。

(4)架设新旧混凝土之间的连接钢筋。可在旧混凝土层上设置钢筋锚,也可把补强层钢筋网与底层钢筋焊接。

(5)采用干硬性混凝土或钢纤维混凝土浇筑补强层,以减少新浇混凝土的收缩,从而减少新旧混凝土之间产生的收缩力,提高补强效果。

(6)补强层混凝土浇筑后,需加强养护,避免补强层过早受力影响加固效果。

单元二 增大截面加固

学习目标

1. 掌握增大截面加固法的基本原理;
2. 掌握增大截面加固法的施工工艺。

增大截面加固法资源请扫描封面的二维码,查看资源68、资源69。

增大截面加固法又称为"外包混凝土"加固法,通过增大混凝土构件的截面和配筋,提高构件的强度、刚度、稳定性和抗裂性等。该方法可加固梁式桥梁,也可加固拱式桥梁。

增大截面加固法可分为单侧、双侧、三侧或四周外包加固。根据加固目的和要求的不同,可以是增大断面为主的加固,可以是增配钢筋为主的加固,也可以是两种加固方法同时采用的加固。以增大断面为主时,为了保证补加混凝土正常工作,亦需适当配置构造钢筋;以增配钢筋为主时,为了保证配筋的正常工作,亦需按钢筋的间距和保护层等构造要求确定适当增大截面尺寸。加固中应将新旧钢筋焊接,或用锚杆联结补强钢筋和原构件,同时将旧混凝土表面凿毛、清洗干净,确保新旧混凝土良好结合。

增大截面加固法使用普通混凝土,强度等级不低于C20,当加固层较薄、钢筋较密时,可用细石子混凝土,在条件许可的情况下亦可采用钢纤维混凝土加固。

一、施工要点

1. 构造要求

根据《公路桥梁加固设计规范》(JTG/T J22—2008)规定,构造要求如下:

(1)采用增大截面法加固桥梁时,新浇混凝土层的最小厚度,对板不宜小于100mm;对梁和受压构件不宜小于150mm;不应小于40mm,用喷射混凝土施工时不应小于50mm。

(2)配制混凝土用的石子宜用坚硬耐久的卵石或碎石,其最大粒径不宜大于20mm。

(3)当采用钢筋补强时,纵向受力钢筋的直径不宜小于12mm,不宜大于25mm;构造钢筋直径不小于10mm;箍筋直径不宜小于8mm,U形箍筋直径直与原有箍筋直径相同。

(4)当采用型钢和钢板补强时,应将其和原结构的钢筋进行连接,或采用锚栓与原结构连接,切实保证力的有效传递和使其能够参与原结构共同受力。

(5)加固的受力钢筋与原构件的受力钢筋间的净距不应大于20mm,并应采用短筋焊接;箍筋应采用封闭的或U形的箍筋,并按以下构造要求进行设置:

①加固的受力钢筋与构件的受力钢筋采用短筋焊接时,短筋的直径不应小于12mm,长度不小于5d(d为新增纵筋和原有纵筋直径中的较小者),为新增纵筋和原有纵筋直径的小值,各短筋的中距不大于500mm。

②当用混凝土围套进行加固时,应设置封闭箍筋。

③当用单侧或双侧加固时,应设置U形箍筋或封闭式箍筋并与原构件牢固连接。U形箍筋应焊在原有箍筋上,单面焊缝长度为10d(d为U形箍筋直径),双面焊缝为5d。U形箍筋还可焊在增设的锚钉上,或直接伸入锚孔内锚固,锚钉直径d不应小于10mm,锚钉距构件边沿不小于3d,且不小于40mm,锚钉锚固深度不小于10d,并采用环氧砂浆或高强度等级水泥砂浆将锚钉锚固于原构件内,钻孔直径应大于锚钉直径4mm。

2. 施工要求

增大截面加固桥梁的施工过程,按照《公路桥梁加固施工技术规范》(JTG/T J23—2008)规定。应遵循下列工序和原则:

(1)为了加强新旧混凝土的结合,应对原构件混凝土存在的缺陷清理至密实部位,并将构件表面凿毛,要求打成麻坑或沟槽,沟槽深度不宜小于6mm,并露出粗集料。

(2)当采用三面或四面外包方法加固桥梁构件时,应将构件的棱角敲掉,同时应除去浮渣、尘土。

(3)浇筑混凝土前,原混凝土表面应清洗干净并保持清洁湿润。

(4)梁肋增设主筋时,对原有钢筋应除锈;当受力钢筋需焊接时,施焊前应采取卸荷或支顶措施,并逐根分区分段分层进行焊接,以减少原受力钢筋的热变形,使原结构的承载力不致遭受较大影响。

(5)外包混凝土的支架、模板应满足强度、刚度和稳定性的要求。当外包混凝土体积较大时,应对支架进行预压,浇筑过程中逐步卸载。

增大截面法加固施工不如整浇混凝土构件方便,必须采取措施,保证模板搭设、钢筋安置及新混凝土的浇筑和振捣质量,以达到混凝土密实要求。同时,应加强新浇混凝土的养护,养护期最好达到14d以上。

3.施工步骤

对于板梁桥,主要考虑增设板梁底面的加强主筋和截面;对于T形梁桥除考虑增设梁底主筋和截面外,还须考虑设置套箍。二者施工步骤有一定的区别。

(1)板梁桥采用增大截面和配筋加固法时,主要应考虑梁的抗弯截面强度不足,需在其受拉区增设补强主筋,并使其与原主筋能够连接牢固,共同工作。施工步骤如下:

①凿槽、配设补强钢筋。先沿着原构件底部主筋部位下面凿槽。槽不宜过宽过深,以不影响补强钢筋的放置及焊接为度,并尽量减少原主筋周围混凝土的握裹力损失。

②将补强钢筋与原主筋焊接。焊接时一般可采用焊一段空一段的间断焊接方式,以避免温度过高影响混凝土质量。剪断的钢箍可焊接在补强钢筋上,使其形成较为牢固的钢筋骨架。

③将板梁底部混凝土表面凿毛、洗净。为保证新旧混凝土的结合,减少因变形而产生的接合裂缝,在喷涂砂浆或浇筑混凝土前,应用压力水冲除结合部位的余灰,并使其湿润。

④混凝土表面喷涂或浇筑砂浆或用混凝土覆盖,以形成新旧钢筋混凝土结合良好的断面。混凝土或砂浆覆盖层不宜太薄,其厚度应符合钢筋混凝土截面保护层的要求。

⑤加强新浇水泥砂浆及混凝土层的养护工作,避免因过早通车而影响工程质量。

⑥为避免影响桥下通航,还可采用悬挂式脚手架的形式进行施工。施工时,在桥的两侧钢筋混凝土栏杆上系绕直径为20mm左右的钢丝绳,并穿过泄水孔兜住桥面,桥下一头钢丝绳捆扎圆木,上面加方木再满铺5cm木板供施工作业使用,脚手架顶面距梁底2m左右为宜。

某钢筋混凝土板梁加固断面如图5-3所示。

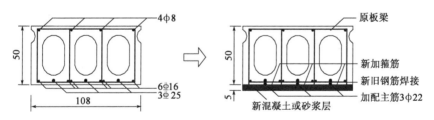

图5-3 某钢筋混凝土板梁加固断面示意图(尺寸单位:cm)

(2)T形梁增大截面和配筋加固一般是在梁底及腹板加设钢筋(梁的竖向设钢筋箍以加强抗剪能力),然后喷涂或浇筑一层砂浆或混凝土以增大梁截面。施工步骤如下:

①将梁底面的混凝土保护层凿去,将两侧腹板表面凿毛,要求将表面砂浆凿出粗纹,露出石料颗粒。凿毛后随即进行焊接钢筋及浇筑混凝土的工作,以免凿毛部位污染,影响新旧混凝土的结合。

②在暴露的原有主钢筋上焊接需要的补强钢筋,通过计算确定补强筋的尺寸与数量。

③在侧面腹板上加上需要补强的钢筋箍,通过计算确定钢筋箍的距离。

④用埋入梁中的销钉将钢筋箍固定,并用铁丝与纵向加固钢筋扎结或焊接。钢筋箍的上端应埋入桥板中。

⑤立模板浇筑混凝土,并恢复保护层。
⑥加强新浇混凝土层的养护工作,避免因过早行车而影响工程质量。

二、拱桥增大截面加固法

砖、石拱桥增大截面加固方法见表 5-2。

套拱增大截面加固教学视频请扫描封面的二维码,查看资源 70。

砖、石拱桥增大截面加固方法(单位:cm)   表 5-2

对策	简图	说明
原拱圈下增设拱圈加固		在桥下净空容许,或根据水文资料,桥下泄水面积容许缩小时,可在原有拱圈下部增设拱圈,即紧贴原拱圈下面,喷射钢丝网水泥拱圈或浇筑钢筋混凝土新拱圈
原拱圈上增设钢筋混凝土拱圈加固		挖开原拱顶填土层直到拱背,洗净修补好,凿毛,加筑新拱圈。加厚拱圈时,应考虑墩台受力是否安全。多孔石拱桥全部加设新拱圈时,拆除拱上填料必须对称同时进行
拱圈的钢板箍或钢拉杆与螺栓锚加固		石拱桥可在拱圈的跨中和 1/4 处加设三道(或多道,视具体情况而定)钢板箍(钢板厚可取 6~8mm)或钢拉杆,用螺栓在拱底及拱侧钻孔锚固,并将锚固点设在拱圈厚度的 $l/3$ 处。锚固孔用膨胀水泥砂浆填塞牢固

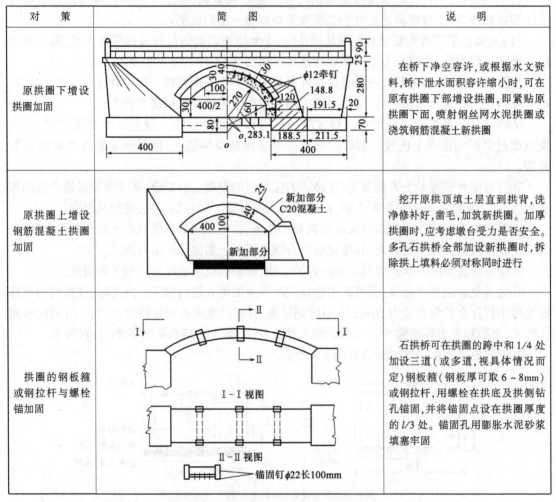

增大截面加固教学案例资源请扫描封面的二维码,查看资源 71 和资源 72。

工程案例

明溪碧州大桥位于省道 S306 秀里线 K351+700 处,建于 1996 年。原桥上部结构采用 5×20m 的装配式钢筋混凝土 T 形梁桥,桥面连续,分为 2 跨 1 联及 3 跨 1 联。下部采用 U 形台扩大基础、双柱式桥墩扩大基础。原桥设计荷载汽—20 级、挂—100,桥宽:净—9m+2×1.25m人行道(含栏杆)=11.5m。明溪碧州大桥现阶段总体技术状况等级评定为 4 类,即"中等缺陷,尚能维持正常使用功能"。荷载试验结果表明,明溪碧州大桥目前尚能满足荷载汽—20 级的通行要求,但是 T 梁刚度、承载力明显不足。

对于案例中的T梁加固,具体解决措施是:

将T梁根部外包混凝土加大截面;在新增截面上加强受力钢筋,并将新增截面的连接钢筋植入原结构,以保证新增截面能与原结构共同受力,加大截面均采用C40混凝土,如图5-4所示。

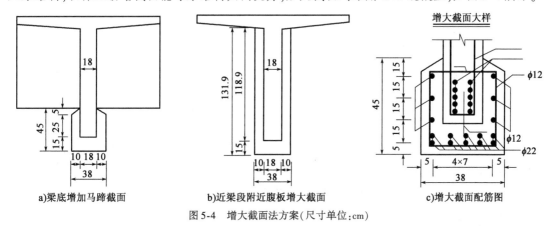

图5-4 增大截面法方案(尺寸单位:cm)

(1)构件表面处理。施工前仔细检查T梁病害状况,对混凝土麻面和风化的面层都应该凿毛至露出新鲜结构层,凿毛深度按6mm控制。对外露钢筋除锈后在钢筋表面涂刷阻锈剂,对存在的裂缝进行灌浆或封闭处理。

(2)植筋施工。①放样:根据植筋设计图的位置,在现场直接放样标出。②钻孔:根据图纸植筋的直径d扩大4~8mm为钻孔的直径。③清孔:先用吹风机吹一遍,再用钢丝刷刷一遍,然后用吹风机吹干净。④钢筋除锈:用钢丝刷或磨机刷在植筋深度范围内钢筋段进行除锈。⑤配胶:植筋结构胶根据要求进行精确配制。⑥注胶:胶灌入孔中,要求达到孔深2/3以上。⑦插筋:将已清洗的钢筋插入,要求插到孔底,孔口有少量胶溢出。⑧封口:当为水平植筋或向上植筋时,避免固化前胶慢慢流出,造成胶不饱满,要求用胶泥封口。⑨固化:一般固化时间约为12h,在固化时间不应碰钢筋。⑩验收:现场检查植筋的位置、规格、数量符合图纸要求,并无异常情况,即可验收。在新增截面上加强受力钢筋,并将新增截面的连接钢筋植入原结构,以保证新增截面能与原结构共同受力。植筋直径为12mm,钻孔深12cm。

(3)立模板。①所用模板表面平整度和光洁度应满足有关规范的要求;②模板安装之前,把浇筑混凝土范围内所有垃圾清理干净,并用淡水将其冲洗;③在模板上涂抹脱模剂,脱模剂采用色拉油或新购的机油,禁止采用废机油;④在钢筋骨架上绑扎塑料或混凝土保护层垫块,以保证钢筋的保护层满足设计要求;⑤模板安装支架采用双钢管作为主稳定骨架,模板间用ϕ20mm拉杆按适当间距对拉,以保证模板的整体强度和局部尺寸的精度;⑥模板间的缝隙用黏结剂封闭。

(4)浇筑C40自密实混凝土:①混凝土构件表面处理。混凝土构件表面凿毛,并清洗干净。②按设计图要求进行植筋。③钢筋制作。按图纸要求布置纵筋和箍筋,箍筋采用电焊连接。④模板制作。按图纸尺寸制作模板,要求模板尺寸准确,表面平整垂直,连接严密。⑤浇筑混凝土。按设计图要求进行C40配合比试配,按试配的要求拌制混凝土,严格控制石粒粒径,严格控制水灰比。浇捣前,原构件表面和模板先浇水润湿,仔细浇筑混凝土,振捣密实。浇筑混凝土时,应人工配合小锤子在模板外侧轻轻敲打,保证混凝土浇筑密实。⑥每次浇筑的混凝土,需制作三块(一组)混凝土标准试块,标准养护后,由有资质的试验室出具28d混凝土抗压强度报告。

单元三 粘贴钢板加固法

1. 掌握粘贴钢板加固法的基本原理;
2. 掌握粘贴钢板加固法的施工工艺。

粘贴钢板加固法资源请扫描封面的二维码,查看资源 73。

粘贴钢板加固法是用环氧树脂系列黏结剂将钢板粘贴在钢筋混凝土结构物的受拉区边缘或薄弱部位,使之与原结构物形成整体共同受力,以提高其抗弯、抗剪能力及刚度,改善原结构钢筋及混凝土的应力状态,限制裂缝的进一步发展,从而提高桥梁的承载能力与耐久性。

一、施工要点

粘贴钢板加固法施工流程如图 5-5 所示。

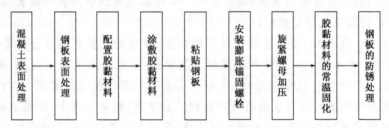

图 5-5 粘贴钢板加固法施工流程

1. 混凝土表面处理

凿除粉饰层、油垢、污物,然后用角磨机打磨除去 1~2mm 厚表层,较大凹陷处用找平胶修补平整,打磨完毕用压缩空气吹净浮尘,最后用棉布蘸丙酮拭净表面,待粘贴面完全干燥后备用。

2. 钢板表面处理

依据《公路桥梁加固施工技术规范》(JTG/T J23—2008)中的相关规定,钢板黏结面可用喷砂或平砂轮打磨直至露出金属光泽,打磨纹路应与钢板受力方向垂直,钢板粘结面应有一定的粗糙度;钢板外露面必须除锈至呈现金属光泽并保持干燥。

3. 配置胶黏材料

桥梁加固用胶黏剂,根据所加固结构的重要程度分为 A 级胶与 B 级胶。其中,A 级胶用于重要结构或构件的加固,B 级胶用于一般结构或构件的加固。

采用粘贴钢板加固所用的胶黏剂应满足设计要求的各项力学指标和耐久性要求。其质量应符合《公路桥梁加固设计规范》(JTG/T J22—2008)第 4 章的相关规定。

建筑结构胶常包含多种组成成分,取洁净容器(塑料或金属盆,不得有油污、水和杂质)和称重衡器按说明书配合比混合,并用搅拌器搅拌至色泽均匀为止。搅拌时最好沿同一方向搅拌,尽量避免混入空气形成气泡,配置场所宜通风良好。

该工序所用主要物资:搅拌器、容器、衡器、腻刀、手套。

4. 涂敷胶黏材料

自上而下进行立面涂胶。

5. 粘贴钢板

钢板粘贴应选择在干燥环境下进行,将配好的胶黏剂均匀涂抹在已清洁的混凝土和钢板条黏结面上。

依据《公路桥梁加固施工技术规范》(JTG/T J23—2008)中的规定,钢板条黏结面上的抹胶可涂成中间厚两边薄,板的中央涂抹胶的厚度为 3~5mm。

所用设备:加压固定及卸荷系统、腻刀、手套。

6. 安装膨胀锚固螺栓

粘贴前应在混凝土上钻孔,待钢板粘贴后,安装锚固螺栓,兼作固定件和压紧件。

7. 旋紧螺母加压

要求埋设牢固,具有可靠的抗拔力,以保持粘贴钢板时有效加压,同时帮助钢板克服剪切,有利于粘贴的耐久作用。

8. 胶黏材料的常温固化

拌合的结构胶基本固化时间约为24h,在结构胶完全固化前不能扰动钢板,固化后,应用小锤轻轻敲击钢板,由声响判断黏结效果,黏结面积应不少于95%,否则此黏结件不合格,应剥下重新黏贴或采取有效措施补黏或补强。

9. 钢板的防锈处理

加固后钢板宜采用20mm厚M15水泥砂浆抹面保护,也可采用涂防锈漆保护,以避免钢材腐蚀。

二、适用范围

在梁底粘贴钢板加固,可提高梁的抗弯能力。该加固方法施工简便,不减少桥下净空,可在不影响或少影响正常交通情况下进行梁底粘贴纵向钢板(或钢筋)加固,见图5-6。

在箱梁或T梁(或工字梁)梁腹黏结斜向钢板可使钢板与混凝土整体受力,提高梁的整体刚度与抗剪强度。为防止梁体内原有钢筋或预应力钢索的锈蚀,粘贴钢板前应先在裂缝处灌入环氧树脂浆液,先封闭裂缝后贴钢板,见图5-7。

图5-6 在梁底粘贴纵向钢板加固

图5-7 在梁腹粘贴斜向钢板

在悬臂梁牛腿处或挂梁端部(支座、牛腿处出现裂缝时)粘贴钢板可增强构件的抗剪强度,钢板通常为块状(A)或带状(B)。带状钢板设置方向一般与主拉应力方向平行(即与剪切裂缝方向垂直),跨缝布置上下端设水平锚固板,以提高端部的锚固强度,钢板厚度一般为 10~15mm。见图 5-8。

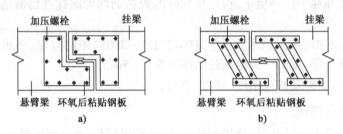

图 5-8 在悬臂梁牛腿处或靠近支座主梁腹板粘贴钢板(条)

三、材料要求

粘贴钢板加固法对材料要求较高,具体为:

(1)加固所用黏结剂,应具备黏结强度高、耐久性好的特点,并具有一定弹性。

(2)加固所用钢板,一般以 3 号钢或 16 锰钢为宜。钢板、连接螺栓及焊缝的强度设计值,应按《钢结构设计标准》(GB 50017—2017)规定采用。

(3)粘贴钢板加固基层的混凝土强度等级不应低于 C15。

(4)粘贴钢板在加固点外的锚固长度,除满足计算值外,尚应保证一定的构造要求。对于受拉区,不可小于 $200t$(t 为钢板厚度),同时不可小于 600mm;对于受压区,不可小于 $160t$,亦不可小于 480mm。

四、构造要求

(1)采用直接涂胶粘贴的钢板厚度不应大于 5mm;钢板厚度大于 5mm 时,应采用压力注胶粘贴。

(2)对钢筋混凝土受弯构件进行正截面加固时,钢板宜采用条带粘贴,钢板的宽厚比不应小于 30。

(3)当粘贴的钢板延伸至支座边缘仍不满足《公路桥梁加固设计规范》(JTG/T J22—2008)第 6.2.5 条延伸长度的要求时,应采取下列锚固措施:

①对梁,应在延伸长度范围内均匀设置 U 形箍,且应在延伸长度的端部设置一道加强箍。U 形箍应伸至梁翼缘板底面。U 形箍的宽度,对端箍不应小于 200mm;对中间箍不应小于受弯加固钢板宽度的 1/2,且不应小于 100mm。U 形箍的厚度不应小于受弯加固钢板厚度的 1/2。U 形箍的上端应设置纵向钢压条,压条下面的空隙应加胶粘钢垫块填平。

②对板,应在延伸长度范围内通长设置垂直于受力钢板方向的压条。压条应在延伸长度范围内均匀布置,且应在延伸长度的端部设置一道。钢压条的宽度不应小于受弯加固钢板宽度的 3/5,钢压条的厚度不应小于受弯加固钢板厚度的 1/2。

(4)当采用钢板对受弯构件负弯矩区进行正截面承载力加固时,应采取下列构造措施:

①对负弯矩区进行加固时,钢板应在负弯矩包络图范围内连续粘贴;其延伸长度的截断点应按《公路桥梁加固设计规范》(JTG/T J22—2008)第 6.2.5 条的原则确定。

②对无法延伸的一侧,应粘贴钢板压条进行锚固。钢板压条下面的空隙应加胶粘钢垫块填平。

(5)当加固的受弯构件需粘贴一层以上钢板时,相邻两层的截断位置应错开一定距离,错开的距离不应小于300mm,并应在截断处加设U形箍(对梁)或横向压条(对板)进行锚固。

(6)当采用钢板进行斜截面承载力加固时,应粘贴成斜向钢板、U形箍或L形箍。斜向钢板、U形箍或L形箍的上端应粘贴纵向钢压条予以锚固。

五、施工要求

粘贴钢板加固法的施工要求比较严格,具体要求有:
(1)严格控制施工温度,以15~28℃为宜,温度偏低时,应采用加温措施(紫外线灯)。
(2)严格控制胶结材料的配合比,必要时辅以稀释剂、增塑剂、固化剂等外加剂。
(3)需粘贴钢板处的混凝土表面应清凿平顺(以能看到混凝土粗集料为宜)。
(4)用于粘贴的钢板可用钢丝刷或喷砂除锈(必须彻底),并使表面有一定粗糙度。
(5)粘贴时应保证环氧砂浆饱满。一般在混凝土表面及钢板表面分别涂刷一层均匀的环氧砂浆薄层,合计层厚约2mm,然后加压使之密贴、固定(黏结剂固化前应采取措施使钢板固定并夹紧)。
(6)粘贴前应在混凝土上钻孔并安装锚固螺栓(兼作固定件和压紧件),要求埋设牢固,具有可靠的抗拔力,以保持粘贴钢板时有效加压,同时还可帮助钢板克服剪切,有利于粘贴的耐久作用。
(7)对钢板外表面进行防锈处理,对被加固部位构件进行外观处理。
(8)黏结剂应密封保存、远离火源并避免阳光直接照射(可配备灭火器)。
(9)施工人员应穿工作服,戴防护口罩和手套;施工现场应保持良好的通风;对于受压区粘贴钢板加固,当采用梁侧粘贴钢板时,钢板宽度不宜大于梁高的1/3。

六、优缺点

粘贴钢板加固法具有以下优缺点:
(1)施工简便、周期短;
(2)所占空间小,不减小桥梁净空;
(3)粘贴加固部位、范围与强度可视需要灵活设置;
(4)可在不影响或少影响交通的情况下施工;
(5)钢板起到补强钢筋的作用,提高桥梁的承载能力与耐久性;
(6)黏结剂的质量及耐久性是影响加固效果的关键因素,应充分重视。
粘贴钢板加固工程案例资源请扫描封面的二维码,查看资源74。

 工程案例

上海市苏州河上的河南路桥为单悬臂加挂梁的钢筋混凝土桥,全长64.68m,三孔跨径组成为13.41m+37.64m+13.41m。其中中孔挂梁长17.22m,两悬臂长均为10.25m,两边孔及两单悬臂均为钢筋混凝土箱形结构。

(1)钢筋混凝土单悬臂梁的混凝土碳化深度已达到或部分超过混凝土保护层厚度,在潮湿环境下引起大面积的钢筋锈蚀,造成混凝土保护层崩裂,局部钢筋截面面积减小,特别是单悬臂梁腹板箍筋和人行道板底钢筋截面面积减小较严重。同时,这些区段钢筋与混凝土之间黏结力减弱,个别甚至丧失,因此该桥梁钢筋混凝土结构目前已处于非正常使用状态。

(2)箱梁各室顶板和腹板上缘有纵向负弯矩引起的横桥向受力裂缝,顶板底部的裂缝宽度已达 0.2mm,个别已超过 0.2mm,上顶板有多处渗水,上顶板顶面(桥面)横桥向裂缝的宽度比板底裂缝宽度大,这是造成板顶渗水的主要原因,也是造成箱梁顶板和腹板的钢筋锈蚀及混凝土崩裂的主要原因之一。这些钢筋若继续锈蚀,将降低该桥梁实际的承载能力和安全度。

(3)边孔箱梁底缘有顺桥向裂缝,间隔约 1.5m,裂缝宽度达 0.2～0.5mm。产生纵向裂缝的主要原因是,箱梁底板下缘横向配筋较少,而且底板横向钢筋不是通长的,在箱肋边弯起。这不仅使该处钢筋有效长度减小,而且形成内折角,抵抗横向弯曲能力降低。

要求对该桥梁进行加固。

解决措施:

根据案例描述可知,混凝土保护层崩裂、钢筋锈蚀,设计采用粘贴钢板法进行加固,具体解决措施如下:

(1)混凝土表面处理

凿除粉饰层、油垢、污物,然后用角磨机打磨除去碳化部分,较大凹陷处用找平胶修补平整,打磨完毕用压缩空气吹净浮尘,最后用棉布沾丙酮拭净表面,待粘贴面完全干燥后备用。

(2)钢板表面处理

钢板黏贴面应用角磨机进行粗糙打磨、除锈处理,直至打磨出现光泽,使用前若洁净仅用干布擦拭即可,否则可用棉布蘸丙酮拭净表面,待完全干燥后备用。

(3)配置胶黏材料

用洁净容器和称重衡器,按说明书配合比混合胶黏材料,并用搅拌器搅拌至色泽均匀为止。搅拌时最好沿同一方向搅拌,尽量避免混入空气形成气泡,配置场所宜通风良好。

(4)涂胶

自上而下进行立面涂胶。

(5)粘贴钢板

钢板粘贴应选择干燥环境下进行,胶黏剂均匀涂抹在清洁的混凝土和钢板条黏结面上。

(6)安装膨胀锚固螺栓

粘贴前应在混凝土上钻孔,待钢板粘贴后,安装锚固螺栓,兼作固定件和压紧件。

(7)旋紧螺母加压

(8)胶黏材料的常温固化

(9)钢板的防锈处理

单元四 粘贴碳纤维加固法

学习目标

1. 掌握粘贴碳纤维加固的基本原理;
2. 掌握碳纤维材料的力学特性;
3. 掌握粘贴碳纤维加固法的施工工艺。

粘贴碳纤维加固法资源请扫描封面的二维码,查看资源75。

粘贴碳纤维加固法利用黏结剂将碳纤维增强复合材料(CFRP)(如碳纤维布)粘贴在混凝土构件表面,如图5-9所示。当结构荷载增加时,碳纤维布因与混凝土协调变形而共同受力,从而提高混凝土构件的承载能力与刚度,对桥梁起到加固作用。

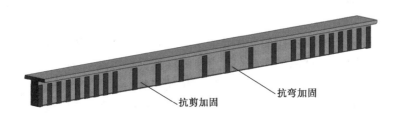

图5-9 粘贴碳纤维加固法示意图

该加固法采用新材料和新工艺,且粘贴效果良好,将广泛应用于桥梁结构加固中。

一、适用范围

粘贴碳纤维加固法可用来加固主梁、墩台等承重构件,也可用来加固非承重构件。

碳纤维片材主要用于混凝土桥梁的基本构件和节点的加固补强,以提高构件的抗弯承载力、抗剪承载力及受压构件的轴向抗压承载力,提高构件的刚度、延性等。此外可用于控制混凝土构件裂缝宽度的发展。

碳纤维片材(特别是碳纤维布)质量轻且厚度薄,具有一定柔度,可在混凝土桥梁的某些部位灵活粘贴加固,碳纤维布的适用部位如图5-10所示。

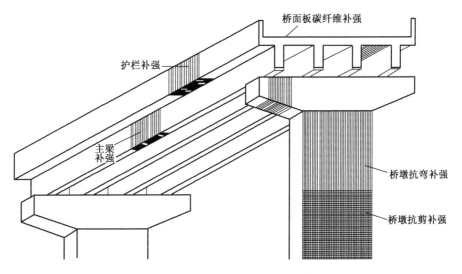

图5-10 碳纤维加固混凝土的部位示意图

二、力学要点

碳纤维复合材料(CFRP)通常由纤维和基体组成。碳纤维复合材料的力学特点是其应力-应变完全线弹性,不存在屈服点或塑性区。碳纤维材料具有高强、轻质、耐腐蚀、耐疲劳等优异的物理力学性能,但也存在某些弊端。

抗拉性能优良的碳纤维布粘贴到梁体底面或箱梁内壁后,其与原结构内布置的钢筋共同承受拉力,提高了桥梁的承载能力。

沿桥梁的主拉应力方向(或与裂缝正交方向)粘贴碳纤维布,两端分别设置锚固端,可以约束裂缝的扩展,提高构件的抗弯刚度,改善梁体的受力状态。

试验研究证实,碳纤维布能够提高混凝土梁抗剪承载力,其作用机理与箍筋类似,同时还能明显改善构件的变形性能,增强构件的变形能力。

碳纤维布加固混凝土构件,在提高其受弯承载力的同时还可能影响受弯构件的破坏形态。当碳纤维布用量过多时,构件的破坏形态将由碳纤维被突然拉断或剥离引起的破坏转变为混凝土被突然压碎破坏。因为这种破坏的突然性(拉断等脆性破坏),碳纤维加固的承载能力极限状态不能按普通钢筋混凝土的定义,一般应按碳纤维抗拉强度的2/3进行抗弯承载力计算。

碳纤维为完全弹性材料,其与钢筋共同工作时会减弱钢筋塑性性能对构件延性的影响。碳纤维布用量过多,钢筋混凝土构件的延性将有所降低。

三、设计要点

采用碳纤维布加固桥梁,目前一般的碳纤维布加固用量计算方法是将碳纤维布按照一定的标准(如强度或允许应力)近似换算成一定用量的钢筋,然后按照传统的钢筋混凝土受力分析模型进行理论分析。近似方法在一般情况下是适用的。

碳纤维布加固用量,可按式(5-1)估算:

$$A_{cf} = A_S \frac{R_y}{R_{cf}} \tag{5-1}$$

式中:A_{cf}——碳纤维布加固用量(面积);

A_S——抵抗不足弯矩所需的钢筋截面面积;

R_y——钢筋的抗拉设计强度;

R_{cf}——碳纤维布抗拉设计强度。

除按上式估算的碳纤维布加固用量(面积)外,还必须考虑必要的锚固长度和搭接长度所需面积,以及必要的边、角废料等裁剪损耗等。

四、施工材料

1. 碳纤维复合材料

加固混凝土构件所用的碳纤维布,是由碳纤维长丝经编织而制成的柔软片材。碳纤维布在编织时,将大量的碳纤维长丝沿一个主方向均匀平铺,用极少的非主方向碳纤维丝将主方向碳纤维丝编织连接在一起,形成很薄的以主纤维方向受力的碳纤维布。碳纤维布的抗拉强度一般应达到3550MPa,弹性模量为2.35×10^5MPa。根据碳纤维布的品质不同,其厚度在0.11~0.43mm,幅宽在20~100cm,卷材长度为50~100m。

2. 黏结材料

黏结材料是保证碳纤维布与混凝土共同工作的关键,也是两者之间传力途径中的薄弱环节。黏结材料应有足够的刚度与强度,以保证碳纤维与混凝土间剪力的传递;同时应有足够的韧性,以避免因混凝土开裂导致脆性黏结破坏。黏结材料还应能在一般气候条件下固化,且固化时间合适(一般保证有 3h 左右),对组分含量不敏感,具有适宜的流动性和黏度,固化收缩率小。黏结材料主要包括底涂胶、找平胶、浸渍树脂和罩面胶等四种。粘贴碳纤维布的各层材料如图 5-11 所示。

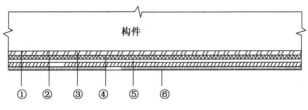

图 5-11　粘贴碳纤维布的各层材料示意图
①-结构表面处理;②-油灰及凹凸面的修补;③-下涂树脂;④-CFPR 贴片;⑤-上涂树脂;⑥-防护涂装

(1)底涂胶:在处理好的混凝土表面上,涂一层很薄的底涂胶,既可以浸入混凝土表面,提高混凝土表面强度,又可以改进胶接性能,使混凝土与碳纤维布能够更好黏结。底涂胶必须具有很低的黏度,以及与混凝土良好的黏结性能,以便涂刷后,胶黏剂能渗入混凝土结构中(为保证性能,应尽量避免使用溶剂型胶)。

(2)找平胶:加固补强处的混凝土表面有锐利突起物、错位和转角部位等都可能降低碳纤维布补强效果,若经过基底处理仍未彻底清除,应在涂敷底层涂料指触干燥后,用找平胶进行找平。找平胶应具有优良的力学性能,以及良好的施工性能与触变性能。找平胶应易于施工操作,且不随时间的延长出现明显的变形。

(3)浸渍树脂(粘贴主胶):连接底胶与碳纤维布,在黏结材料中起着至关重要的作用。浸渍树脂应具有一定的黏度,防止粘贴的碳纤维布塌落而形成空洞或空隙;浸渍树脂应具有良好的触变性,易于施工且不会发生明显的滴淌现象;浸渍树脂应具有良好的渗透性与相容性,以利于浸透碳纤维布,形成复合性整体,共同抵抗外力作用。

(4)罩面胶(防护涂装):保证施工表面的美观和碳纤维布的完好无损。所选材料应能涂敷在碳纤维布表面,并不脱层、不掉落,能长期在冷热干湿的空气中稳定,防止复合材料被紫外线直接照射。其选择范围较大,丙烯酸体系、聚氨酯体系、不饱和聚酯体系、有机硅、有机氟体系等都适合。

五、施工工艺

施工要点相关资源请扫描封面的二维码,查看资源 76、资源 77、资源 78。

粘贴碳纤维加固法施工流程见图 5-12。

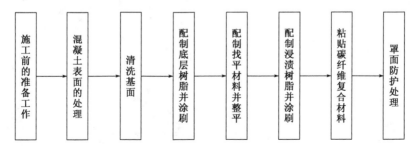

图 5-12　粘贴碳纤维加固法施工流程

粘贴碳纤维加固法具体施工工艺说明如下：

(1)施工前的准备工作：熟悉施工现场和被加固构件混凝土的实际情况，拟出施工大纲；提前准备好所需的纤维布、配套树脂、机具等工作。

(2)混凝土表面的处理：依据《公路桥梁加固施工技术规范》(JTG/T J23—2008)中的相关规定，需将混凝土表面剥落、疏松、蜂窝、腐蚀等劣化部分清除，并进行清洗、打磨，待表面干燥后，用修补材料将混凝土表面凹凸部位修复平整。如果有毛刺，应用砂纸打磨。黏贴处阳角应打磨成圆弧状，阴角以修补材料填补成圆弧倒角，圆弧半径不应小于25mm。

(3)清洗基面：用钢丝刷刷去表面松散浮渣，再用压缩空气除去粉尘；用丙酮或无水酒精擦拭表面，也可用清水冲洗，保证其充分干燥。

(4)配制底层树脂并涂刷：按比例准确配制好底胶并搅拌均匀，注意一次调和量在规定时间内用完，超过时间的不可使用，以确保黏结质量；用毛刷或特制工具将底层树脂均匀涂抹在基面上，注意应均匀涂抹，自然风干(冬季施工时胶的黏度较高，不能涂得太厚)；底胶硬化后，若表面有凸起部分，应用砂纸或磨光机打光；待底胶指触干燥后再进行下一道工序。

(5)配制找平材料并整平：用找平胶填补粘贴面上的凹陷部位，消除棱角；用找平材料将转角处修复为光滑的圆弧；待找平胶指触干燥后再进行下一道工序。

(6)配制黏结树脂并涂刷。

(7)粘贴碳纤维复合材料：依据《公路桥梁加固施工技术规范》(JTG/T J23—2008)中的相关规定，雨天或空气潮湿条件下不宜施工。纤维复合材料粘贴宜在5~35℃环境温度条件下进行，胶黏剂的选用应满足使用环境温度的要求。按照设计尺寸裁剪纤维复合材料，纤维复合材料搭接长度不宜小于100mm，搭接位置宜避开主要受力区。

待黏贴面上画出各层位置；按设计尺寸裁剪碳纤维布，根据现场施工经验和作业空间确定下料长度，若需接长时，接头的长度一般不小于15cm；裁剪好的纤维布必须呈卷状妥善摆放，不得展开平铺放置；配制浸渍树脂并均匀涂抹于所要粘贴的部位；粘贴碳纤维布时，应依设计位置由上而下，由左至右有序粘贴，用一次性软毛刷或特制滚筒沿纤维方向多次涂刷，挤去气泡，并使浸渍树脂充分浸透纤维布，涂刷时不得损伤纤维布；多层粘贴重复上述步骤，待纤维表面指触干燥时即进行下一层的粘贴；及时观察贴片是否粘贴密实，若发现有间隙或气泡，应及时处理(图5-13)。

图5-13　塑料刮板来回涂刷及反复滚压排出气泡

(8)罩面防护处理:粘贴完碳纤维布后,及时在最后一层的碳纤维布表面再均匀涂抹一层浸渍树脂,并使其自然风干;确保贴片表面已充分风干结合后,在其表面涂抹罩面胶或采取其他措施处理,以保证防护材料与原有纤维布之间的可靠黏结,并保证各层胶的耐久性。

碳纤维布粘贴与加固的常见形式见表5-3。

碳纤维布粘贴与加固的常见形式　　　　表5-3

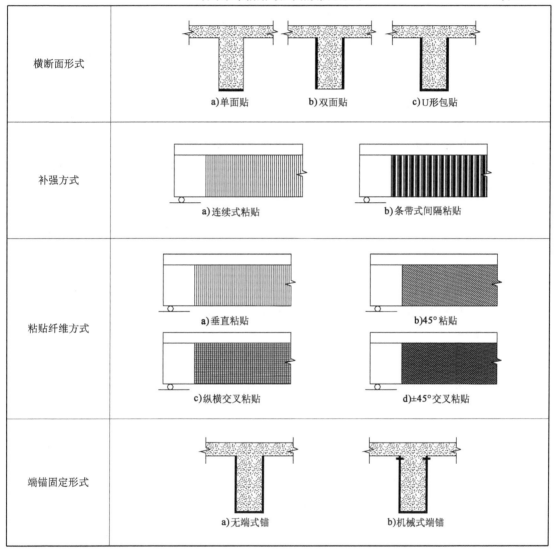

六、施工要求

粘贴碳纤维施工的具体要求:

(1)被加固构件的基面应平整且具有一定强度(一般基面混凝土强度不低于C15)。

(2)加固用的碳纤维布一般不宜采取沿主纤维方向的搭接(特别是对受拉构件和受弯构件受拉区的加固);搭接部位应避开构件应力最大区段,搭接长度不应小于100mm,且搭接端部应平整、无翘曲;多层搭接的各层接口位置不应在同一截面,每层接口位置的净距宜大于200mm。

(3)应注意底涂胶、找平胶、粘贴主胶、罩面胶等胶黏剂间的相容性。

(4)粘贴施工应在气温高于5℃且为晴天时进行。

(5)施工人员应穿工作服,戴防护口罩和手套;施工现场应保持良好的通风。

七、优缺点

与传统的加固方法相比,采用碳纤维布加固桥梁能最低限度地改变原有结构的应力分布,保证在设计荷载范围内其与原结构共同受力。

碳纤维布的自重仅为200~300g/m²,设计厚度为0.111~0.167mm,几乎不增加结构自重和截面尺寸,几乎不改变桥下的净空高度,而且碳纤维布可以在一个部位重叠粘贴,充分满足补强要求,这一点比传统加固方式更加优越。粘贴碳纤维加固法具有良好的适应性,可适应不同构件形状,成形很方便,如对斜、弯、坡及异型结构的补强,碳纤维布可塑性极强,可以随结构外形变化施工,降低了施工难度,缩短了施工工期;又如当箱梁内部加固作业因空间受到限制,无法安置大型设备、模板、夹具或支撑等时,使用该方法,施工简单易行。加固时不必对原结构打孔和埋设锚固螺栓,因而对原结构不会造成新的损伤。粘贴碳纤维加固法具有良好的耐腐蚀性,寿命较长,可以在不利环境下使用,并便于养护。碳纤维会影响受弯构件的破坏形态及其延性。

就目前来看,碳纤维材料价格偏高,加固时应进行经济技术比较;另外,粘贴碳纤维加固法对施工工艺要求很高。

 工程案例

某预应力连续梁桥箱梁顶底板、腹板多处出现裂缝病害,如图5-14和图5-15所示,要求对该梁桥进行加固。

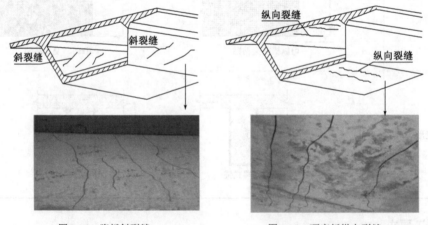

图5-14 腹板斜裂缝　　　　　图5-15 顶底板纵向裂缝

解决措施:

对于上述病害,可以采用粘贴碳纤维加固技术对箱梁顶底板、腹板进行加固,具体施工过程如下:

(1)将混凝土表面剥落、疏松、蜂窝、腐蚀等劣化部分清除,并进行清洗、打磨,待表面干燥后,用修补材料将混凝土表面凹凸部位修复平整。如果有毛刺,应用砂纸打磨。找平面用手触摸感觉干燥后,才能进行下一工序的施工。

(2)用钢丝刷刷去表面松散浮渣,再用压缩空气除去粉尘;用丙酮或无水酒精擦拭表面,也可用清水冲洗,保证其充分干燥。

（3）配制底层树脂并涂刷:按比例准确配制好底胶并搅拌均匀,底胶硬化后,若表面有凸起部分,应用砂纸或磨光机打光;待底胶指触干燥后再进行下一道工序。

（4）配制找平材料并整平:用找平胶填补粘贴面上的凹陷部位,消除棱角;用找平材料将转角处修复为光滑的圆弧;待找平胶指触干燥后再进行下一道工序。

（5）配制黏结树脂并粘贴碳纤维布(碳纤维片)。

（6）罩面防护处理:粘贴完碳纤维布后,及时在最后一层的碳纤维布表面再均匀涂抹一层浸渍树脂,并使其自然风干;确保贴片表面已充分风干结合后,在其表面涂抹罩面胶或采取其他措施处理,以保证防护材料与原有纤维布之间可靠黏结,并保证各层胶的耐久性。

单元五　体外预应力加固法

1. 掌握体外预应力加固法的基本原理、技术要点、施工工艺;
2. 能够组织实施体外预应力法加固桥梁。

体外预应力加固法资源请扫描封面的二维码,查看资源79。

钢筋混凝土梁式桥通常包括简支梁(T形梁、少筋微弯板组合梁、Π形梁及板梁等)、悬臂梁和连续梁等。当其存在结构缺陷,尤其是承载力不足或需要提高荷载等级,即需要对桥梁主要受力结构进行加固时,可考虑采用体外预应力加固对策,即在梁体外部(梁底与梁两侧)设置钢筋或钢丝束,并施加预应力,以改善桥梁的受力状况,达到提高桥梁承载能力的目的。

一、加固方法

体外预应力加固梁式桥,实际上亦是改变了梁体原有受力体系的加固方法。所以,根据加固对象的不同,该加固方法又分为预应力撑杆加固和预应力拉杆加固。体外预应力加固法如图5-16所示。

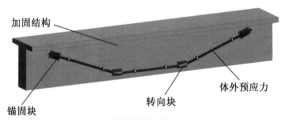

图5-16　体外预应力加固法

预应力撑杆加固主要用于提高轴心受压及偏心受压钢筋混凝土柱(例如,排架桩式桥墩、桥台及拱桥的柱式腹拱墩等)的承载能力。

预应力拉杆加固主要用于受弯构件。根据被加固结构受力要求不同,预应力拉杆加固法又分为三种,即水平拉杆加固、下撑式拉杆加固和组合式拉杆加固。

预应力水平拉杆加固适用于正截面受弯承载力不足的加固,同时,可减小梁的挠度,缩小原构架的裂缝宽度。对于钢筋混凝土T梁或工字梁桥,可采用在梁的受拉区,即在梁底增设水平预应力拉杆的补强方法进行加固。当安装好拉杆并通过一定的装置进行收紧张拉，使得拉杆产生较大的纵向拉力并传至梁底，使梁底受拉区受到拉杆顶压应力的作用，梁中受拉应力也就相应减少。从加固原理来看，这种补强加固法可提高梁体的正截面抗弯承载力，但不能提高支座附近斜截面抗剪承载能力。

预应力下撑式拉杆加固适用于斜截面受剪承载力、正截面受弯承载力均不足的受弯构件加固，同时可减小梁的挠度，缩小原构件的裂缝宽度。该加固对策的主要特点是，将水平的补强拉杆在接近支座处向上弯起，然后将拉杆锚固于梁板支座的上部，弯起点处设置传力构造，再施加预拉应力。补强拉杆一般用粗钢筋做成，亦有用型钢的。由于预应力下撑式拉杆补强布置较为合理，拉杆中施加预应力后，通过拉杆弯起点的支托构件传力，在梁结构产生作用力，起到卸载作用。这种加固方法的优点是对受弯构件垂直截面上的抗弯强度和斜截面上的抗剪强度同时起到补强作用，构造设计合理可使原结构的承载能力有较大提高。

预应力组合式拉杆加固适用于正截面受弯承载力严重不足而斜截面受剪承载力略为不足的构件加固，同时亦可减小受弯构件的挠度，缩小裂缝的宽度。该加固方法一般使用两根水平拉杆、两根下撑式拉杆，因其布置有水平补强拉杆，又布置有下撑式补强拉杆，使之能够同时提高桥梁结构的抗弯强度和抗剪强度，从而可大幅度提高桥梁的承载能力。

体外预应力加固常见形式及适用范围详见表 5-4。

体外预应力加固常见形式及适用范围 表 5-4

加固形式及适用范围		简 图	说 明
钢筋混凝土板梁加固	锚固于梁顶		水平拉杆和斜拉杆由两根粗钢筋组成体外预应力加固体系。斜拉杆与滑块固定，通常是张拉水平筋牵动斜杆受力，斜杆的顶端多锚固在梁顶上，见左上图，也有锚固在腹板上的，见左下图
	锚固于梁		
钢筋混凝 T 梁工字梁加固	锚固于梁腹		采用钢丝绳或钢绞线作为预应力索，用手动葫芦张拉水平筋并锚固于梁腹
	锚固于梁顶		同样采用钢丝绳或钢绞线作为预应力索，并用千斤顶张拉并锚固于梁顶部
	锚固于梁腹		斜杆采用刚度较大的槽钢并与楔形滑块构成一体，水平筋采用粗钢筋、钢绞线或高强度钢丝等，用千斤顶张拉水平筋，从而对梁体实施预应力

续上表

加固形式及适用范围		简 图	说 明
悬臂钢筋混凝土梁加固	锚固于梁腹		以钢绞线作为预应力筋置于梁底部,锚固点设于腋梁上,张拉时可两端同时进行,张拉锚固完成后将钢绞线套入无缝钢管,再压浆防护
箱梁体外预应力加固	锚固于箱上下顶		针对箱梁腹板承受剪力、提升力和剖裂拉力的不足,以沿主梁和横梁腹板布设的竖向预应力钢丝束对其追加预应力

注:表中尺寸单位为 cm。

二、加固原理

对于需要加固的钢筋混凝土梁式桥,常在梁底或梁侧下部增设预应力加劲钢丝索或预应力粗钢筋补强,并分别锚固在梁的两端,通过设置一定的连接构件,使预应力拉杆(钢丝索或粗钢筋)与梁体构成一个桁架体系,成为一次超静定结构,从而抵消部分恒载应力,起到卸载作用,进而较大幅度提高桥梁的承载能力。

通过在梁体外布设钢材的拉杆或撑杆,并与被加固的梁体锚固连接,然后施加预应力,强迫后加的拉杆或撑杆受力,从而改变原结构的内力分布,并降低原结构应力水平,使结构总承载力显著提高,可减少结构的变形,裂缝宽度缩小甚至完全闭合。这就是体外预应力加固梁式桥梁并提高其承载能力的机理。

体外预应力加固中下撑式拉杆加固补强方法是体外预应力加固法中最常用的一种,它可视为改简支梁为上承式桁架梁的加固。桁架的上弦即原结构主梁,下弦是新增设的水平拉杆,腹杆是新增的斜拉杆,把与梁体接触的垫块视为竖杆,单垫块为单柱式,双垫块为双柱式。斜杆的上端锚固位置有两种:一种锚于梁端的顶部,另一种锚于靠近端横梁处的梁肋顶部。斜杆的下端与滑块联结,滑块依赖拉杆收紧后产生的上托力和滑移时的摩擦力与上弦联结,对斜杆的张拉不是直接施加,而是随着水平拉杆张拉力增加,下端滑块产生相应的移动,使它的长度增大。当水平拉杆张拉力达到设计量后,将它的两端锚固,加固工作即告完成。在斜杆顶端和梁底垫块上作用力的水平分力共同对梁体施加偏心轴向压力。上述作用力的竖向分力所形成的力偶对梁端施加负弯矩及竖向负剪力。这些预加力可以抵消或超过恒载作用力。在车辆通过时,这些体外拉杆是上部结构的组成部分并与原有梁体共同受力,形成超静定体系,各拉杆的张拉力将自动增加,进一步起到梁体加强作用。

三、力学要点

加固后预应力拉杆与桥梁的钢筋混凝土梁或板等构件将组成一个整体并共同受力工作。

因此,补强拉杆与被补强的梁板组成一个新的复合体系,改变了结构原来的静力图形,并提高结构的承载能力。

当采用预应力拉杆加固钢筋混凝土梁式桥时,加固结构的性能和受力特征,与后张法无黏结部分预应力结构相似。张拉预应力如同外力一样作用在原梁上,原梁仍承受恒载内力;张拉预应力筋在原梁上产生的预应力内力,基本上与恒载内力相反,所以,体外预应力实际起到卸荷作用。

体外预应力筋张拉结束后,和原梁体的连接方式与程度对设计和计算梁体的承载力是很重要的。如果预应力筋仅在锚固点及支撑点与原梁相接触,其余均裸露在梁外工作,当梁随外载的作用增加而发生挠曲时,梁中原有钢筋亦随着原梁曲率的增加而伸长。但由于预应力筋在体外,它中间部位是与梁体脱开的,故没有发生弯曲,仍然是直的,自然其应变及应力的增加远不及梁中原钢筋快。破坏时,预应力筋的应力可能达不到屈服强度,应力可能在张拉控制应力和屈服强度之间。一般情况下,将梁体破坏时预应力拉杆的应力取为张拉控制应力。

如果在预应力筋张拉结束后,若将其用锚喷混凝土和梁体浇筑在一起,形成整体梁,则由于预应力筋全部被粘贴在原梁上,可与之共同变形,当随着作用在加固梁上的外荷载增加,预应力筋和梁中原钢筋及受压区混凝土的应力都在原有的基础上增大。若预应力筋和原配筋总和在适筋范围内时,尽管预应力筋与原梁中钢筋不同时刻到达屈服点,但破坏时,两者都可达到屈服,因而其正截面强度计算方法与一般预应力混凝土梁相似。

一般来说,需加固的梁中受拉钢筋的应力已较高,梁的挠度也较大,裂缝也较宽,因而对加固拉杆施加的预应力值越高,越能改善被加固梁的受力状态,故加固拉杆张拉控制应力宜定得高些;但也不能定得太高,否则有可能在超张拉过程中,个别钢筋达到或超过其实际屈服强度,以致发生危险。

预应力加固与一般预应力混凝土梁一样,也存在预应力损失,但两者是有区别的,加固设计时要充分考虑到。同时,必须考虑预留构造措施,以便在使用过程中及时调整加固件的工作应力数值。

由于加固施工一般在现场进行,又是高空作业,按控制应力值对拉杆张拉多为不便,且不准确,故多采用拉杆的张拉伸长量来控制张拉应力,所以要求张拉伸长量计算要准确。

四、计算要点

采用体外预应力拉杆补强加固法,应事先进行必要的设计与计算:

(1)计算求出被补强构件提高荷载等级前所受荷载及其引起的内力,包括恒载和活载内力。方法与通常桥梁设计时内力计算相同。

(2)计算提高荷载标准后的活载内力,并由恒载与活载的组合来验算加固的必要性。

(3)由上面两项之差得出内力的提高值(即需补强加固的抵抗力矩及剪力等),估算出补强拉杆应有的横截面面积。

(4)计算和确定拉杆所必需的张拉力与伸长量。由于张拉预应力拉杆达到一定应力后,外荷载有所增大,在由拉杆和被加固梁组成的超静定结构体系中,拉杆产生的作用效应增量可按结构力学的方法进行分析,几种荷载的综合效应等于各种荷载分别作用时的效应叠加。

(5)承载力验算。按设计规范验算被加固梁在跨中和支座截面的偏心受压承载力,以及支座至拉杆弯折处或支座附近的斜截面承载力。验算中将拉杆的作用效应作为外力,并在全部荷载作用下进行偏心受压分析。若验算结果不能满足规范规定时,可加大拉杆截面或改用其他加固方案。

(6)计算确定施工中控制张拉时需要的控制量。体外预应力加固对策与梁底粘贴钢板的加固对策相比,不需清凿混凝土保护层,且损伤梁体程度小,加固时不影响或少影响交通,能恢复或提高桥梁的荷载等级,经济效果较明显。但对于梁体外的预应力筋和有关构件应采取切实有效的防护措施,否则在温度、腐蚀等外界条件作用下,容易造成预应力筋断裂而使加固工作失败。该方法适用于中小跨径梁式桥梁,对于较大跨径的桥梁,采用本方法加固时,宜同时配合其他方法进行综合加固,以达到较好的加固效果。

五、施工工艺

体外预应力加固施工流程如图 5-17 所示。

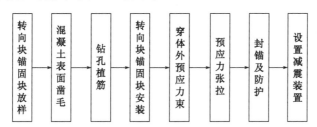

图 5-17 体外预应力加固施工流程

工程案例

某立交桥为整体式路基双幅桥,立面照片如图 5-18 所示,桥梁全长 106.42m,半幅桥总宽 15.5m,净宽 14.5m。上部结构形式为 20 + 2 × 30 + 20m 现浇整体式钢筋混凝土连续箱梁,箱梁梁高 1.7m,单箱双室断面。原桥设计荷载为汽车—超 20 级、挂车—120 级。

图 5-18 清湖分离式立交桥立面照片

在 2007 年 7 月的定期检查中该桥桥梁技术状况等级评定为三类桥。

(1)上部结构

①底板横向裂缝及腹板竖向裂缝。

中跨在 1/4 ~ 3/4 桥跨范围内有大量横向裂缝产生,裂缝呈断续状,在 1/4 桥跨及 3/4 桥跨位置附近裂缝走向转为斜向,裂缝间距 0.10 ~ 0.30m,裂缝长度基本在 0.30 ~ 2.00m 之间,个别裂缝几乎贯通底板,宽度普遍在 0.05 ~ 0.20mm 之间,最大缝宽达 0.30mm;另外,有部分裂缝延伸至腹板,长度为 1/4~2/3 腹板高度,个别裂缝已贯通腹板高度,缝宽基本介于 0.05~0.20mm 之间,最大缝宽达 0.30mm。

②翼缘板裂缝。

除 L_4 跨、R_4 跨外,翼板上均存在横向裂缝,大部分横向贯通翼板,裂缝宽度在 0.05~0.22mm 之间。

(2)下部结构

①除 R_0 号台外,其余各桥台台帽各存在 1 条竖向裂缝;其中 R_4 号台台帽裂缝,宽度在 0.15~0.50mm 之间,另外 2 条裂缝宽度在 0.05~0.15mm 之间。

② L_0 号台外侧背墙开裂、层离、露筋;L_4 号台内、外侧背墙裂缝修补处开裂,渗水结晶;L_4 号台身耳墙开裂;R_4 号台内侧背墙裂缝修补处开裂,渗水结晶;R_4 号台外侧背墙,两条斜向裂缝。

解决措施:

对全桥采用增大截面法,腹板外侧布置齿板及转向块,张拉体外预应力钢束,然后浇筑腹板加厚段,提高主梁刚度及强度。

预应力束设置在全桥边腹板外侧,两端分别锚固于距梁端 1.5m 处箱梁腹板上,每侧腹板均设置 2 根 $6\phi15.2mm$ 的体外预应力钢束,单幅桥共 4 根钢束,锚下控制应力为 1116MPa。

单元六 改变结构体系加固法

1. 掌握改变结构体系加固法的基本原理、技术要点、施工工艺;
2. 能够组织实施改变结构体系法加固桥梁。

改变结构体系加固法相关资源请扫描封面的二维码,查看资源 80。

不同的结构体系受力特点不同(如简支梁的跨中弯矩比同跨径的连续梁、拱式或刚式体系要大得多)。利用这一特点,可通过改变原桥上部结构体系来改善结构受力,提高承载能力,从而达到加固补强的目的。

增加辅助墩改变结构体系如图 5-19 所示。

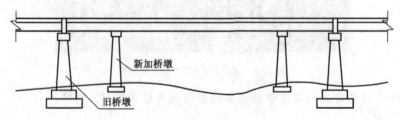

图 5-19 增加辅助墩改变结构体系

一、加固方法

对梁式桥而言,改变结构体系加固对策主要有以下三种:

(1) 在梁下增设钢桁架等加劲梁或叠合梁;

(2) 在简支梁下增设支架或桥墩(改变了简支梁结构体系,支点处将产生负弯矩,必须认真进行受力计算,必要时还必须采取相应的措施如在支点处进行加固);

(3) 简支变连续(即将简支梁与简支梁加以连接,改变为连续梁结构,见图5-20)。

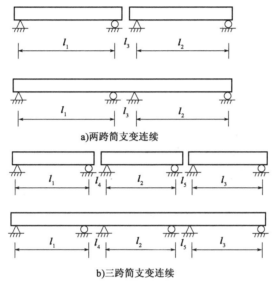

a) 两跨简支变连续

b) 三跨简支变连续

图 5-20 简支变连续简图

改变结构体系加固的各种方法均需在桥下操作,设置永久设施,从而影响了桥下净空,故制定加固方案时须考虑对通航及排洪能力的影响。因简支变连续方法最为常见,故在此只介绍这一方法。

二、力学要点

恒载及体系转换前的荷载(包括新浇筑的桥面混凝土铺装)由简支梁体系承担。体系转换后的荷载(如人行道、栏杆等恒载)及活载由连续梁体系承担,显然这些荷载在各跨内产生的正弯矩比简支梁时要小,从而提高承载能力。

因简支梁支承点未动,故转换为连续梁时实际上是长短跨相间。所谓短跨即相邻梁端支承点之间的梁段;如原来为两跨的简支梁,可转换为两个长跨和一个短跨的连续梁;如原来为三跨的简支梁,转换后成连续结构即由三个长跨和两个短跨结构组成。这类中间支承为双支承的连续梁比单支承有利。因其长跨跨度不扩大,可减小各跨跨内正截面弯矩,同时可减小中间支承上的负弯矩,即相对于单支点具有削减负弯矩部分峰值的作用(图 5-21)。

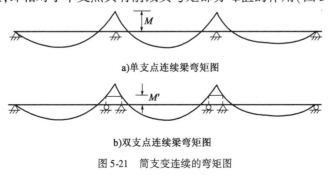

a) 单支点连续梁弯矩图

b) 双支点连续梁弯矩图

图 5-21 简支变连续的弯矩图

因桥面铺装混凝土参与结构作用,截面高度增加,提高了抗弯能力和抗弯刚度。同时,对于截面而言,为两阶段受力,即体系转换前的恒载(简支梁自重、新浇筑桥面铺装混凝土自重)均由桥面铺装混凝土不参与结构作用的简支裸梁承担,体系转换后增加的恒载(人行道、栏杆等恒载)及活载均由新浇桥面铺装与裸梁的组合截面与转换成连续梁体系承担。此时如采用容许应力法(或应力限值法)确定承载能力和计算挠度及裂缝宽度时,应按上述体系转换及截面组成程序进行应力叠加计算。如采用极限状态法确定承载能力时,按体系转换程度计算外荷载产生的内力,并乘以相应荷载系数后的内力按代数和叠加,由组合截面的抗力抵抗。

三、施工工艺

简支变连续的施工工艺如下:
(1)凿除原桥梁端上缘混凝土及桥面铺装,布置新增的负弯矩钢筋。
(2)把相邻梁端伸缩缝间隙中用膨胀混凝土填塞密实,以备支点负弯矩区段下缘受压。
(3)按连续梁计算布置新铺桥面钢筋,特别是墩顶上桥面负弯矩配筋。
(4)浇筑整体桥面混凝土并养护至设计强度。
(5)为了保证桥面铺装混凝土与原梁体共同参与结构作用,可采用以下措施:①梁顶凿毛;②梁顶设置抗剪栓钉;③桥面铺装混凝土采用补偿混凝土,可减少或不产生桥面混凝土收缩,从而减小或不产生新旧混凝土之间的收缩差内力。

以空心板简支梁桥为例,简支变连续时新增抗负弯矩钢筋及混凝土浇筑结构如图5-22所示。

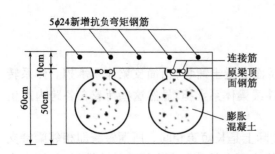 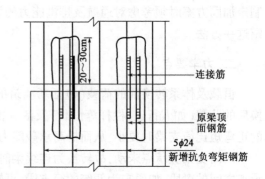

图5-22 空心板简支梁桥变连续体系结构

某桥梁上部结构为装配式钢筋混凝土T形梁,全桥共计48孔,单孔跨径为22.2m,桥梁总长为1070.4m。桥面净宽7m+2×0.75m人行道,每孔5片T形梁,梁高1.3m,肋宽0.18m。原设计荷载等级为汽车—13级、拖车—60级,现需对该桥进行加固。

解决措施:
拟对该桥通过改变结构体系进行加固,将简支梁改造形成6孔一联的连续结构体系。墩顶采用预应力连续结构和单支座支撑形式,变换支座位置。

单元七　增设辅助构件加固法

学习目标

1. 掌握增设辅助构件加固法的基本原理;
2. 能够组织实施增设辅助构件法加固桥梁。

增设辅助构件加固法相关资源请扫描封面的二维码,查看资源81、资源82。

当桥梁承载能力不能满足要求,但梁体结构基本完好时,为了提高荷载等级,可以考虑采用增加辅助构件加固,如图5-23所示。

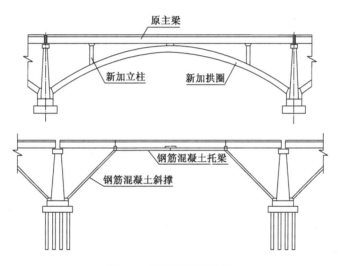

图5-23　增设辅助构件加固

增设辅助构件加固一般采用增设主梁和横梁的方法,如图5-24所示。增设主梁一般也有两种方式:一是增设主梁的同时,对桥面进行拓宽;二是不拓宽桥面增设主梁。增设主梁对桥面进行拓宽时,新增设的主梁在横桥向的布置方式将直接影响施工的难易,改变新旧主梁的受力状态(主要是荷载横向分布),具体情况可参考相关文献。

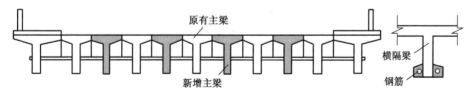

图5-24　增设辅助构件加固

不拓宽桥面增设主梁时,新增主梁一般设置在原有中梁两侧,在新增主梁位置上将原桥面凿开,切断原横隔梁,利用原结构设置悬挂模板,现场浇筑新增主梁混凝土。对于预应力混凝土桥梁,应考虑在桥上无法进行预应力张拉,新增预应力梁必须先在预制场张拉后再安装就位。新增主梁加固方法对于过去常见的双主梁整体现浇式桥梁的技术改造尤为有利,其上部结构不仅主梁的间距大,新增的主梁容易布置与浇筑,增加主梁后的上部结构承载能力可以明显得到提高,同时增加主梁后也改善了原有桥面板的受力状况。为了使新旧结构形成整体共同受力,可将原主梁的横隔梁内钢筋与新梁横隔梁的钢筋焊接,或通过预埋钢板将新旧横隔梁联结。有时还在横隔梁下部增设贯通全桥宽的连接钢筋,并加大横隔梁下缘混凝土截面,将此钢筋包裹在混凝土内。与此同时,整体浇筑桥面并铺装混凝土,且常常在其中设置钢筋网,以进一步加强整体性。

增设横梁的方法常用于因横向整体性差而降低承载能力的桥梁上部结构,以增加各主梁之间的横向联结。在新增横隔梁部位的主梁梁肋上钻孔,设置贯通全桥宽的横向联结钢筋,此钢筋的两端用螺母锚固在两侧主梁梁肋外侧。浇筑新增横隔梁混凝土之前应将与主梁结合处的混凝土表面先凿毛洗净,再悬挂模板浇筑横隔梁混凝土。

思考与练习

一、选择题

1. 粘贴钢板加固法的优点有( )。
   ①不增大原有构件尺寸
   ②工期短、施工方便
   ③承载力提高幅度大,主动性强
   ④基本不改变原结构外观
   A.①② B.①②③ C.①②④ D.①②③④

2. 粘贴纤维加固法施工过程中用到的黏结材料有( )。
   ①底涂胶 ②找平胶 ③罩面胶 ④浸润胶
   A.①②③ B.①②④ C.②③④ D.①②③④

3. 粘贴纤维加固法的优点有( )。
   ①不增加恒载和断面尺寸
   ②适用于不同结构形状
   ③对结构刚度提高显著
   ④抗火性能佳
   A.①② B.①②④ C.②③④ D.①②③④

4. 体外预应力加固技术的缺点不包括( )。
   A. 防腐性能差 B. 长期预应力损失大
   C. 需要中断交通 D. 锚固应力复杂、易开裂

5. 混凝土强度达到设计强度( )后,方可张拉预应力索。
   A.90% B.95% C.85% D.80%

6. 体外预应力加固技术中施加预应力的途径不包括( )。
   A. 纵向张拉法 B. 斜向张拉法
   C. 顶弯梁法 D. 横向张拉法

7. 以下不属于改变结构体系加固特点的是( )。
   A. 承载力提高幅度大,结构内力发生根本变化

B. 不影响桥下通航
C. 需建立新的计算分析模型
D. 结构分析复杂

8. 以下属于简支梁变连续梁加固优点的有(　　)。
①结构整体刚度好；②伸缩缝少；③跨中弯矩小；④抗震性能好。
   A. ①②③ B. ①②④ C. ②③④ D. ①②③④

9. 简支梁变连续梁加固时,相邻梁端间隙应用(　　)填塞密实。
   A. 普通混凝土 B. 高强混凝土
   C. 膨胀混凝土 D. 轻质混凝土

二、简述题

1. 简述桥面补强层加固法的施工要点。
2. 简述粘贴钢板加固法施工要点。
3. 简述粘贴钢板加固法的适用范围。
4. 简述粘贴钢板加固法的材料要求。
5. 简述粘贴钢板加固法的施工要求。
6. 简述粘贴碳纤维加固法的施工要点。
7. 简述粘贴碳纤维加固法的适用范围。
8. 简述粘贴碳纤维加固法的材料要求。
9. 简述粘贴碳纤维加固法的施工要求。
10. 简述体外预应力加固法的加固原理。
11. 简述改变结构体系加固方法有哪些。
12. 简述改变结构体系加固法的施工要点。
13. 简述增设主梁进行桥梁加固的方式及施工技术要点。
14. 简述增设横梁进行桥梁加固的方式及施工技术要点。

模块六　桥梁下部结构加固

桥梁功能的发挥,不仅取决于上部结构的设计和完好程度,也与下部结构工作行为是否正常有关。桥梁下部结构是桥梁的重要组成部分,是直接承受上部结构荷载并将其传递给地基的受力结构。一般情况下,上部结构表现出来的病害往往与下部结构出现的问题有关。众所周知,桥梁长期在自然环境(大气腐蚀,温度、湿度变化)和使用环境(荷载作用增加、材料结构疲劳)的作用下,结构会逐渐发生退化,甚至损坏。若加上桥梁设计、施工、运营、养护不当,则会加剧桥梁结构的病害,轻则影响桥梁的耐久性、适用性,重则引起桥梁整体垮塌事故。因此研究下部结构加固方法,具有重要的技术和经济意义。

单元一　下部结构加固方法综述

学习目标

1. 了解公路桥梁墩台基础常见病害;
2. 掌握公路桥梁墩台基础常见加固方法;
3. 熟悉桥梁下部结构加固的注意事项。

下部结构加固教学视频请扫描封面的二维码,查看资源83、资源84。

桥梁的墩台和基础,将直接承受上部结构的作用(包括恒载和活载),并将之传递给地基。下部结构状况也直接影响桥梁承载能力和正常使用,部分桥梁承载能力的降低和主要病害的产生,是由下部结构的病害引起的。因此,在桥梁加固改造工作中,下部结构的加固改造也应引起高度重视。

一、加固前提

桥梁下部结构的承载能力及其能否正常使用,不仅与墩台本身的完好程度有关,而且往往涉及基底土质与水文等诸多因素,尤其是基础部分,因为是隐蔽工程,多数处于水下,所以较难观察和判断。因此,对于桥梁的下部结构加固改造,无论是加固前的检测与病害原因分析、判断,还是具体的加固设计与加固方法,相对于上部结构来说难度都可能更大。所以,在针对具体的桥梁下部结构实施加固改造前,首先应在现场检测资料分析与判断的基础上,确定下部结构是否具有加固改造的价值,然后从加固技术和施工工艺上分析能否实现加固改造目的。只有下部结构具备加固改造价值,同时又能实施加固改造施工,才能认为其具有加固改造的可行性。否则,根据墩台与基础在整个桥梁结构中的重要性,无论是从技术与安全上,还是经济上,都应考虑拆除桥梁或重建新桥方案。

二、加固注意事项

若已明确需对桥梁下部结构进行加固,加固时应注意墩、台与基础的开裂、移动或转动,仔细分析其产生原因及影响。对于跨河桥梁,应检查基础的冲刷、淘刷或河床的加深,并分析其对桥梁稳定性的可能影响,同时要考虑基础的埋置深度是否满足要求。对于桥梁,应考虑久经压实的桥梁地基土允许承载力的提高,以及桩底和周边土支承力及摩擦力的提高系数。应分别对墩、台及基础各部位进行强度、稳定性及裂缝宽度验算,同时将已发现的病害考虑进去,然后评定其使用功能及承载能力。

三、常见病害

桥梁下部结构常见病害见表6-1。

桥梁下部结构常见病害 表6-1

基础类型			常见缺陷
浅基础	天然地基的浅基础		1. 埋置深度浅,易受冲刷而淘空; 2. 埋置深度不足,受冻害影响; 3. 地基不稳定,易发生滑移或倾斜
	岩石基础		1. 基础置于风化石层上,风化部分未处理好,经水流冲刷而淘空或悬空; 2. 受地震的剪切作用,易产生裂缝
	人工地基础		因处于软弱地基上,在竖向荷载作用下压实沉陷、基础下沉
桩基础	打入桩	木桩	地下水位下降时,桩身常腐蚀
		钢筋混凝土预制桩	1. 打桩时,桩身损坏; 2. 受水冲刷、侵蚀产生空洞、剥落等; 3. 受船只或其他漂浮物的撞击而损伤
	钻(挖)孔桩		1. 施工时桩底淤泥处理不彻底,引起桩基下沉; 2. 施工质量不好或受水冲刷、侵蚀而产生空洞、剥落、钢筋外露腐蚀等; 3. 灌注混凝土过程中发生塌孔而未做处理,桩身部分脱空; 4. 受外力撞击而损伤
	管桩基础		承载力不足,基础下沉
沉井基础			1. 地基下沉时,基础也常发生一些下沉; 2. 地基不均匀下沉或桥台背填土影响基础产生滑移、倾斜; 3. 中间层为弱黏土层时,由于附近施工挖基坑和填土等因素影响,常使基础变位

四、加固方法

盖梁加固方法:施加体外预应力加固、增大截面加固、粘贴钢板或纤维复合材料加固等。

桥墩加固方法:钢筋混凝土套箍加固、粘贴(钢板、碳纤维等)加固、加桩(柱)加固、水泥灌浆加固、化学灌浆加固。

桥台加固方法:台后加孔减载加固、台后增设拉杆加固、撑墙或挡土墙加固、钢筋混凝土围带或钢箍加固。

基础加固方法:扩大基础加固、增补桩基加固、水泥灌浆加固、钢筋混凝土套箍加固。

地基加固方法:换土垫层法、水泥搅拌桩、振冲碎石桩、砂石桩灰土挤密桩、强夯法等。

单元二 桥墩加固

学习目标

1. 熟悉常规桥墩加固方法及其适用范围;
2. 掌握常规桥墩加固方法的基本原理、技术要点。

桥墩加固教学视频请扫描封面的二维码,查看资源85、资源86。

桥墩是连接桥梁上部结构,并将荷载传递给地基的结构物。其中荷载是指上部结构的恒载、活载、风力、流水压力、冰压力、浮力、船舶、漂浮物等的撞击力。桥墩加固方法有:围带加固法、钢筋混凝土套箍加固法、增大截面加固法、粘贴钢板加固法、粘贴碳纤维加固法、加桩(柱)加固法等。

一、围带加固法

墩身发生纵向贯通裂缝,可用钢筋混凝土或钢箍进行加固。如因基础不均匀下沉引起自下而上的裂缝,则应先加固基础,然后采用灌缝或加箍的方法进行加固。加固时,一般在墩身上、中、下分设三道围带,其间距应大致相当于桥墩侧面的宽度。每个围带的宽度,则根据裂缝情况和大小而定,一般为墩台高度的1/10左右,厚度采用10~20cm。为加强围带与墩台的连接,应在墩身内埋置直径10~25mm的钢销,埋入深度为钢销直径的20倍左右,把围带的钢筋网扎在钢销上,埋钢销的孔眼要比销径大出15~20cm,先填满销孔再浇筑混凝土,同时填塞裂缝。

围带加固如图6-1所示。

二、钢筋混凝土套箍加固法

墩台损坏严重(如大面积裂缝、破损、风化、剥落)时或由粗石圬工及砌石圬工构成的旧墩台,一般可用钢筋混凝土"箍套"加固,其尺寸应能满足通过箍套传递所有荷载或大部分荷载的需要。同时,再改造墩台顶部,灌筑支承于箍套上新的增强的钢筋混凝土板代替旧的支承垫石,以使箍套参加工作。

钢筋混凝土套箍加固如图6-2所示。

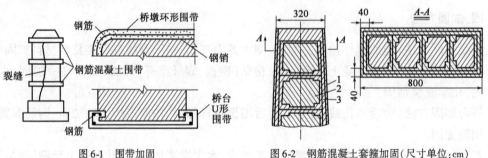

图6-1 围带加固

图6-2 钢筋混凝土套箍加固(尺寸单位:cm)
1-箍套间的拉杆;2-墩台圬工;3-箍套

根据《公路桥梁加固施工技术规范》(JTG/T J23—2008),钢筋混凝土套箍加固法应符合以下规定:

(1)钢筋混凝土墩台出现环向裂缝时,沿裂缝布置一道套箍,套箍高度不小于1.5m,厚度250~400mm。

(2)钢筋混凝土墩台竖向裂缝可用数个套箍加固,每隔一定高度设置一道,其宽度视裂缝分布和宽度而定,厚度采用100~200mm。

(3)被加固墩台为圬工结构时,套箍宜与注浆锚杆共同使用,锚杆间距根据墩台结构尺寸确定,一般为15~2.0m。外露锚具应进行防腐处理。

(4)套箍混凝土强度等级不低于C25,配筋率不小于0.4%。

(5)套箍钢筋应与原结构可靠连接。

三、增大截面加固法

增大截面加固法是桥墩加固工程中常使用的方法,其通过增大桥墩的截面积和配筋率,提高被加固桥墩的承载能力、刚度、强度、抗裂性和稳定性。该方法也可用来修补裂缝,改变桥墩自振频率,从而改善其正常使用阶段的性能。增大截面加固法是一种传统而有效的加固方法,该方法施工工艺简单,使用面广。根据加固材料和加固技术的不同,增大截面加固法可分为外包混凝土加固法和喷射砂浆加固法。

1. 外包混凝土加固法

外包混凝土加固法通过增大截面和配筋,以提高桥墩的刚度、强度、稳定性并减小裂缝宽度。对于刚度、强度、抗裂性和稳定性能不足的梁桥、刚架桥、拱桥的基础、墩、台等,在条件许可的情况下均可采用该方法加固。

在墩柱外加混凝土并配置纵、横向钢筋,纵筋必须锚固在承台中。承台也相应进行加固。增大截面加固法通常采用的形式有圆形、矩形(图6-3),加固方式可分为全截面加固和部分截面加固。

圆形墩柱应采用密布箍筋或螺旋式箍筋;矩形截面应添加辅助箍筋,凿去原有墩柱转角处的混凝土,采用多角形箍筋。密布箍筋的直径不应小于10mm,最大肢距不宜大于250mm,最大间距应取100mm、$6d_s$、$b/4$三者的小值,其中d_s为纵筋直径,b为墩柱弯曲方向的截面宽度;螺旋式箍筋的接头必须采用对接,矩形箍筋应有135°弯钩,并伸入核心混凝土之内$6d_s$以上。

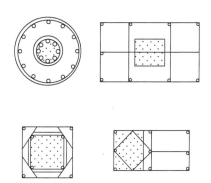

图6-3 截面形式

2. 喷射砂浆加固法

喷射砂浆加固法通过设置钢筋网和喷射掺有纤维的高性能砂浆的方法,对桥墩进行加固。该方法通过在结合面上传递拉应力和剪应力,使原桥墩的承载力得到一定程度的恢复,而且可以大幅度增强原桥墩的整体性。该方法能够有效减少加固后桥墩的截面面积,减轻自重。

四、粘贴钢板加固法

粘贴钢板加固(图6-4)是用胶黏剂将钢板粘贴在结构表面,利用粘贴钢板与原结构体共同作用的机理提高构件的受剪、受扭、受弯、受压性能。粘贴钢板加固技术能有效提高受损桥墩的承载力、延性及刚度，增强原结构强度，改善墩柱的破坏模式及变形能力，使其具有良好的抗震性能，这也是桥墩抗震加固的一种有效方法。

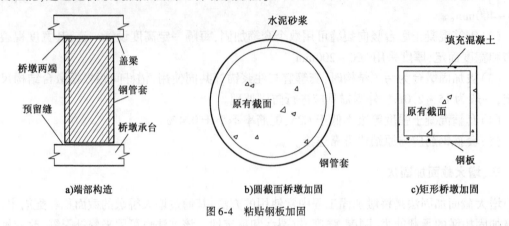

图6-4 粘贴钢板加固

根据《公路桥梁加固施工技术规范》(JTG/T J23—2008)，粘贴钢板加固法应符合以下规定：

(1)采用注浆法粘贴钢板加固时，构件表面应打磨粗糙、无油污。注浆压力不应低于0.1MPa。灌浆后严禁再对型钢进行锤击、焊接。

(2)采用干式外包型钢加固时，型钢与构件之间应用水泥砂浆填实。钢板施焊时，应用夹具夹紧型钢。用螺栓套箍时，拧紧螺母后可将螺母与垫板点焊。

(3)钢板应进行防锈涂装。

五、粘贴碳纤维法

碳纤维材料由连续碳纤维和树脂基体材料复合而成，常用树脂材料有环氧树脂、聚酯树脂和乙烯酯树脂。碳纤维布加固技术是一种运用普遍、性能及加固效果较好的加固补强技术之一。因对几何外形复杂的结构也可采用碳纤维迅速便捷地粘贴加固，从而碳纤维在土木工程领域得到广泛应用。碳纤维作为一种新型的补强修复材料，因其具有高强、轻质、耐腐蚀等众多优点，在国内外混凝土及钢结构工程修复中得到大量的应用。与其他加固方法相比，粘贴碳纤维加固方法主要有高效提高承载力、抗腐蚀性能、施工方便及对原结构的影响小等优势。

碳纤维的粘贴方式，按其粘贴方向分为沿桥墩圆周方向进行加固和沿桥墩轴线方向进行加固。对桥墩粘贴横向碳纤维来约束桥墩混凝土，达到增加箍筋的效果，进而提高桥墩的抗剪强度和延性。粘贴竖向碳纤维可以提高桥墩的抗弯能力。

六、桥墩损坏水下修补加固法

砖石或钢筋混凝土墩台表层出现缺陷，且墩台身处于常水位下时，可根据不同情况采用如下加固方法：

(1)水深在3m以下时，可筑草袋围堰，然后将水抽干。当水难以抽干时则可浇水下混凝土封底后再抽，抽水后以砌石或混凝土填补冲空部位。这种情况的修补，亦可不抽水而将钢筋混凝土薄壁套箱围堰下沉到损坏处附近河底，在套箱与桥墩间浇筑水下混凝土，以包裹损坏或冲空部位。水下修补加固如图6-5所示。

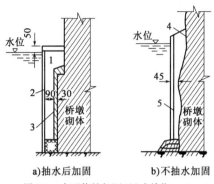

图 6-5 水下修补加固(尺寸单位:cm)

1-支撑;2-板桩围堰;3-钢筋混凝土护套;4-水下混凝土填充;5-钢筋混凝土护套

(2)水深在 3m 以上时,用麻袋装干硬性混凝土,然后通过潜水作业将袋装混凝土分层填塞冲空部位,并应注意要比原基础宽出 0.2~0.4m。

 工程案例

某桥梁主桥上部结构为 8×16m 预制钢筋混凝土 T 形梁,下部为双柱式墩,桩基为摩擦桩。引桥上部结构采用 7×8m 现浇钢筋混凝土矩形截面梁,双柱式墩,钻孔灌注桩。经检查,桥墩、桩基出现不同程度的露筋。桩基受冲刷,桩身钢筋裸露 2~5m,锈蚀较严重。加固要求:针对桥墩露筋(图 6-6)情况进行加固处理。

图 6-6 桥墩露筋

对于工程案例中的桥墩加固,具体解决措施如下。

施工操作程序如下:搭设工作平台→探测钢筋→标定孔位→钻孔→清孔→锚固剂入孔→放置钢筋→固化、保护→检验→绑扎钢筋→支模→浇筑混凝土→养护。

具体施工工序如下。

(1)钻孔植筋:探测原钢筋位置,定位放线,吹净植筋孔。根据比例调配植筋胶,将植入钢筋固定,其间严禁振动及晃动钢筋。

(2)旧界面、断面修复:将混凝土面层的不良部分清除,对混凝土表面突起部分、蜂窝麻面等用强度高于混凝土强度的环氧树脂砂浆材料修补。

(3)基础及墩身锚固:为保证外包混凝土与桥墩整体受力,除了在底部进行植筋外,在墩身各截面相应位置植入抗剪钢筋,最后绑扎钢筋受力骨架。为了不使根部受力最大处出现较快剥离,对底部钢筋采用植入承台来固定,在基础连接的部位也进行植筋处理,植筋的数量及植筋长度通过计算确定。植筋间距不能太小,否则相邻植入钢筋之间将发生应力叠加效应,影响植筋的效果。植筋锚固措施完成后,为防止外界破坏须浇筑混凝土,使新增混凝土结构和基础连接为一体,增加整体性。经过试验验证,该方法能保证外包混凝土和基础的可靠连接。

采用外包混凝土对桥墩进行加固时,应特别注意新旧混凝土的结合,通过有效措施使其成为一个受力整体,并起到加固的作用,外包混凝土加固的施工过程,应遵循施工工序和施工要求。

桥墩加固案例资源请扫描封面的二维码,查看资源87。

单元三 桥台加固

1.熟悉常规桥台加固方法及其适用范围;

2.掌握常规桥台加固方法的基本原理、技术要点。

桥台加固教学视频请扫描封面的二维码,查看资源88、资源89。

桥台位于桥梁两端,支承桥梁上部结构并和路堤相衔接的建筑物。其功能除传递桥梁上部结构的荷载到基础外,还具有抵挡台后的填土压力、稳定桥头路基、使桥头线路和桥上线路可靠平稳连接的作用。桥台加固方法有减轻桥台台背荷载加固法、加柱(桩)加固法、台身加厚法、支撑过梁加固法等。

一、减轻桥台台背荷载加固法

筑于软土地基上的桥台常由于填土较高,受到较大侧向土压力作用,易使桥台产生前移,以致产生倾斜。此时,一般可更换台背填土,减小土压力,即采用减轻桥台基础所受荷载的方法进行加固。

减轻桥台台背荷载加固法(图6-7)在台背上压力大、桥台有向桥孔方向位移时采用。挖出台背填土后,改换轻质材料回填,减轻桥台台背的负荷,以使桥台稳定。

二、加柱(桩)加固法

加柱(桩)加固法(图6-8)是当桥台垂直承载力不足时,一般可在台前增加一排桩并浇筑盖梁,以分担上部结构传来的压力的方法。打桩时可利用原有桥面脚手架,在桥面上开孔插桩。增浇的盖梁可单独受力,也可以连接在一起,使旧盖梁、旧桩及新桩共同受力。

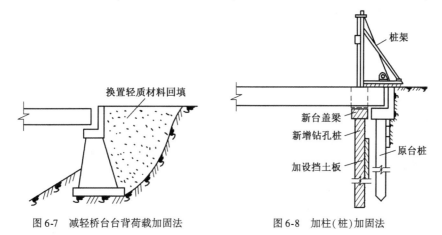

图 6-7　减轻桥台台背荷载加固法　　　图 6-8　加柱(桩)加固法

三、台身加厚法

台身加厚法(图6-9)在梁式桥台背土压力大,桥台向桥孔方向位移时采用。可挖去台背填土,加厚台身(桥台胸墙),并注意新旧混凝土结合牢固。

四、支撑过梁加固法

支撑过梁加固法(图6-10)主要应用于单跨的小跨径桥梁。可在两桥台基础之间建造支承过梁,以防桥台向跨中位移。用钢筋混凝土支承梁加固时,支撑顶面高程不得高于计算冲刷线。

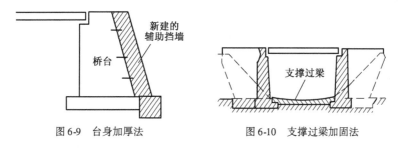

图 6-9　台身加厚法　　　　　图 6-10　支撑过梁加固法

五、挡墙支撑杆或挡块加固法

挡墙支撑杆或挡块加固法(图6-11)适用于因尺寸不足,难以承受台背上压力而向桥孔方向倾斜或滑移的埋置式桥台。可采用挡墙、支撑杆或挡块等形式进行加固。临时抢修亦可用土袋使桥台稳定。

六、更换台后填土并加便梁加固法

更换台后填土并加便梁加固法(图6-12)为减轻路基对桥台的水平压力,需用具有大的内摩擦角的大颗粒土壤或干砌片石、砖石等更换桥台后面填土,同时在台后新增架设便梁。

七、拉杆加固法

桥台侧墙产生外倾,可以采用拉杆予以加固。具体方法如下:

（1）直接对桥台两侧侧墙安置对拉钢筋，再加钢筋混凝土箍圈进行处理。

（2）采用预埋锚定，倾斜的侧墙对穿安置钢筋锚头、粗钢筋、螺母，并予以收紧从而达到倾斜的桥台加固和恢复的目的。

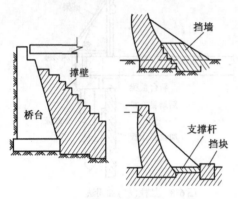 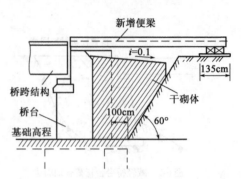

图6-11　挡墙支撑杆或挡块加固法　　　　图6-12　更换台后填土并加便梁加固法（i为坡度）

八、预应力钢筋混凝土圈梁法

预应力钢筋混凝土圈梁法主要针对已出现开裂现象的桥台。该方法首先要对桥台进行卸荷，将台后填土挖出，清洗裂缝，压入砂浆填充裂缝；然后再外包预应力钢筋混凝土圈梁，从而使桥台形成整体受力；最后换轻质填土回填，减小台后土压力对桥台的作用。

 工程案例

舒兰市吉五公路绕越线 K46+150 公铁立交桥，该桥梁全长 52.86m，设计孔跨 2×16m，斜交角为60°；桥梁全宽为净—14m+2×2m人行道，主梁结构为装配式预应力混凝土简支板梁，下部结构为扩大基础，片石混凝土重力式斜交 U 形桥台，钢筋混凝土柱式桥墩。该桥梁自竣工投入使用后不久，即发现两侧桥台台身及侧墙出现不同程度裂缝，其一侧桥台台身竖向裂缝最严重，竖向贯通且裂缝宽度较大（图6-13）。加固要求：对桥台进行加固。

桥台台后土压力过大造成桥台开裂教学动画请扫描封面的二维码，查看资源90。

图6-13　桥台裂缝

对于工程案例中的桥台加固,具体解决措施是可选用外包预应力钢筋混凝土圈梁法,具体施工过程如下:

(1)准备工作,安置脚手架。

(2)在墙身上钻孔以安插牵钉,按梅花形布置。

(3)选定钢筋,绑扎钢筋网,并将钢筋网挂在牵钉上并绑扎牢固。

(4)支立钢模板,浇筑混凝土,用插入式振捣棒振捣密实。

(5)养护钢筋混凝土。

单元四　基　础　加　固

1.掌握常规基础加固方法及其适用范围;

2.掌握常规基础加固方法的基本原理、技术要点。

桥梁基础加固教学视频请扫描封面的二维码,查看资源91。

一、扩大基础加固法

扩大基础加固法即桥梁基础扩大底面积的加固方法。此方法适用于基础承载力不足或基础埋置太浅而墩台又是圬工实体式基础的情况。扩大基础底面积应由地基强度验算确定。当地基强度满足要求而病害仅仅表现为不均匀沉降变形过大时,扩大基础底面积的大小主要根据地基变形计算来选定。在刚性实体式基础周围加石砌圬工或混凝土,以扩大基础的承载面积,如图6-14所示。

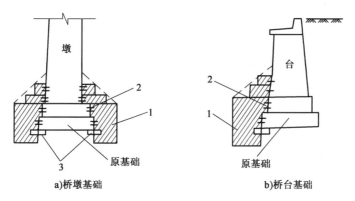

图6-14　扩大基础加固对策示意图

1-扩大基础;2-新旧基础结合;3-丁石

扩大基础加固时可按下列程序进行:

(1)在必须加宽的范围内打板桩围堰,若墩台基础土壤不好时,应进行加固。

(2)挖出堰内土壤,挖至必要的深度(注意开挖时墩台的安全)。

(3)在堰内把水抽干后,铺砌石块(浆砌),或施作混凝土基础。

(4)按照设计要求,在原墩台侧面钻孔并置入锚固钢筋,以使新旧结构形成一整体。

(5)立模,浇筑混凝土并养护至设计强度,新旧基础要注意结合牢固。

根据《公路桥梁加固施工技术规范》(JTG/T J23—2008),扩大基础加固法应符合以下规定:

①基坑应严格按设计要求开挖,不得超深、超宽,避免基坑坍塌。

②应采取措施保护原基础,使其不受基坑开挖、抽排水的影响。

③基坑开挖至设计高程后,应检测基底承载力,如达不到设计要求、应对地基增大基础时,应将原基础存在的缺陷清理至密实部位,将结合面凿毛,按设计要求植筋,并与新增的钢筋骨架连成整体,确保新旧混凝土结合牢固。

二、桩基础加固法

桩基加固教学案例请扫描封面的二维码,查看资源92。

桩基础加固法是在桩式基础的周围补加钻孔桩或打入预制桩或静压加桩,并扩大原承台,以此提高基础承载力,增加基础稳定性,如图6-15所示。

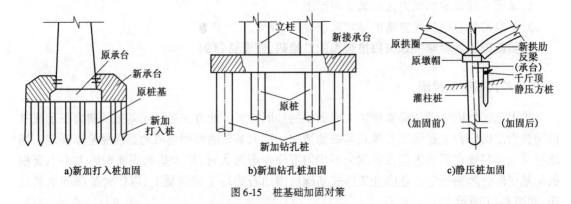

图6-15 桩基础加固对策

对单排架桩式桥墩采用打桩(或灌注桩)加固,若原有桩距较大(4~5倍桩径),可在桩间插桩。若原有桩距较小且通航净跨允许缩小时,可在原排架两侧增加桩数,成为三排式的墩桩。当在桩间加桩时,需凿除原盖梁并浇筑新盖梁,将新旧桩顶连接成整体。此时,要注意验原盖梁在加桩顶部能否承受与原来方向相反的弯矩,如不能承受,则必须加固原有盖梁或重新浇筑盖梁。加固原有盖梁时,可在盖梁顶部增设钢筋。

对拱桥桥墩的加桩,由于受桥下净空影响也可采用静压加桩方法。对于多跨拱桥,为预防因其中某一跨遭到破坏使整体失去平衡而引起其他拱跨的连锁破坏,可根据情况,对每隔若干拱跨中的一个支墩采取加固措施。其方法是在支墩两侧加斜向支撑或加大该墩截面,使得一跨遭到破坏时,只影响若干拱跨而不致全部拱跨毁坏。

增补桩基加固墩台基础的优点是不需要抽水筑坝等水下施工作业,且加固效果显著;缺点是需搭设打桩架(或钻孔架)和开凿桥面,对桥头原有架空线路及陆上、水上交通均有一定的影响。

工程案例

某桥梁总长583m,上部结构采用30m标准跨径预应力T梁和16m钢筋混凝土空心板,简支结构,桥面连续。0~6号墩台桥梁为主桥,跨越主河道,主跨径由(3×30+4×30)m的T梁组成,其余均为16m钢筋混凝土空心板引桥。该桥梁于1997年建成通车后,由于河道大量采砂,河床下降严重,0~6号墩台跨越主河床,目前桥位处河床地面比桥梁竣工时高程平均下降了3m,最深处达4m,其中以1号墩、2号墩的扩大基础病害最严重。1号、2号墩为扩大基础双柱式墩,1号墩位于岸上,2号墩位于水中。检查发现基础施工沉井未拆除,1号沉井底部局部脱空,2号沉井出现倾斜开裂。沉井底部比扩基底部高程稍高,可看到1号桥墩扩大基础底部有悬空现象,底部持力层呈倒梯形,靠近岸侧基础下部落在基岩上,靠近河心侧基础下部没有完全落在基岩上,部分落在砂土层上。2号墩基础被水淹没,水深测量表明该处出现明显冲刷,沉井出现明显偏河心侧倾斜,表面出现较宽竖向开裂。目前1号墩和2号墩的立柱还未发现明显倾斜现象。3~6号墩为桩柱式桥墩,现场检查发现3~6号墩基础冲刷严重。桥梁基础冲刷原貌如图6-16所示。加固要求:对桥梁基础进行加固。

图6-16 桥墩基础冲刷原貌

解决措施:

对于工程案例中的墩台基础加固,具体解决措施是对于1号、2号桥墩基础主要采取防护兼加固策略,利用新嵌入基岩护墙对扩大基础进行防护。鉴于扩大基础底部已出现脱空,施工前首先采用片石混凝土压实基础脱空部分,施工期间用钢板桩围堰对扩大基础进行临时支护,然后对基础与板桩围堰所围砂土进行双液压浆,灌实基础下缘土体。做好基础施工期间的临时支护后,在护墙外侧区域进行护墙施工,用砂袋围堰,护墙基岩面清理后,在指定位置采用直径12.7cm地质钻机钻孔至基岩2m,嵌入钢管混凝土灌注桩,保证护墙根部嵌入岩层0.2m,立模绑扎护墙钢筋并浇筑混凝土,使护墙与钢管混凝土桩成为整体。最后回填基础周围覆土,完成扩大基础维修处理。

1号、2号桥墩基础加固方案如图6-17所示。

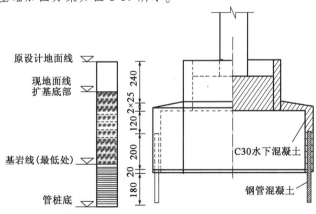

图6-17 1号、2号桥墩基础加固方案(尺寸单位:cm)

2号墩、3~6号墩基础采用新增桩基进行加固。沿3~6号墩系梁上缘位置向下增设2.4m高桩承台,在新增承台与桩基、系梁接触面植筋。为增加立柱向承台传递荷载途径,在承台上缘沿原柱周新增1.5m高圆柱,在界面处植筋。由于新增高桩承台对河道泄洪能力影响较大,因此承台尺寸尽量小型化、线条平顺化。承台下新设4根桩基支撑承台,新增设桩基嵌岩4m,桩径1.2m。新增桩基以及与原有桩基中距不小于桩径的2倍。

3~6号桥墩基础加固方案如图6-18所示。

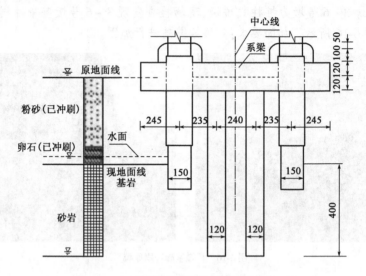

图6-18 3~6号桥墩基础加固方案(尺寸单位:cm)

单元五 地基加固

学习目标

1. 掌握常规地基加固方法及其适用范围;
2. 掌握常规地基加固方法的基本原理、设计要点、施工要点。

地基加固教学视频请扫描封面的二维码,查看资源93、资源94。

一、人工地基加固法

软弱地基的土质天然孔隙相对较大,且天然含水率较大。正是该特性导致了由这种土质形成的地基较松软,不能满足建筑物的承载力要求,容易发生不均匀沉降,严重的会导致失稳破坏。因此,需要根据实际情况对软弱地基进行加固,以改善提高基础的承载能力。地基加固方法很多,最常用的有砂桩加固和注浆加固两种。

1.砂桩加固

当软弱地基层较厚时,可用砂桩法改善地基的承载能力。施工时,将钢管或木桩打入基础周围的软弱土层中,然后将桩或管拔出,在形成的洞内灌入干燥的粗砂、砾砂,然后捣实,形成砂桩,以提高地基土的密实度。在含水饱和的砂土或黏砂土中,由于易坍孔、灌砂困难,可采用砂浆袋套管法与振冲法来加固地基。

砂桩加固教学视频请扫描封面的二维码，查看资源95、资源96。

2. 注浆加固

注浆加固法自19世纪初在法国实行后，随着施工工艺和浆液材料的不断发展而得到广泛应用，逐渐涵盖建筑、铁路、公路、矿山、水工、市政等领域。其原理是利用液压、气压或电化学等手段，通过注浆管把流动性的浆液材料，按一定配比注入地基土中，浆液通过充填、渗透和挤密等方式，使浆液与原来松散的粒胶结成整体，从而提高原来土体的强度和承载力。

(1) 加固方法

在墩台基础之下，于墩台中心直向或斜向钻孔或打入管桩，通过孔眼及管孔，用一定压力把各种浆液(加固剂)灌入土层中，通过浆液凝固，把原来松散的土固结为具有一定强度和防渗性能的整体，或把岩石裂缝堵塞起来，从而加固地基、提高地基承载力。注浆加固的作用按加固情况的不同主要有：

①填充圬工砌体内的空隙，使其形成整体，从而提高砌体的强度。

②填充土壤或岩石的空洞和裂缝(若空洞大，应使用水泥砂浆；若为裂缝，应使用水泥浆)，从而堵塞土壤或岩石的渗流孔道，提高其承压能力，降低渗流冲刷可能性。

③填充砂和砾石的孔隙，提高其承压能力。

④挤密较软弱的土层，形成复合地基，使地基承载能力得到提高。

注浆法根据注浆压力的不同，可分为静压注浆和高压喷射注浆(图6-19)两大类。

(2) 材料要求

注浆加固时各种浆液材料的选择要求：

①浆液应是真溶液而不是悬浊液，浆液黏度低，流动性好，能进入细小裂缝；

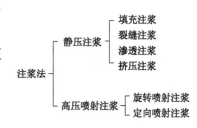

图6-19 注浆法加固分类

②浆液凝胶时间可在大范围内随意调节，易准确控制，浆液凝胶可在瞬间完成；

③浆液的稳定性好，在常温常压下长期存放不改变性质，不发生任何化学反应；

④浆液无毒无臭，对环境不污染，对人体无害，属于非易爆物品；

⑤浆液对注浆设备、管路、混凝土结构物、橡胶制品无腐蚀性，容易清洗；

⑥浆液固化时无收缩现象，固化后与岩石、混凝土等有一定黏结性；

⑦浆液结石体具有一定的抗压强度和抗拉强度，不龟裂，抗渗性能和防冲刷性能好；

⑧结石体耐老化性能好，能长期耐酸、碱、盐、生物细菌等腐蚀且不受温、湿度影响；

⑨材料来源丰富，价格低廉，浆液配制方便，操作容易。

(3) 设计要点

注浆加固法适用于处理碱性土、粉性土、黏性土和一般填土层。注浆法旨在防渗堵漏、提高地基土的强度和变形模量，控制地层沉降。设计前应查明加固土层的分布范围、含水率及颗粒级配等土体物理力学性质指标。对于重要工程，注浆设计前须进行室内浆液配比试验，宜先进行现场注浆试验。注浆加固设计要点主要有：

①设计前必须进行调查研究，设计内容应包括注浆有效范围、注浆材料的选择、初凝时间、注浆量和压力、注浆孔布置和注浆顺序等。

②注浆工艺和有效范围,应根据不同工程要求,必须充分满足防渗堵漏,提高土体强度和模量、充填空隙及托换等目的加以确定。注浆点的覆盖土厚度应大于2m。

③选定浆液及其配比的设计,必须考虑注浆的目的、地基土的孔隙大小、地下水的状态等,在满足所需目的的范围内选定最佳配比。

④注浆法处理软土的浆液材料可选用以水泥为主剂的悬浊液,也可选用水泥和水玻璃的双液型混合液。聚氨酯具有遇水膨胀的特性,化学浆液因对环境有污染,选用时应慎重考虑。在有地下动水流的情况下,不应采用单液水泥浆。

⑤用作防渗的注浆孔至少应放置三排注浆孔,注浆液应选用水玻璃或水玻璃与水泥的混合液。注浆孔间距可按1.0~1.5m范围设计。

⑥用作提高土体强度的注浆液可选用以水泥为主剂的悬浊液,注浆孔间距可按1.0~2.0m的范围设计。

⑦初凝时间必须根据地基土质条件初注浆目的确定。在砂土地基注浆中,一般使用的浆液初凝时间为5~20min。在黏性土中劈裂注浆时,一般初凝时间为1~2h。

⑧注浆量取决于地基土性质和浆液的渗透性等因素。在进行大规模注浆施工时,宜在施工现场进行试验性注浆,以确定注浆量。一般黏性土地基中的浆液灌入率为15%~20%。

⑨在砂性土中注浆,若以防渗为主要目的,应考虑第二次注浆,其宜在第一次注入的水泥浆初凝后进行。注浆材料应采用水玻璃等低黏度的化学注浆材料。

⑩劈裂注浆时,浆液注浆的范围内应尽量降低注浆压力。注浆压力的选用根据土层的性质及埋深确定。砂性土的经验数值在0.2~0.5MPa;黏性土的经验数值在0.2~0.3MPa。

⑪压密注浆的注浆压力主要取决于浆液材料的稠度。如采用水泥的砂浆液,坍落度可在25~75mm,注浆压力可选在1~7MPa范围内;而且坍落度较小时,注浆压力可取上限值,如采用水泥-水玻璃双液快凝浆液,则注浆压力应小于1.0MPa。

⑫注浆孔的布置,应能使被动固土体在平面的深度范围连成一个整体。

⑬注浆顺序必须适合于地基土质条件、现场环境及注浆目的,一般不宜采用自注浆地带某一端单向推进压注方式,应按跳孔间隔注浆方式进行,以防止串浆,提高注浆孔内浆液的强度与日俱增的约束性。对有地下水流的特殊情况,应考虑浆液在动水流下的迁移效应,应自水头高的一端开始注浆。

⑭应采用先外围、后内部的注浆施工方式。注浆范围外有边界约束条件时,也可采用自内侧开始往外侧注浆的方法。

(4)施工要点

注浆加固的施工程序可简单描述为:放样→钻孔→下注浆管→制浆→灌浆→换黏土浆→灌浆(分段,重复进行)→结束。施工要点有以下内容:

①加固前必须确定具体的实施方案,工作内容包括灌浆孔的布置、灌浆加固深度、采用何种浆液(包括浆液配比)等。

②编制施工大纲,确定施工人员组织及施工机具。

③放样:根据施工组织设计的平面布置图放样,确定具体孔位。

④钻孔:先找到孔位,把钻机移到所钻孔位置,经检测复核后方可开钻。钻进过程中遇到异常情况,必须查明原因,及时采取处理措施,并详细记录。钻孔结束后,由技术员对孔位、孔号、孔深等进行质量检查,验收合格后方可钻进下一个孔。

⑤下注浆管:下注浆管前,要检查钻孔深度是否达到要求,待下管深度达到设计要求,经技

术人员认可后方可下注浆管。下注浆管过程中若遇特殊情况,如孔内阻塞、塌孔等,立即停止下管,将注浆管提出地面,重新清孔,处理完毕后再重新下管。

⑥制浆:按设计相对密度拌制浆液。制浆过程中随时测量浆液相对密度,及时调整水泥用量,一个孔的灌浆结束后,统计该孔材料用量,并核实是否符合技术要求。

⑦灌浆段设置:在每孔灌浆段总长上,每隔一定距离设一注浆段。

⑧灌浆控制:可采取多次灌注方法,每次灌注量及浆液相对密度应严格控制。

⑨灌浆结束标准:可采用每个灌浆段灌浆总量及孔口压力两个标准来控制。

根据《公路桥梁加固施工技术规范》(JTG/T J23—2008),注浆法应符合以下规定:

①施工时应对原桥梁及其邻近建筑物、地下管线和地面的沉降、倾斜、位移和裂缝进行监测,并应采取多孔间隔注浆和缩短浆液凝固时间等措施,减少原桥梁基础因注浆而产生的附加沉降。

②浆体应充分搅拌均匀后才能开始压注,并应在注浆过程中缓慢连续搅拌,搅拌时间应小于浆液初凝时间。浆液在泵送前应经过筛网过滤。

③日平均温度低于5℃或最低温度低于-3℃的条件下注浆时,应在施工现场采取保温措施,防止浆液冻结。

④对渗透系数相同的土层,首先应注浆封顶,然后由下向上进行注浆,防止浆液上冒。土层的渗透系数随深度而增大时,自下向上注浆。对互层地层,首先应对渗透性孔隙率大的地层进行注浆。

⑤对桥梁的沉降、开裂等进行检测。

(5)质量检验

①水泥浆液注浆法的施工质量检测:

a. 对注浆效果的检查,应根据设计提出的要求进行,检验时间在注浆结束28d后。可选用标准贯入和静力触探对加固地层进行检测。

b. 注浆效果检验点数量一般为注浆孔数的2%~5%。如检验点不合格率大于或等于20%,或虽小于20%但检验点的平均值达不到设计要求时,在确认设计原则正确后应对不合格的注浆区实施重复注浆。检验点位置应视检测方法和现场条件由施工单位和设计单位协商确定。

②化学浆液注浆法的施工质量检测:

a. 硅化地基的验收:砂土和黄土应在施工完毕15d后进行,黏性土应在60d后进行。

b. 砂土硅化后的强度,应取试块进行无侧限压试验,其值不得低于设计强度的90%。黏性土硅化后,应按加固前后沉降观测的变化,或使用触探测加固前后土中阻力的变化以确定质量。黄土硅化后的质量可视具体情况,采用上述两种方法之一进行检验。地基硅化后的整体性和外形,均可采用触探检验。

c. 用硅化法形成的防渗帷幕,应做压水试验检查不透水性,检验单位吸水率。

d. 硅化地基验收时,提交的资料应有施工记录、材料的试验记录、试块试验记录、防渗帷幕的渗透观测和水位变化记录、触探法测定阻力变化记录、竣工剖面图和钻孔位置平面图等。

二、旋喷注浆加固法

旋喷注浆加固法是一项正在发展中的地基加固方法,应用时间并不长,但由于用途广泛、加固地基的质量可靠而且效果好,故目前已逐渐成为我国常用的地基处理方法之一。该方法除了在铁路、矿山、水电、市政工程、工业与民用建筑和国防等部门的地基加固工程中发挥了卓有成效的作用外,近年来在公路工程,特别是桥梁基础加固工程中,得到了一定的实践应用,获得了显著的经济技术效果。

旋喷注浆加固法利用地质钻机,将旋喷注浆管置于预计的地基加固深度,借助注浆管的旋转和提升运动,用一定的压力从喷嘴喷射液流,冲击土体,把土和浆液搅拌成混合体,随后凝聚固结,形成一种新的有一定强度的人工地基,如图6-20所示。

高压旋喷桩施工工艺教学动画请扫描封面的二维码,查看资源97。

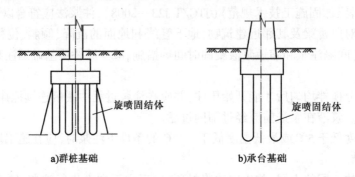

图6-20 旋喷注浆加固

1. 工艺类型

旋喷注浆加固法工艺类型有单管旋喷注浆法、二重管旋喷注浆法和三重管旋喷注浆法。

单管旋喷注浆法:注浆管钻进至一定深度后,由高压泥浆泵等高压发生装置,以一定的压力,将浆液从喷嘴中喷射出去冲击破坏土体,同时使浆液与土搅拌混合,在土中形成圆柱状的固结体。

二重管旋喷注浆法使用双通道的二重注浆管,当注浆管钻进至预定深度后,通过双重喷嘴,同时喷射出高压浆液和空气两种介质的喷射流冲击破坏土体。

三重管旋喷注浆法分别使用输送水、气、浆三种介质的三重注浆管注浆,由此可在土中凝固为直径较大的圆柱状固结体。

2. 设计要点

旋喷注浆加固桥梁墩台基础时,与其他加固对策情况相同,原有桥梁的全部荷载作用均由原有地基承受。地基此情况下进行加固施工。因此,若被加固的桥梁构筑物没有受到新的荷载作用,旋喷固结体最初几乎不受力,只是由于时间的推移,在原有地层恒载作用下,土体产生徐变或滑移,使原土体承受的部分作用转移到刚性较大的旋喷固结体上,但这种转移不大。因此,只有构筑物新增加荷载时,才为旋喷固结体所承受。旋喷注浆加固的设计要点有如下三点。

(1)对加固前墩台基础的承载能力进行估算。

墩台基础加固大体上可分为两种情况:一种是构筑物正在建造或运用过程中,基础发生较大的均匀或不均匀下沉,已危及桥梁结构的正常使用;另一种是目前使用状态良好,但考虑桥梁要通过更大载重的车辆,地基承载力不能满足进一步发展的需要。两种情况对原有地基的极限承载力的估算方法是有所不同的:

①对目前已不能满足使用要求的桥梁构筑物地基承载力能力进行估算。对已发生病害的

墩台基础在加固前,除收集有关工程设计所必需的各项资料外,还应对工程的病害历史和现状进行调查分析。根据病害发生、发展的程度,推算出现有地基的承载能力。

②对于目前没有病害,仅为提高荷载等级而需要加固的地基,地基承载能力有两种方法确定:一种是按地质钻探或土工试验所给出的土体极限强度 σ_0 确定;另一种是依据规范提出的"经过多次压实、未受破坏的旧地基"允许承载力可给予提高(提高系数为 1.25~1.50)的方法确定。

(2)对危及正常使用的墩台基础的设计计算。

(3)对旋喷注浆加固法加固未发生病害而为提高荷载等级的墩台基础的设计计算。

3. 施工要点

(1)施工流程。

旋喷注浆施工流程可概括为钻机就位、钻孔、插管、旋喷作业、冲浇等五道工序。

(2)方法选择。

可根据工程具体情况和机具条件,加固时可选用如下旋喷注浆方法。

①单管法:单独喷射水泥浆液,桩径可达 0.3~0.8m。

②双管法:同轴喷射水泥浆液的压缩空气,桩径可达 1m。

③三重管法:同轴喷射高压水和压缩空气,并注入水泥浆,桩径可达 1~1.5m。

(3)根据《公路桥梁加固施工技术规范》(JTG/T J23—2008),旋喷注浆加固法应符合以下规定:

①在制定旋喷注浆施工方案时,应搜集相关工程地质、邻近建筑物、地下埋设物等资料。旋喷注浆加固方案确定后应结合工程情况进行现场试验,根据工程经验确定施工工艺参数。

②旋喷注浆施工前应检查高压设备和管路系统,其压力和流量必须满足设计要求。注浆管及喷嘴内不得有杂物,注浆管接头的密封圈应良好。

③旋喷注浆加固法的单管法及双管法的高压水泥浆液流和三重管法高压水射流的压力宜大于 20MPa,三重管法使用的低压水泥浆液流压力宜大于 1MPa,气流压力宜取 0.7MPa,提升速度可取 0.1~0.25m/min。

④旋喷注浆法的主要材料为水泥,对无特殊要求的工程,宜采用 32.5 或 42.5 普通硅酸盐水泥。根据需要可加入适量的速凝、悬浮或防冻等外加剂为掺合料。所用掺合料的数量,应通过试验确定。

⑤水泥浆液的水灰比应按工程要求确定,可取 1.0~1.5,常取 1.0;水泥使用前需要进行质量鉴定。搅拌水泥浆所用的水应符合有关规定。

⑥钻杆的旋转和提升应连续进行,不得中断。

⑦钻机与高压注浆泵的距离不宜过远。钻孔的位置与设计位置的偏差不得大于 50mm。实际孔位、孔深和每个钻孔内的地下障碍物、洞穴、漏水及与工程地质报告不符等情况,均应详细如实记录。

⑧拆卸钻杆继续旋喷时,应保持钻杆有 0.1m 的搭接长度,不得使旋喷固结体脱节。

⑨应采用速凝浆液或跳孔喷射和冒浆回灌等措施,以防喷射过程中地基产生附加变形和地基与基础之间出现脱空现象。同时,应对桥梁进行变位监测。

⑩当注浆管贯入土中,喷嘴达到设计高程时,即可喷射注浆。在喷射注浆参数达到规定值后,随即旋喷、提升注浆管、由下而上喷射注浆。注浆管分段提升的搭接长度不得小

于 100mm。

⑪对需要局部扩大加固范围或提高强度的部位,可采用复喷措施。

⑫在旋喷注浆过程中如实记录旋喷注浆的各项参数和异常现象,出现压力骤然下降、上升或大量冒浆等异常情况时,应查明产生的原因并及时采取措施。

⑬当高压喷射注浆完毕,应迅速拔出注浆管。为防止浆液凝固收缩影响桩顶高程,必要时可在原孔位采用冒浆回灌或第二次注浆等措施。

⑭当处理既有构筑物地基时,应采取速凝浆液或大间距隔孔旋喷和冒浆回灌等措施,以防旋喷过程中地基产生附加变形和地基与基础间出现脱空现象,影响被加固工程及邻近建筑。同时,应对构筑物进行沉降观测。

4. 质量检验

旋喷注浆加固的质量检验可采用开挖检查、钻孔取芯、标准贯入、荷载试验或压水试验等方法进行。检验点的布置部位一般设在荷载作用大的部位、中心线上、施工中出现异常情况的部位、地质情况复杂部位。检验点数量为施工注浆孔数的 2%～5%;对施工注浆孔数不足 20 孔的工程,至少应检验 2 个点。质量检验应在旋喷注浆结束 4 周后进行,不合格的应进行补喷。检验的内容有桩体平均直径、桩体垂直度、桩身中心允许偏差(0.2 倍设计桩径)等。

 工程案例

某特大桥桥长 939.18m,上部结构为 16m 及 32m 跨钢筋混凝土简支梁,下部结构为单肢圆柱墩,除位于深鱼塘中的 4 个墩为钻孔桩基础外,其余墩台均为扩大基础。基础持力层为中砂、粗砂层,砂层较厚,基本在 10m 左右,下伏不同程度的风化石灰岩。砂层分布不均匀,局部夹有软弱淤泥层及细砂晶状体,设计基本承载 0.3MPa。该桥梁在架梁 11 孔后发现部分桥墩出现不同程度沉降,最大为 94mm。加固要求:对桥梁地基采取加固措施。

解决措施:

对于工程案例中的桥梁地基加固,具体设计要求是地基加固后桥台基础不再产生不均匀沉降,右侧桥台前墙、侧墙及路面的沉降不再发展,桥梁能够正常通车。根据上部荷载和地基实际情况布置旋喷桩,旋喷桩下端嵌入卵石或基岩面以下 0.5m,上端支承于原桥台基础底部,桩间距 1.2～1.5m,桩径大于 0.5m,桥台左侧公路边坡上布置 2 排,路面上布置 4 排,桥下地面上布置 2 排,共布置旋喷桩 101 根。

单管高压旋喷注浆施工工艺流程如下:

(1)确定孔位。为了保证桩位的准确性,按照设计图纸要求,用测量仪确定孔位,并用红油漆标注。

(2)钻机就位。桥下地面及公路边坡上孔位搭接脚手架,铺设木板,将钻机安装在设计孔位上,使钻杆轴线垂直对准桩位中心,并调整钻机水平以防孔斜。

(3)钻进成孔。按照设计"在地基土层内导孔不能采用冲水钻进"的要求,采用气动潜孔锤与硬质合金回转钻进相结合,孔径 91mm,钻至卵石层或基岩 0.5m,反复清洗孔内残渣。

(4)旋喷注浆。成孔完毕后,卸下潜孔错,换上硬质合金钻头组(含喷体、喷嘴和钻头),低气压送气,回转钻进至孔底。换上耐高压钻机动力头,连接高压管,开通高压泵,先定喷 2～3min,然后根据设计参数提升并旋转注浆钻杆,连续喷射至桥基底以上 50cm,桥基以下 1.5m 进行复喷。对进浆量大或漏浆的部位,采用不提升、加稠泥浆或加外加剂进行处理;对冒浆量大的部位,可适当提高提升速度。

(5)桩顶回灌。旋喷注浆后由于浆液析水沉淀,用纯水泥浆或水泥含量大的冒浆及时回灌,保证桩顶与桥台基础密贴。

(6)清洗钻具。旋喷注浆完毕后,移开钻机,塞住孔口,高压泵吸浆管放入水池中,开动高压泵,清洗钻具,以避免水泥浆凝固堵塞机具管道。

(7)封孔。钻孔施工完7d后,用M20水泥砂浆回填至路面。

思考与练习

1. 简述桥墩围带加固法。
2. 增加支撑梁加固法使用条件是什么?
3. 阐述扩大基础加固法的加固流程。

参 考 文 献

[1] 交通部. 公路桥涵养护规范：JTG 5120—2021[S]. 北京：人民交通出版社股份有限公司,2021.

[2] 中华人民共和国行业标准. 公路桥梁加固设计规范：JTG/T J22—2008[S]. 北京：人民交通出版社,2008.

[3] 中华人民共和国行业标准. 公路桥梁加固施工技术规范：JTG/T J23—2008[S]. 北京：人民交通出版社,2008.

[4] 中华人民共和国行业标准. 公路桥梁技术状况评定标准：JTG/T H21—2011[S]. 北京：人民交通出版社,2011.

[5] 中华人民共和国行业标准. 公路桥梁承载能力检测评定规程：JTG/T J21—2011[S]. 北京：人民交通出版社,2011.

[6] 中华人民共和国行业标准. 公路沥青路面施工技术规范：JTG F40—2004[S]. 北京：人民交通出版社,2005.

[7] 黄平明,陈万春. 桥梁养护与加固[M]. 北京：人民交通出版社,2009.

[8] 刘月莲,林有贵,等. 公路桥梁养护管理与维修加固[M]. 北京：人民交通出版社,2009.

[9] 张树仁. 桥梁病害诊断与加固设计[M]. 北京：人民交通出版社,2013.

[10] 谌润水,胡钊芳. 公路桥梁荷载试验[M]. 北京：人民交通出版社,2003.